外滩金融创新试验区法律研究

（2020年版）

主编 李昌道

中国金融出版社

责任编辑：贾　真

责任校对：潘　洁

责任印制：程　颖

图书在版编目（CIP）数据

外滩金融创新试验区法律研究：2020年版 / 李昌道主编. —北京：中国金融出版社，2020.6

ISBN 978 - 7 - 5220 - 0615 - 4

Ⅰ.①外…　Ⅱ.①李…　Ⅲ.①金融法—研究—中国　Ⅳ.①D922.280.4

中国版本图书馆CIP数据核字（2020）第076108号

外滩金融创新试验区法律研究（2020年版）
WAITAN JINRONG CHUANGXIN SHIYANQU FALÜ YANJIU（2020 NIAN BAN）

出版
　　　中国金融出版社
发行

社址　北京市丰台区益泽路2号
市场开发部　（010）66024766，63805472，63439533（传真）
网上书店　http://www.chinafph.com
　　　　　　（010）66024766，63372837（传真）
读者服务部　（010）66070833，62568380
邮编　100071
经销　新华书店
印刷　保利达印务有限公司
尺寸　169毫米×239毫米
印张　17.5
插页　10
字数　283千
版次　2020年6月第1版
印次　2020年6月第1次印刷
定价　50.00元
ISBN 978 - 7 - 5220 - 0615 - 4
如出现印装错误本社负责调换　联系电话（010）63263947

外灘金融創新試驗區法律研究

覺醒題

　　著名国际法学家、上海市政协副主席周汉民和本书主编、著名法学家李昌道教授共同为G20律师服务联盟揭牌

　　德高望重的司法部原部长邹瑜与李志强律师合影

2020年马来西亚法律年开年活动期间马来西亚首席大法官东姑麦润（中）和新加坡首席大法官梅达顺与环太平洋律师协会候任主席李志强合影

时任黄浦区人民政府区长、现上海市人民政府副市长汤志平与李志强律师合影

上海市司法局党委书记、局长陆卫东，党委副书记刘卫萍与中华全国律师协会副秘书长康煜等研究环太平洋律师协会第30届年会相关事宜

浦东发展银行党委书记、董事长郑杨博士莅临外滩金融创新试验区法律研究中心指导

上海市国有资产监督管理委员会书记、主任白廷辉同志（右五）莅临外滩金融创新试验区法律研究中心调研指导

中国证监会上海监管局原党委书记、局长张宁同志（中）莅临金茂凯德律师事务所调研指导

　　国际律师协会、环太平洋律师协会、国际律师联盟、欧盟律师协会和亚太法律协会五大国际律师组织领导人合影

　　阿根廷证券交易所董事长、总裁等主要管理层与上海市黄浦区人民政府区长巢克俭合影

首届世界律师大会期间举行境外律师组织圆桌会议

上海市黄浦区人民政府区长巢克俭一行与阿根廷证券交易所董事长和总裁等高级官员会谈

上海市黄浦区人民政府区长巢克俭莅临金茂凯德律师事务所"一带一路"法律研究与服务中心阿根廷站调研，并为首家中拉金融法律研究中心启幕

上海市市场监管局局长陈学军为外聘政府法律顾问李志强颁发聘书

欧洲律师联盟主席（左）和环太平洋律师协会候任主席李志强在2019年12月9日首届世界律师大会期间在金茂凯德律师事务所展台前合影

东方证券董事长潘鑫军与李志强律师合影

李昌道教授主编的《外滩金融创新试验区法律研究》系列丛书收入美国夏威夷大学图书馆

2019年10月，意大利米兰电视台采访环太平洋律师协会候任主席李志强

韩国釜山和中国上海友好城市律师回顾26年友好交往历程

环太平洋律师协会北京、上海和广东等地会员参加2019年环太平洋律师协会年中理事会研讨会

金茂凯德律师事务所青年才俊参加上海市黄浦区人民政府主办的各界人才新年音乐会

热心中美法律合作的夏威夷律师欢聚一堂

中国企业海外投融资法律研究系列丛书收入美国夏威夷大学图书馆

中拉金融法律研究中心的中外专家切磋专业

"一带一路"法律研究
与服务中心匈牙利站启幕

外滩金融创新试验区法律研究中心研究员在第十七届华东律师论坛上荣
获优秀论文二等奖

上海市黄浦区政协常委认真听取外滩金融集聚带建设中相关问题，参政议政

本书题字人觉醒（右六）当选为上海觉群文教基金会理事长，李志强律师受聘担任监事长

撰稿人　　李志强　李　本　李伟涛　张　宁　巢克俭　徐　明
　　　　　　蔡建春　陈　飞　陈学军　龚柏华　姜俊禄　陈文梅
　　　　　　韩逸畴　黄金纶　刘　涛　曹　菁　陈　说　欧　龙
　　　　　　李　建　游　广　张博文　裴康娓　孙晨怡　杨思远
　　　　　　王天有　张　铮

Editorial Committee

Sun Yonggang   Sun Hangyu   Sun Jiarong   Yang Hui

Li Rui   Li Yimin   Li Haige   Li Cixiong

Xiao Bing   She Li   Zhang Xing   Zhang Zhihong

Zhang Li   Zhang Ming   Lu Quefei   Lu Chunwei

Chen Zhichao   Chen Fuyong   Lin Yong   Ji Nuo

Jin Wenzhong   Zheng Yujian   Zhao Siyuan   Yu Ming

Jiang Chengjun   Gu Cheng   Huang Wei   Huang Jinlun

Gong Baihua   Liang Jiawei   Dong Ying   Chu Qinhua

Guan Wei   Pan Yingfang

Author

Li Zhiqiang（Jack LI）   Li Ben   Li Weitao

Zhang Ning   Chao Kejian   Xu Ming   Cai Jianchun

Chen Fei   Chen Xuejun   Gong Baihua   Jiang Junlu

Chen Wenmei   Han Yichou   Huang Jinlun   Liu Tao

Cao Jing   Chen Shuo   Ou Long   Li Jian

You Guang   Zhang Bowen   Pei Kangwei   Sun Chenyi

Yang Siyuan   Wang Tianyou   Zhang Zheng

序

金融是现代经济的核心。2020年上海建成与我国经济实力和人民币国际地位相适应的国际金融中心，是党中央和国务院的战略决策。2009年8月1日施行的《上海市推进国际金融中心建设条例》提出了上海国际金融中心建设的重要区域"陆家嘴金融城""外滩金融集聚带"等，还提出了支持金融法律服务机构发展，鼓励法律服务机构拓展金融法律服务领域，为金融机构和相关企业、个人提供金融法律服务。

为了贯彻落实《国务院办公厅关于金融支持经济结构调整和转型升级的指导意见》，主动服务上海国际金融中心建设，强化外滩金融集聚带服务金融创新的功能，2013年7月，上海市黄浦区启动建设外滩金融创新试验区，首次提出试验区将以互联网金融和民营金融为主体进行创新。外滩金融创新试验区支持网上银行、网上保险、网上证券等互联网金融落户外滩金融集聚带，支持各类信息技术公司和互联网企业发起或参与设立创新型互联网金融服务企业，支持互联网企业和银行、保险、证券等机构的融合与嫁接，不断创新金融服务产品，支持利用云计算、大数据等资源和平台，改变传统依靠物理网点提供金融服务和产品销售的方式。同时，打造民营金融集聚区也是外滩金融创新试验区的重点，主要包括支持有实力的民营企业加快产融结合，设立金融控股公司、财务公司或其他新型金融机构；积极争取金融监管部门支持，协助民营资本发起设立自担风险的民营银行、金融租赁公司、消费金融公司等金融机构；积极支持符合条件的民营企业设立小额贷款公司、融资性担保公司等机构，鼓励通过发行中小企业私募债、资产证券化等方式拓宽融资渠道和规模。此外，外滩金融创新试验区的举措还包括创新小微企业融资机制与平台、加快外滩金融载体建设、支持外滩金融创新、提升服务金融创新人才的水平、优化多层次金融配套服务功能等，打造外滩新金融高地，将其建设为资产管理中心、资本运作中心和金融专业服务中心。

2013年11月11日召开的第三届外滩金融法律论坛上，上海金茂凯德律师事务所成立了外滩金融创新试验区法律研究中心、港澳投资金融法律研究中心和两岸投资金融法律研究中心，2016年2月18日又成立"一带一路"法律研究与服务中心。蜚声海内外的著名法学家、原九三学社中央法制委员会顾问、曾参与《中华人民共和国香港特别行政区基本法》制定工作的李昌道教授出任该中心主任，环太平洋律师协会候任主席李志强一级律师担任该中心秘书长和执行主任。在李老人格魅力的引领下，一批年富力强的金融家和法学法律专家多年来积极推动中心对外滩金融创新试验区开展法律研究，一批朝气蓬勃的金融律师扎实开展金融法律服务工作，取得了丰硕的研究和服务成果。

《外滩金融创新试验区法律研究（2020年版）》一书精心点评2019年金融市场经典案例，在金融控股与创新金融、企业融资与投资贸易、并购重组与争端解决、"一带一路"研究、政府法律顾问等多领域理论联系实际，提出了不少真知灼见，还对中央和地方相关立法进行了颇有价值的研究和建言，其中多篇中外文论著宣传和传播了中国法律制度和法律文化，有利于金融市场监管者和立法者借鉴总结，有利于金融法律研究和服务者从鲜活的市场元素中提炼升华，有利于中外金融家和法学家切磋交流，为推进上海国际金融中心建设的国家战略添砖加瓦。

党的十九大报告中明确提出加快完善社会主义市场经济体制，深化投融资体制改革，发挥投资对优化供给机构的关键性作用。深化金融体制改革，增强金融服务实体经济能力，提高直接融资比重，促进多层次资本市场健康发展。健全货币政策和宏观审慎政策双支柱调控框架，深化利率和汇率市场化改革。健全金融监管体系，守住不发生系统性金融风险的底线。

金融和法制就像一对孪生兄弟，紧密相连。祝愿有更多的法学家和律师潜心研究，在习近平新时代中国特色社会主义思想指引下，为完善社会主义市场经济的法律体系和金融法制建设出谋划策，为国效力，为实现中华民族伟大复兴的中国梦和社会主义法治国家的目标而竭尽所能。

李飞

全国人大宪法和法律委员会主任委员

2020年3月20日

Preface

Finance is the heart of the modern economy. In 2020, Shanghai's establishment of an international financial center that is compatible with China's economic strength and the international status of the renminbi is a strategic decision of the Party Central Committee and the State Council. The Regulations on the Construction of Shanghai's Promotion of International Financial Centers, implemented on August 1st, 2009, proposed the important areas of Shanghai International Financial Center, Lujiazui Financial Center and Bund Financial Cluster, and also proposed to support the development of financial legal service institutions. Encourage legal service organizations to expand financial legal services and provide financial legal services to financial institutions and related enterprises and individuals.

In order to implement the *Guiding Opinions of the General Office of the State Council on Financial Support for Economic Structural Adjustment and Transformation and Upgrading*, we will actively serve the construction of Shanghai International Financial Center and strengthen the function of financial innovation in the Bund financial agglomeration. In July 2013, Shanghai Huangpu District launched the construction of the Bund financial innovation pilot zone, for the first time proposed that the pilot zone will be based on Internet finance and private finance as the main innovation. The Bund Financial Innovation Pilot Area supports online banking, online insurance, online securities and other Internet finance to fall into the outdoor beach financial gathering belt, supporting various information technology companies and Internet companies to initiate or participate in the establishment of innovative Internet financial service enterprises, supporting Internet companies and banks, insurance. The integration and grafting of securities and other institutions, constantly innovating financial service products, supporting the use of resources and platforms such as cloud computing and big data, and changing the way traditional businesses rely on physical outlets to provide financial services and product sales. At the same time, the creation of private financial agglomeration areas is also the focus of the Bund financial innovation pilot zone, which mainly includes supporting powerful private enterprises to accelerate the integration of industry and finance, and establish financial holding companies, financial companies or other new financial institutions. Actively strive for financial regulatory support, and assist private capital to initiate the establishment of financial institutions such as private banks, financial leasing companies and consumer finance companies at their own risk. Actively support qualified private enterprises to set up microfinance companies, financing guarantee companies and other institutions, and encourage the expansion of financing channels and scale through the issuance of private equity bonds and asset securitization of small and medium-sized enterprises. In addition, the Bund Financial Innovation Pilot Zone's initiatives include innovative financing mechanisms and platforms for small and micro enterprises, speeding up the construction of financial assets on the Bund, supporting financial innovation on the Bund, improving the level of service finance innovative talents, and optimizing multi-level financial support services to create the Bund. The new financial highland will be built into an asset management center, a capital operation center and a financial professional service center.

At the 3ʳᵈ Bund Financial Law Forum held on November 11, 2013, Jin Mao Partners established the Bund Financial Innovation Pilot Zone Law Research Center, Hong Kong and Macao Investment Finance Law Research Center and Cross-Strait Investment Finance Law Research Center, On January 18, 2016, the "Belt and Road" legal research and service center was established. A well-known jurist at home and abroad, an adviser to the Central Judicial Committee of the former Jiu San Society, and Professor Li Changdao who participated in the formulation of the *Basic Law of the Hong Kong Special Administrative Region of the People's Republic of China*, served as the director of the center, and Jack Li, President-Elect of the Inter-Pacific Bar Association, served as Secretary-General and Executive Director of the center. Under the guidance of Li Changdao, a group of young and powerful financiers and legal experts have actively promoted the Center's Bund

Financial Innovation Pilot Area to conduct legal research for many years. A group of energetic financial lawyers have carried out financial legal services in a solid manner. A fruitful research and service results were achieved.

Legal Research on Financial Innovation in the Bund Pilot Zone (2020 Edition) carefully reviews 2019 financial market classics in the financial holding and innovative finance, corporate finance and investment trade, mergers and acquisitions and dispute resolution, the "Belt and Road" Research, government legal advisor and other fields of theory and practice have put forward a lot of insights, and also carried out valuable research and suggestions on relevant central and local legislation. Many Chinese and foreign literatures have publicized and disseminated the Chinese legal system and legal culture, which is conducive to Financial market regulators and legislators draw lessons from it, which is conducive to financial law research and service providers to refine and sublimate from the fresh market elements, which is conducive to exchanges between Chinese and foreign financiers and jurists, and contributes to the national strategy of promoting the construction of Shanghai's international financial center.

The report of the 19th National Congress of the Communist Party of China clearly stated that speeding up the improvement of the socialist market economic system, deepening the reform of the investment and financing system, and exerting the key role of investment in optimizing supply institutions. Deepen the reform of the financial system, enhance the financial services of the financial services, increase the proportion of direct financing, and promote the healthy development of multi-level capital markets. We will improve the dual-pillar regulation framework of monetary policy and macro-prudential policy, and deepen the reform of interest rate and exchange rate marketization. Improve the financial supervision system and hold the bottom line where systemic financial risks do not occur.

Finance and the rule of law are like a pair of twin brothers, closely linked. I wish more jurists and lawyers to study hard, under the guidance of Xi Jinping's new era of socialism with Chinese characteristics, to make suggestions for the improvement of the legal system of the socialist market economy and the construction of the financial legal system, to serve the country, and to realize the great rejuvenation of the Chinese nation. The Chinese dream and the goal of a socialist country ruled by law are doing their best.

Li Fei

Director of the Constitution and

Law Committee of the National People's Congress

March 20, 2020

目　录

Contents

◆ Construction of Shanghai International Financial Center Chapter

◆ The "Belt and Road" Research Chapter

◆ Update and Development of City Chapter

◆ **Financial Holdings and Innovation Finance Chapter**

◆ **Corporate Financing and Investment Trade Chapter**

◆ **M&A, Restructuring and Dispute Resolution Chapter**

◆ Legal Advisor of Government Chapter

◆ Legislative Research and Suggestions Chapter

◆ Media Reports Chapter

经典案例篇

2019年金融市场经典案例点评

张　宁

2019年是中华人民共和国成立70周年华诞。我国金融市场在以习近平同志为核心的党中央领导下取得了令人瞩目的成绩，涌现出一批经典案例。其中所蕴含的宝贵经验、创新思维、进取精神尤为可圈可点、发人深省，值得我们共同研究、借鉴、推广。

一、助力"一带一路"建设，金融服务国家战略

2015年10月，国家主席习近平对英国进行国事访问，其间促成中英两国政府发表《中英关于构建面向21世纪全球全面战略伙伴关系的联合宣言》，双方支持上海证券交易所和伦敦证券交易所就互联互通问题开展可行性研究。依此，在中英两国监管部门的大力支持下，上海证券交易所与伦敦证券交易所通力合作并积极完成了互联互通可行性论证、业务方案和实施准备。2018年10月12日，中国证券监督管理委员会（以下简称中国证监会）颁布《关于上海证券交易所与伦敦证券交易所互联互通存托凭证业务的监管规定（试行）》（中国证券监督管理委员会公告〔2018〕30号）及上海证券交易所配套规则，其中第二条规定"本规定所称沪伦通存托凭证业务，是指符合条件的在伦敦证券交易所上市的境外基础证券发行人在境内公开发行存托凭证并在上海证券交易所上市，以及符合条件的在上海证券交易所上市的境内上市公司在境外发行存托凭证并在伦敦证券交易所上市。"

"沪伦通"自此诞生——上海证券交易所与伦敦证券交易所的互联互通机制，正是从存托凭证起步的。存托凭证指的是由存托人签发，以境外证券为基础在境内市场发行，代表境外基础证券权益的一种证券形式。"沪伦通"存托凭证业务包括东、西两个业务方向：东向业务是指符合条件的伦敦证券

交易所上市公司在上海证券交易所主板上市中国存托凭证（China Depository Receipts，CDR）；西向业务是指符合条件的上海证券交易所A股上市公司在伦敦证券交易所主板发行上市全球存托凭证（Global Depository Receipts，GDR）。

已在上海和香港两地证券交易所挂牌上市的华泰证券股份有限公司于伦敦时间2019年6月20日成功发行了全球存托凭证，并在伦敦证券交易所上市。

本次GDR发行，是沪伦通西向业务跨出实质性第一步的创举，开启了国内符合资质的公司尝试"A+H+G"新模式，进一步丰富了境内上市公司的境外证券品种，在此基础上促进境内机构融入全球核心资本市场，是本土企业"走出去"开展跨国投融资活动的又一个里程碑。

二、推进国资国企改革，利用资本市场提升企业实力

京沪高速铁路股份有限公司（以下简称京沪高铁）于2007年在北京成立，经营范围涵盖旅客运输业务、咨询服务、设备物资采购及销售、物业管理、物流、仓储、停车场业务等。京沪高铁的实际控制人是中国国家铁路集团有限公司（以下简称国铁集团），国铁集团通过中国铁路投资有限公司间接持有京沪高铁49.76%的股权。

京沪高铁注册资本为1306.23亿元，直接主管作为国铁集团旗下最优质资产之一的京沪高速铁路。为了推进国资国企股份制改革发展，2019年，京沪高铁筹划上市，最终于2020年1月16日，以筹资306.33亿元刷新近十年国内资本市场融资最高纪录，戴上了"中国高铁第一股"的桂冠。

无独有偶，上海申通地铁股份有限公司作为我国地铁业第一股，为了进一步提高上市公司核心竞争力，2019年公司实施了重大资产重组，通过支付现金的方式向上海申通轨道交通研究咨询有限公司（以下简称咨询公司）购买其持有的上海申凯公共交通运营管理有限公司（以下简称申凯公司）51%的股权，以及向公司控股股东上海申通地铁集团有限公司（以下简称申通集团）出售公司的全资子公司上海申通地铁一号线发展有限公司（以下简称一号线公司）100%的股权。

本次交易完成后，公司将置出盈利能力不确定性较大的资产，置入盈利

发展前景较好的资产，其整体抗风险能力提高。申通地铁公司将利用财务结构改善契机，深耕以轨道交通为核心的公共交通运营维护产业，拓展融资租赁及商业保理业务，增加公司收益；同时，发展清洁能源，积极推动轨道交通绿色能源产业发展。

三、开启科创板，助推科技企业创新发展

2018年11月，在上海举办的首届中国国际进口博览会上，国家主席习近平宣布在上海证券交易所设立科创板并试点注册制。

经党中央、国务院同意，中国证监会于2019年1月28日发布了《关于在上海证券交易所设立科创板并试点注册制的实施意见》（以下简称《实施意见》）。《实施意见》明确指出"允许科技创新企业发行具有特别表决权的类别股份，每一特别表决权股份拥有的表决权数量大于每一普通股份拥有的表决权数量，其他股东权利与普通股份相同"。上海证券交易所于2019年4月30日发布《上海证券交易所科创板股票上市规则》（以下简称《科创板上市规则》）。《科创板上市规则》规定"发行人首次公开发行并上市前设置表决权差安排的，应当经出席股东大会的股东所持三分之二以上的表决权通过"。至此，特别表决权制度正式落地A股科创板。

2019年12月24日，历时近9个月后，中国证监会同意优刻得科技股份有限公司（以下简称优刻得）首次公开发行股票并在科创板上市。2020年1月20日，优刻得在上海证券交易所科创板正式挂牌上市（股票代码：688158），成为第一家设立特别表决权制度的A股上市公司。

四、借力自贸区发展国家战略，打通企业融资新平台

注册在上海自贸区的上海大众融资租赁股份有限公司是一家由上市公司全资控股的融资租赁公司。2019年12月5日，天风—大众租赁—运营商终端消费分期1期资产支持专项计划成功发行，共募集资金2.9亿元人民币，是首单获准在上海证券交易所市场发行的运营商租赁分期储架证券化产品。

五、借助绿色金融工具为企业发展增添新动力

2019年11月，瑞安房地产借助绿色金融工具，首次以绿色债券的概念成功发行3亿美元融资票据，并在新加坡交易所上市。

无独有偶，2019年岁末就等待发行窗口的瑞安建业筹划发行1.8亿美元优先票据，拓展企业海外融资渠道。

2020年1月24日，瑞安建业发行的美元优先票据成功在香港联合交易所挂牌交易。

六、善用资本市场金融工具为企业发展拓展新平台

"平安—上海新华传媒交流中心新华园资产支持专项计划"是上海宣传系统首家资产证券化金融工具项目。2019年12月，随着该项目的成功落地，企业拓展了新的平台。资产证券化业务实现了资产出表，优化了企业各项财务指标，同时提高了企业资金利用率，丰富了企业的融资渠道，为企业融资打开了一扇新的窗口。

地产第一股碧桂园2019年逆势通过三次发行，成功将中国证监会核准的58亿元公司债券资金募资到位，为发展主业奠定了根基。

老牌上市公司上海大众公用事业（集团）股份有限公司2019年公开发行公司债券（第一期），募集资金 8亿元，票面利率为3.60%，以较低的成本筹集了资金。

自贸区创业板第一股，旗天科技集团股份有限公司（股票代码：300061，以下简称旗天科技），是A股市场稀缺的以服务金融机构业务发展为特色的To B型科技服务企业。2019年通过收购江苏欧飞电子商务有限公司股权，为上市公司增添金融科技含量。

七、金融仲裁为金融机构化解纠纷保驾护航

某中央企业资产管理A公司发起设立的不动产投资计划，由B公司作为偿债主体，C公司提供担保，投资于某地块危改项目。因流动性资金紧张问题，

B公司付息困难，导致违约行为发生。后A公司依据各方相关合同的约定向上海仲裁委员会提起仲裁，并获得仲裁庭的支持。

金融仲裁是化解金融机构法律风险有效和高效的手段，金融机构在经营活动中善于运用金融仲裁工具为企业发展保驾护航。定纷止争是值得推崇的依法治企的好办法。

（点评专家张宁是著名金融专家，曾任中国证券监督管理委员会上海监管局党委书记、局长，上海证券交易所党委副书记、监事长，中国人民政治协商会议上海市第十一届、第十二届委员会常务委员及经济委员会副主任，第四届、第五届上海仲裁委员会委员）

旗天科技并购欧飞股权
点燃金融科技之光

刘　涛

一、背景介绍

旗天科技集团股份有限公司（股票代码：300061，以下简称旗天科技），是A股市场稀缺的以服务金融机构业务发展为特色的To B型科技服务企业，协助银行提供服务，推动银行业务发展，提高业务办理效率。

旗天科技此前已经建成较为完善的业务布局，主营数字商品科技中介、银行客户增值营销、航空出行消费数字模型、保险分期科技中介等。这些业务多数处于细分领域龙头或领先地位，整体形成了以金融机构为对象、以数字科技为依托、以业务促进为贡献，兼具需求洞察、客户识别、数字营销、智能科技和落地服务为特征的To B型金融科技服务体系。

江苏欧飞电子商务有限公司（以下简称江苏欧飞）致力于数字营销与权益服务，通过多年来持续整合各种商品及营销技术和资源，拥有完整的针对企业实现产品、营销和内部管理的全方位一站式数字赋能解决方案，合作伙伴包括运营商、电商、银行、互联网公司、保险、支付、福利等行业企业。目前，根据已披露的公开信息，江苏欧飞主要通过数字商品、在线营销两大平台进行技术与业务运营：一是数字商品平台，即通过平台化、规模化、专业化运作，打通互联网渠道中相关行业的上下游通道，通过江苏欧飞的数字商品平台和技术实现商品和服务的快速接入、快速分发营销；二是在线营销平台，即通过整合各种商品及营销技术和资源，为各行业客户提供与实现产品、营销和内部管理的全方位一站式数字赋能解决方案，包括数字化产品互动营销、营销活动、数字商城、积分商城、企业福利等。

二、案例分析

旗天科技于2019年10月11日召开的第四届董事会第三十九次会议和2019年10月28日召开的2019年第三次临时股东大会审议通过了《关于支付现金收购资产暨关联交易的议案》等相关议案。2019年10月11日，旗天科技（当时主体为未改名前的上海康耐特旗计智能科技集团股份有限公司）与南平乾升企业管理合伙企业（有限合伙）、南平乾广企业管理合伙企业（有限合伙）、南平凯佳企业管理合伙企业（有限合伙）、石正川、薛利、苏州邦盛赢新创业投资企业（有限合伙）签订附生效条件的《上海康耐特旗计智能科技集团股份有限公司与江苏欧飞电子商务有限公司全体股东之资产购买协议》（以下简称《资产购买协议》），旗天科技拟支付现金购买江苏欧飞100%的股权。

本次交易标的江苏欧飞100%股权的评估值为93100.00万元，经交易各方协商确定的交易价格为93050.00万元。交易对方按其各自持有江苏欧飞的股权比例取得现金对价。本次交易的资金由公司通过自有资金、银行贷款及其他方式自筹。

根据交易各方于2019年10月11日签署的《资产购买协议》约定，本次交易股权交割分两期进行工商变更登记，第一期为46%股权，第二期为54%股权。2019年10月30日，江苏欧飞完成了南平乾升企业管理合伙企业（有限合伙）、南平乾广企业管理合伙企业（有限合伙）持有的46%股权转让给公司的工商过户登记手续，并领取了南京市雨花台区市场监督管理局换发的营业执照，旗天科技成为持有江苏欧飞46%股权的股东，后续即将完成第二期的变更。

根据相关《资产评估报告》，江苏欧飞未来营业收入、净利润情况预测见表1。

表1 　　　　　　　　　江苏欧飞未来营业收入、净利润情况表

单位：万元

项目	2019年	2020年	2021年	2022年	2023年	2024年及以后
营业收入	15569.38	19159.63	22150.49	25250.35	27847.72	27847.72
净利润	6025.99	7994.58	10016.31	12094.58	13719.24	13719.24

同时，根据《资产购买协议》，业绩承诺方承诺江苏欧飞2019年、2020年、2021年和2022年实现的合并报表中扣除非经常性损益后归属于母公司的净利润分别不低于6000万元、8000万元、10000万元和12000万元。通过本次收购，可以拓展企业利润来源，提升企业业务规模和整体盈利能力，提高全体股东的投资回报。

三、案例意义

旗天科技主要从事的业务包括信用卡客户增值营销业务、航空出行消费数字模型业务、数字化决策模型业务、保险服务业务等。其中信用卡客户增值营销业务主要是与银行信用卡中心合作，通过数字化营销体系，向经过定向筛选后的信用卡目标客户分期营销定制化文化题材礼品，并与银行信用卡中心分润。江苏欧飞主要从事数字营销与权益服务业务，与旗天科技业务有较强的关联性。本次收购的顺利实施，有利于提高旗天科技的智能营销、智能风控和智能获客能力，提升业务规模和盈利水平，进一步落实了旗天科技之金融科技的战略定位，对公司的可持续发展具有积极意义。

值得一提的是，本次收购提高了旗天科技募集资金的使用效率。为降低募集资金的投资风险及合理利用募集资金，经股东大会审议通过，旗天科技终止实施了旗计智能运营中心建设项目。同时，为聚焦主业和实施战略转型，旗天科技出售了与眼镜镜片业务相关的资产与负债。上述两个原募集资金投资项目终止后，收到的募集资金均存放于募集资金专户，该部分募集资金未得到有效使用。本次收购江苏欧飞100%股权交易对价为93050.00万元，其中拟使用募集资金金额为20325余万元。本次变更募集资金项目用于收购江苏欧飞股权。本次收购提升了旗天科技的盈利能力，提高了募集资金的使用

效率，推动了企业更好更快地发展，从而为股东创造更多的收益和价值。

四、结语

本次收购成功后，旗天科技将在原有业务尤其是信用卡客户增值营销业务的基础上新增数字权益商品科技中介业务，进一步完善企业数字化营销体系，实现对企业营销业务的补充，使业务结构继续得到优化，真真切切地落实了旗天科技关于本企业的金融科技战略定位。通过本次收购，可以进一步拓展旗天科技的盈利来源，增强可持续发展能力，提升公司业务规模和盈利水平，为广大中小股东的利益提供更为稳定、可靠的业绩保证。

瑞安房地产成功发行3亿美元
绿色融资票据

黄金纶

瑞安房地产有限公司（Shui On Land Limited）于2004年成立，并于2006年10月在香港联合交易所上市（以下简称瑞安房地产或公司，股票代号：272），为瑞安集团在中国内地的房地产旗舰公司。瑞安房地产总部设于上海，在发展多功能、可持续发展的社区项目方面拥有卓越的成绩，在内地房地产市场奠定了稳固的基础。瑞安房地产在中国内地开发运营了优质的住宅、办公楼、零售、娱乐及文化等项目。公司以创新独到、极具弹性的手法进行项目的整体规划，力求项目发展能配合当地政府制定的整体城市规划，并把当地城市的历史文化特色融入项目的设计及业务发展策略中。发展项目充分体现"整体社区"理念，力争打造一个集"生活、工作、休闲"于一体的独特环境，丰富全面生活体验。

近年来，绿色金融成为企业融资新渠道，绿色金融是指为支持环境改善、应对气候变化和资源节约高效利用的经济活动，即对环保、节能、清洁能源、绿色交通、绿色建筑等领域的项目投融资、项目运营、风险管理等所提供的金融服务。

2019年，瑞安房地产发行绿色融资票据是根据绿色融资框架下为公司内合格项目提供全部或部分融资或再融资。

一、瑞安房地产本次发行绿色债券概况

2019年11月5日，瑞安房地产公告，将发行由瑞安房地产担保，由Shui On Development（Holding）Limited（以下简称Shui On Development）发行的于2023

年到期的3亿美元5.75%优先票据，发行票据的所得款项净额用于为瑞安房地产根据其绿色融资框架进行的合资格项目提供全部或部分融资或再融资。

本次优先票据由渣打银行及瑞士银行香港分行担任联席承销商。

二、本次发行构架

本次发行人是Shui On Development，担保人是瑞安房地产，由渣打银行及瑞士银行香港分行为票据的初始购买人，渣打银行及瑞士银行香港分行（作为联席全球协调人、联席账簿管理人兼联席牵头经办人）负责管理票据的发售及销售。

三、本次发行的方案

1. 发售票据：待完成的若干条件达成后，Shui On Development将发行本金总额300000000美元的票据，票据将于2023年11月12日到期，根据票据条款提早赎回则除外。

2. 发售价：票据的发售价将为票据本金额的100%。

3. 利息：票据将按每年5.75%的利率计息，自2020年5月12日起每半年于每年的5月12日及11月12日支付。

4. 票据的地位：（1）票据为Shui On Development的一般债务；（2）票据较任何明示为偿付权利后偿于票据的Shui On Development现有或未来债务享有优先偿付权利；（3）票据至少享有与Shui On Development所有其他无抵押、非后偿债务同等权益的偿付权利（须受有关后偿债务根据适用法律的任何优先权所规限）；（4）票据按优先基准由瑞安房地产担保，唯须受若干限制所规限；（5）票据实际后偿于Shui On Development及瑞安房地产的有抵押债务（如有），并以作为抵押物的资产价值为限；（6）票据实际后偿于Shui On Development附属公司的所有现有及未来债务。

5. 担保之地位：瑞安房地产将担保妥当及准时支付票据的本金、溢价（如有）及利息，以及票据下应付的所有其他款项。由于瑞安房地产为控股公司，票据将实际后偿于瑞安房地产附属公司（Shui On Development除外）的所有债务及其他负债。

瑞安房地产担保以下债务和权益：（1）公司的一般债务；（2）实际后偿于公司的有抵押债务，并以作为抵押物的资产价值为限；（3）较任何明示为偿付权利后偿于母公司担保的公司所有未来债务享有优先偿付权利；（4）至少与公司所有其他无抵押、非后偿债务享有同等权益（唯须受有关后偿债务根据适用法律之任何优先权所规限）。

6. 选择性赎回：于2021年11月12日之前任何时间，Shui On Development可按其选择赎回全部或部分票据，赎回价相等于赎回票据本金额的100%加上于赎回日期的适用溢价及截至赎回日期（但不包括该日）应计而未付的利息（如有）。

Shui On Development可于2021年11月12日之前任何时间及不时以股权发售中进行的一次或多次销售其普通股的所得现金款项净额，按相等于票据本金额的105.75%另加计至赎回日期（但不包括该日）的应计未付利息（如有）的赎回价，赎回票据本金总额最多35%；唯在各次赎回后，须有于原发行日已发行的票据本金总额最少65%尚未偿付，而任何有关赎回乃于相关股权发售完成后60天内进行。

7. 进行票据发行的原因：瑞安房地产为中国主要房地产发展商之一。瑞安房地产主要在中国从事优质住宅、办公楼、零售、娱乐及文化物业的开发、销售、租赁、管理及长期持有。特别是瑞安房地产侧重于大型多用途城市核心综合物业项目的总体规划及开发，通常与相关地方政府部门合作进行。进行票据发行旨在为瑞安集团根据其绿色融资框架进行的合资格项目提供全部或部分融资或再融资。

8. 所得款项的建议用途：票据发行估计所得款项净额，在扣除包销佣金及其他估计开支后，瑞安房地产拟将票据的所得款项净额用于为瑞安房地产根据其绿色融资框架进行的合资格项目提供全部或部分融资或再融资。

9. 上市：票据在新加坡交易所上市已获得批准。新加坡交易所对本公布内所载任何陈述或所表达的意见或所载报告是否正确概不承担任何责任。票据获准纳入新加坡交易所正式上市名单，不得视为瑞安房地产、Shui On Development或票据的价值指标。票据未曾也将不会申请于香港上市。

四、本次发行的参与律师

1. 发行人中国律师：金茂凯德律师事务所，牵头律师为李志强律师。
2. 发行人境外律师：Freshfield Bruckhaus Deringer LLP，牵头律师为 Andrew Heathcote。
3. 发行人开曼律师：Walkers Global，牵头律师为Andy Randall。
4. 承销商境外律师：Davis Polk & Wardwell，牵头律师为William F.Barron。
5. 承销商中国律师：通商律师事务所，牵头律师为侯青海律师。
6. 信托人律师：Clifford Chance，牵头律师为James Booth。

五、评析

资金周转是房地产企业经营管理中相当重要的一个环节，由于房地产企业的主营业务房地产开发需要大量的资金投入，而房地产的收益并不会很迅速地收回大量的现金，因此如何保有流动性头寸，如何控制资金周转的速度和效率对房地产企业来说至关重要。

近些年，房地产企业寻求境外融资以获取中短期现金流及优化公司财务结构数量日趋增长。瑞安房地产董事会将此次在绿色融资框架下的融资视为公司对绿色金融的重要推进，并将此次发行的债券作为重要的优化公司财务结构，调整及弥补公司现金流的重要手段进行操作。通过结合内部资源及不同的融资方式，公司努力在资金的持续性与灵活性之间维持平衡，力求将财务状况维持在健康的水平。多次融资旨在调整负债结构，以缓解短期偿债压力。

我国经济在未来的一段时间内将仍然处在合理的增长区间内，积极的财政政策和稳健的货币政策仍将是今后一段时间的宏观调控基本政策手段。在这样的大背景下，房地产行业的形势仍然处在增长势头中。随着新盘不断开发，项目不断增加，越来越多的资金需要投入到房地产项目当中，房地产企业也越来越多地需要更加便利和低成本的融资渠道。瑞安房地产此次绿色债券的发行，给了中国其他房地产企业一个重大启示，在绿色融资框架下，利用绿色金融为符合条件的项目进行绿色融资，无论是国内债券市场还是国外债券市场，都可以并应当被房地产企业合理利用，从而用来募集资金，使房地产企业维持健康的财务状况，并不断向着良好态势和可持续的方式发展。同时，该发展项目符合绿色可持续发展要求，实现环境和企业的双赢。

疫情肆意关口瑞安建业成功发行
1.8亿美元优先票据

陈　说

　　瑞安建业有限公司（以下简称瑞安建业，香港联合交易所股票代号：00983）为瑞安集团成员之一，1997年2月于香港联合交易所上市，现时业务范围包括房地产、水泥、建筑及创业基金投资，业务遍及14个城市和策略性地区。

　　瑞安建业的房地产投资分三个方面，包括中国内地的停建房产发展及房地产开发项目，并持有瑞安集团另一成员瑞安房地产有限公司的相当权益。

　　近些年，房地产企业寻求境外融资以获取中短期现金流及优化公司财务结构的数量日趋增长。瑞安建业董事会将此次发行票据看作获取现金流的良机，认为认购协议的条款公平合理，符合股东及公司整体利益。

一、瑞安建业本次发行票据概况

　　2020年1月20日，瑞安建业公告，发行本金总额1.8亿美元的票据。除非按票据条款提早赎回，否则票据将于2022年1月23日到期。

　　本次优先票据由瑞银国际、招银国际及星展银行担任联席承销商。

二、本次发行构架

　　本次发行人是瑞安建业有限公司，UBS、招银国际及DBS为证券的初始购买人。

三、本次发行的方案

1. 发售票据：待完成的若干条件达成后，发行人将发行本金总额1.8亿美元的票据。除非按票据条款提早赎回，否则票据将于2022年1月23日到期。

2. 发售价：票据的发售价将为票据本金额的100%。

3. 利息：票据将按年利率6.25%计息，于每半年期末支付，自2020年7月23日起于每年的1月23日及7月23日支付。

4. 票据的地位：（1）票据为发行人的一般债务；（2）票据在受偿权利上较发行人任何明示次于票据受偿的现有及未来债务享有优先受偿权；（3）票据受偿权至少与发行人所有其他无抵押及非后偿债务相同（唯须受该等无抵押及非后偿债务根据适用法例享有的任何优先权所规限）；（4）票据实际上次于发行人的有抵押债务（唯以用作抵押的资产价值为限）；（5）票据实际上次于发行人附属公司的所有现有及未来债务。

5. 证券的地位：证券将为Shui On Development的直接、非从属及（唯受证券的条款及条件规限）无抵押债务，本身在任何时候均享有同等地位而不分优先次序。Shui On Development根据证券的付款责任，除适用法律所规定的特殊情况及根据证券的条款及条件规定外，将于任何时候均至少与发行人所有其他现时及未来的无抵押及非从属债务享有同等地位。

6. 违约事件：票据项下的违约事件中将包括（1）于到期日、提早到期、赎回或其他情况下拖欠支付已到期及应付的票据本金（或溢价，如有）；（2）拖欠支付已到期及应付的任何票据利息，且连续拖欠达30日；（3）未能履行或违反票据及契约项下的若干契诺条文；（4）发行人或任何受限制附属公司未能履行或违反于契约或票据项下的任何其他契诺或协议，而该违约或违反情况在票据受托人或票据本金总额25%或以上的持有人发出书面通知后持续存在达连续30日；（5）就发行人或任何受限制附属公司的任何尚未偿还本金额达1000万美元或以上的债务而言，发生导致有关债务持有人宣布该债务于其指定到期日前到期及应付的违约事件，及/或于到期时本金或利息并未获支付；（6）发行人或任何受限制附属公司就付款事宜接获一项或多项最终判决或判令且其未获支付或解除，而在作出最终判决或判令当日起连续60日期间所有该等最终判决或判令的未付或未解除欠款总额超过1000万美元

（超出发行人承保人根据适用保单同意支付的金额），而于此期间相关判决或判令并无因待上诉或其他原因而暂缓执行；（7）根据任何适用破产、无力偿债或其他类似法例对发行人或任何重大附属公司就其债务提出非自愿诉讼或其他程序，以寻求委任发行人或任何重大附属公司的破产管理人、清盘人、破产清算人、财产保管人、受托人、暂时扣押人或类似人员，或就发行人或任何重大附属公司的任何绝大部分财产及资产寻求委任上述人士，且该非自愿诉讼或其他程序于连续60日期间仍未被驳回及未被搁置；或根据任何适用破产、无力偿债或其他类似法例向发行人或任何重大附属公司发出宽免命令；（8）发行人或任何重大附属公司根据任何适用破产、无力偿债或其他类似法例提出自愿诉讼，或同意根据任何该等法例于非自愿诉讼中接受宽免命令；发行人或任何重大附属公司同意为发行人或任何重大附属公司又或就发行人或任何重大附属公司的全部或绝大部分财产及资产委任破产管理人、清盘人、破产清算人、财产保管人、受托人、暂时扣押人或类似人员，或同意交由其接管；发行人或任何重大附属公司为债权人的利益进行任何全面转让〔唯在本第（8）段的各种情况下，在日常业务过程中重大附属公司因任何有力偿债清盘或重组而引起上述各项者，且导致相关重大附属公司的净资产按比例或按更加有利于发行人的基准转让予或以其他方式归属发行人或任何受限制附属公司则除外〕。倘根据契约项下发生及持续存在违约事件〔上述第（7）、第（8）段列明的违约事件除外〕，票据受托人可以（并在当时未偿还票据本金总额至少25%持有人的要求下须）向发行人发出书面通知，声明票据的本金（溢价，如有）及应计而未付的利息即时到期及应付。于作出提早到期声明后，该等本金（溢价，如有）及应计而未付的利息须即时到期及应付。倘发生上述第（7）、第（8）段列明的违约事件，票据当时的未偿还本金（溢价，如有）及应计而未付的利息须自动即时到期及应付，而票据受托人或票据任何持有人无须作出任何声明或其他行动。

7. 契诺：票据及契约将限制发行人及其受限制附属公司（视情况而定）进行（其中包括）以下各项的能力（1）产生额外债务及发行不合资格或优先股；（2）就股本宣派股息或购买或赎回股本；（3）作出投资或其他指定受限制付款；（4）发行或出售受限制附属公司的股本；（5）担保受限制附属公司的债务；（6）出售资产；（7）设立留置权；（8）订立售后租回交易；

（9）订立协议以限制其受限制附属公司派付股息、转让资产或作出公司相互贷款的能力；（10）与股东或联属人士订立交易；（11）进行整合或合并。

8. 选择性赎回：于2022年1月23日之前任何时间，发行人可按相等于票据本金额的100%，另加于赎回日期的适用溢价及截至赎回日期（但不包括该日）应计而未付的利息（如有）的赎回价随时选择赎回全部（而非部分）票据。于2022年1月23日之前任何时间，发行人可随时以股权发售中一次或多次出售发行人普通股的所得现金款项净额，按所赎回票据本金额106.25%的赎回价，另加截至赎回日期（但不包括该日）应计而未付的利息（如有），赎回最多35%的票据本金总额；唯于各次赎回后，原先于原发行日期的票据本金总额最少65%须尚未偿还，且任何有关赎回须于相关股权发售完成后60日内进行。于控制权出现变动时购回票据于控制权出现变动后30日内，发行人将会提出要约，按相等于相关票据本金额101%的购买价另加购回日期的应计而未付利息（如有）购回所有尚未偿还票据。

根据票据的条款，控制权变动是指发生下列任何一项或多项事件：（1）发行人与另一个人或实体兼并、合并或整合，或另一个人或实体与发行人兼并或合并，或向另一个人或实体出售发行人全部或绝大部分资产；（2）许可持有人为持有发行人具投票权股份总投票权少于35%的实益拥有人；（3）任何人士或集团（直接或间接）为或成为发行人具投票权股份的投票权实益拥有人，而其所持有的总投票权较由许可持有人实益持有的总投票权为多；（4）于票据原发行日期组成董事会的个别人士，连同该等由董事会选任并获至少三分之二当时在职的董事（其当时身为董事或其选任已于早前获批准）投票批准的任何新任董事，因任何原因不再构成当时在职董事会的大多数；（5）采纳将发行人清盘或解散的有关计划。

9. 进行证券发行的原因：进行票据发行旨在将所得款项净额用于为本集团短期内到期的现有债务（包括2020年票据）再融资，及/或作一般企业用途。本集团可能会应市场状况变动而调整融资计划，因而或会重新分配从票据发行所得款项净额的用途。经扣除费用、佣金及开支后，票据发行的估计所得款项净额将约为1.77亿美元。

10. 上市：发行人将以仅售予专业投资者的债务证券发行方式寻求票据于香港联合交易所上市。发行人已接获香港联合交易所对票据上市资格的确认。票据获准于香港联合交易所买卖不应视为发行人或票据的价值指标。

四、本次发行的参与律师

1. 发行人中国律师：金茂凯德律师事务所，牵头律师为李志强一级律师。

2. 发行人境外律师：Mayer Brown，牵头律师为Jacque line Chiu。

3. 发行人百慕大律师：Appleby，牵头律师为Fiona Chan。

4. 承销商境外律师：Davis Polk，牵头律师为Gerhard Radtke。

5. 承销商中国律师：通商律师事务所，牵头律师为侯青海律师。

6. 信托人律师：Hogan Lovel ls Lee&Lee，牵头律师为Andy Ferris。

五、评析

在刚刚过去的2019年，全国商品房销售额为159725亿元，增长6.5%，毫无悬念创出新高。受益于行业规模的增长，地产股在2019年的走势也颇为喜人。据中国指数研究院统计，2019年TOP100房地产企业涨跌幅均值为39.4%，市值较2018年出现显著增长。其中，5家上市房地产企业涨幅超过100%，28家涨幅超过50%，46家涨幅超过30%。而资金周转是房地产企业经营管理中相当重要的一个环节，由于房地产企业的主营业务房地产开发需要大量的资金投入，而房地产的收益又不会很迅速地收回大量的现金，因此如何保有流动性头寸，如何控制资金周转的速度和效率对房地产企业来说至关重要。

进入2020年，受新型冠状病毒感染的肺炎疫情影响，新年港股开市后房地产股也持续低迷。2020年1月30日，港股迎来2020年春节后的第二个交易日。2020年1月29日，恒生指数下挫2.82%，迎来开门下挫后，1月30日再度下跌2.62%，已跌穿27000点大关，收于26441.72点。受到大盘影响，港股房地产股持续走弱，全线下挫。截至1月30日收盘，万科企业报收27.5元/股，跌幅为2.97%；中国海外发展报收25.35元/股，跌幅2.31%；融创中国收于37.7元/股，跌幅为4.07%；佳兆业集团收于3.27元/股，跌幅为5.49%。在可以预见的比较困难的2020年，房地产企业寻求境外融资以获取中短期现金流及优化公司财务结构数量日趋增长。瑞安建业董事会将此次发行票据看作获取现金流的良机，并将此次发行的票据作为重要的优化公司财务结构，调整、弥补公司现金流的重要手段进行操作。通过结合内部资源及不同的融资方式，公司努力在资金的持续性与灵活性之间维持平衡，力求将财务状况维持在健康的水平。多次融资旨在调整负票据结构，以缓解短期偿票据压力。

虽然我国在2020年伊始受到了严重的新型冠状病毒疫情的影响，在可以预见的范围内，房地产行业将受到一定程度的冲击，但是在党和政府的坚强领导下，我国经济在未来的一段时间内仍将处在合理的增长区间内，积极的财政政策和稳健的货币政策仍将是今后一段时间的主导宏观调控基本政策手段。对于房地产企业补充流动资金，需要进一步募集资金投入房地产项目当中，房地产企业也越来越多地通过多种手段持续地进行融资。瑞安建业此次票据的发行，给了中国其他房地产企业一个重大启示，无论是国内还是国外的票据市场，都可以也应当被房地产企业合理利用，从而用来募集资金，调整流动性头寸，使房地产企业维持健康的财务状况，并不断向着良好态势，以可持续的方式发展，平稳有序地应对2020年新型冠状病毒给我国经济社会带来的冲击，为我国全面建成小康社会决胜之年作出应有贡献。

上海大众公用善用金融工具
成功发行公司债券

曹　菁

一、背景介绍

上海大众公用事业（集团）股份有限公司（以下简称大众公用或公司）成立于1991年12月24日，其前身是上海浦东大众出租汽车股份有限公司，是全国出租汽车行业中第一家股份制公司。公司股票于1993年3月4日在上海证券交易所正式挂牌上市（股票代码：600635）。2003年5月，公司更名为上海大众公用事业（集团）股份有限公司。经过二十多年的发展，公司从一个与上海浦东开发开放共同起步，在业内率先上市的交通运输企业，发展成为以城市公用事业基础设施投资运营和金融创投齐头并进的大型企业集团。2016年12月5日，公司境外上市外资股（H股）在香港联交所主板挂牌并开始上市交易（股票代码：1635.HK）。公司自上市以来，善用金融工具发展主业，借助资本市场做大做强主业。

大众公用于2019年获准向合格投资者公开发行面值不超过18亿元人民币的公司债券。根据《上海大众公用事业（集团）股份有限公司2019年公开发行公司债券（第一期）发行公告》，公司于2019年公开发行公司债券（第一期）发行规模不超过10亿元人民币。首期发行工作已于2019年9月27日结束。

本期债券名称为"上海大众公用事业（集团）股份有限公司2019年公开发行公司债券（第一期）"，债券简称为"19沪众01"，债券代码为"155745"，实际发行规模为8亿元，最终票面利率为3.60%。

二、案例分析

本次债券发行的方案

1. 债券名称：上海大众公用事业（集团）股份有限公司2019年公开发行公司债券（第一期）。

2. 发行规模及发行安排：本期债券发行规模不超过10亿元人民币。

3. 票面金额及发行价格：本期债券面值100元，按面值平价发行。

4. 债券品种和期限：本期债券为3年期固定利率债券。

5. 债券利率及确定方式：本期债券的票面利率将根据簿记建档结果，由发行人与主承销商按照国家有关规定协商一致确定，在本期债券存续期内固定不变。

6. 担保方式：本期债券为无担保债券。

7. 募集资金专项账户：发行人应在本期债券发行首日前5个交易日于监管银行处开立唯一的募集资金专项户，专门用于本期债券募集资金的接收、存储及划转，不得用作其他用途。募集资金专项账户中的资金包括本期债券募集款项及其存入该专项账户期间产生的利息。

8. 信用级别及资信评级机构：经中诚信证券评估有限公司综合评定，发行人的主体信用等级为AAA级，本期债券的信用等级为AAA级。

9. 主承销商、债券受托管理人：海通证券股份有限公司。

10. 发行方式：本期债券发行方式为网下面向合格投资者公开发行。

11. 发行对象与配售规则：本期债券的发行对象为符合《公司债券发行与交易管理办法》及相关法律法规规定的合格投资者。本期债券配售由主承销商和发行人共同确定。

12. 承销方式：本期债券由主承销商组织承销团采取余额包销的方式承销。

13. 债券形式：实名制记账式公司债券。投资者认购的本期债券在证券登记机构开立的托管账户托管记载。本期债券发行结束后，债券持有人可按照主管部门的规定进行债券的转让、质押等操作。

14. 还本付息方式：本期债券采用单利按年计息，不计复利，每年付息一次，到期一次还本，最后一期利息随本金的兑付一起支付。具体本息兑付工作按照主管部门的相关规定办理。

15. 支付金额：本期债券于每个付息日向投资者支付的利息金额为投资者截至利息登记日收市时所持有的本期债券票面总额×票面年利率；于兑付日向投资者支付的本息金额为投资者截至兑付登记日收市时所持有的本期债券最后一期利息及所持有的债券票面总额的本金。

16. 发行首日及起息日：本期债券发行首日为2019年9月25日，起息日为本期债券存续期内每年的9月25日。

17. 利息登记日：本期债券的利息登记日将按照上海证券交易所和登记机构的相关规定执行。在利息登记日当日收市后登记在册的本期债券持有人，均有权就所持本期债券获得该利息登记日所在计息年度的利息。

18. 付息日：本期债券付息日为2020年至2022年每年的9月25日（如遇法定节假日和/或休息日，则顺延至其后的第一个交易日；顺延期间付息款项不另计利息）。

19. 兑付登记日：本期债券的兑付登记日将按照上海证券交易所和登记机构的相关规定执行。在兑付登记日当日收市后登记在册的本期债券持有人，均有权获得所持本期债券的本金及最后一期利息。

20. 兑付日：本期债券兑付日为2022年9月25日（如遇法定节假日和/或休息日，则顺延至其后的第一个交易日；顺延期间兑付款项不另计利息）。

21. 募集资金用途：本期发行的公司债券的募集资金拟用于偿还公司债务及补充流动资金。

22. 拟上市地：上海证券交易所。

23. 新质押式回购：公司主体长期信用等级为AAA级，本期债券的信用等级为AAA级，符合进行新质押式回购交易的基本条件，本期债券新质押式回购相关申请尚需有关部门最终批复，具体折算率等事宜按登记公司的相关规定执行。

24. 上市安排：本期债券发行结束后，发行人将尽快向上海证券交易所提出关于本期债券上市交易的申请。具体上市时间将另行公告。

25. 税务提示：根据国家有关税收法律、法规的规定，投资者投资本期债券所应缴纳的税款由投资者承担。

三、评析

本期公司债券的成功发行为大众公用融资新突破，得益于大众公用管理层审时度势的战略视野和大众公用相关部门的通力协作，大众公用和主承销商精心准备、周密安排，投资者的友好路演沟通密不可分。金茂凯德律师事务所受聘担任大众公用本次发行公司债券的发行人法律顾问，创始合伙人李志强一级律师领衔为大众公用本次公司债券项目提供全程法律服务。

公司通过发行公司债券，目的是扩大资金来源，降低资金成本，减少税收支出。进一步提升企业的资金实力和公司竞争力，实现股东、公司和员工利益的一致，充分利用资本市场的资源和力量，促进公司的业务发展，从而更好地促进公司长期、持续、健康发展，实现公司的可持续发展。

公司通过发行公司债券可以给公司带来很多的益处。首先，能有效降低企业的加权平均资本，主要体现在债务融资率的资金成本低于权益资本筹资的资金成本，以及企业通过债务融资可以使实际负担的债务利息低于其向投资者支付的股息；其次，能给投资者带来"财务杠杆效应"，债务融资可以提高投资者的收益率；最后，可以迅速筹集资金，弥补企业内部资金不足，债务融资相对于其他融资方式来说，手续较为简单，资金到位也比较快，可以迅速解决企业资金困难。

公司发行公司债券还有利于企业控制权的保持。债务融资不具有股权稀释的作用，通常债务人无权参与企业的经营管理和决策，对企业经营活动不具有表决权，也无对企业利润和留存收益的享有权，有利于保持现有股东控制企业的能力。

上海大众融资租赁开启首单运营商
租赁分期储架证券化产品

李伟涛

上海大众融资租赁有限公司（以下简称大众租赁或公司）是于2014年9月在中国（上海）自由贸易试验区注册成立的中外合资融资租赁公司，注册资本5亿元。控股股东为上海大众公用事业（集团）股份有限公司（股票代码：600635）。大众租赁自成立以来，始终秉承"汇聚大众、融通资源"的经营理念，已经建设成为"风险可控、资产优质、回报稳定、特色鲜明"的专业化融资租赁公司。

大众租赁的经营范围为融资租赁业务、租赁业务等。公司通过聚焦细分市场，努力拓展业务，在现代物流、数据中心、节能环保、现代制造、小微业务等行业深耕细作，保持优势。公司自成立以来，秉承和发扬大众集团在业务经验和管理能力、风险控制、资本扩充和业务协同方面的综合经营优势，坚持"诚实稳健、相融共赢"的经营理念，借鉴同行业知名企业的管理经验，建立了一整套较为完善的业务管理、风险控制等管理制度，严格执行"项目立项会→公司评审会→集团评审会"（所有项目投放均需经过大众公用、大众交通管理层组成的评审会审议通过）三级项目评审程序，强化风险控制，提升核心竞争力。截至2019年6月30日，融资租赁金额累计近50亿元，已获得15家银行逾50亿元的授信额度。

公司优异的经营业绩和创新做法得到了各方肯定，不仅取得自贸区的落户补贴和专项补贴，而且于2015年入选上海自贸区和浦东新区召开发布的《上海自贸区和浦东新区融资租赁行业创新案例集》（共有15家公司入选），也被评为上海融资租赁行业"2017年度优秀企业""2018年度行业诚信企业"称号。公司是上海融资租赁协会副会长单位、上海市外商投资企业协会金融服务工作委员会副会长单位，也是行业内获得中国人民银行总行批准接入中国人民银行征信系统的仅有的几家融资租赁公司之一。

一、公司主营业务情况

大众租赁的主营业务为融资租赁业务，以对公金融租赁为主，公司自2014年9月成立以来，通过聚焦细分市场，努力拓展新的业务，开拓新的行业领域，不断增加优质客户，2016年完成15个项目投放，投放金额为7.05亿元，公司营业收入约6834万元，税后净利润为4338万元，贷款本息到账率为100%；2017年完成16个项目投放，项目金额总计11.02亿元，全年实现营业收入为8660万元，净利润为3025万元；2018年，完成20个项目投放，金额总计11.02亿元。全年实现营业收入13931万元，净利润为4002万元。公司从2018年9月开始进军零售金融领域，与中国电信合作启动了手机"橙分期"业务合作。"橙分期"业务的成功上线，为公司小微业务转型奠定了良好的基础。2019年1月至6月，公司共完成4个新项目的投放及"橙分期"项目的持续投放，实现营业收入8030.96万元，净利润为3613.46万元。

二、公司竞争优势

1. 资金优势。大众租赁注册资本为5亿元，其股东为上海大众公用事业（集团）股份有限公司，是A股和H股上市公司，融资渠道丰富，融资能力强，可对大众租赁提供强有力的资金支持；此外，公司目前主要为银行授信，具有较强的资金优势。

2. 股东优势。公司按照集团的统一部署和指导，开展金融、贸易、咨询、投资一体化业务，创造性地将产业资本和金融资本融为一体，形成了具有自身特色的以资源组织能力和资源增值能力相互匹配并协调发展为特征的企业运作优势。

3. 品牌优势。"大众"是上海市著名商标，在公用事业领域具有较强的品牌优势，并拥有广泛的客户认可度。大众租赁可依托品牌而获取更多的客户资源。

4. 业务优势。2019年3月27日，公司接入中国人民银行征信系统工作正式完成，标志着公司风险管理体系正式跨入数据化管控新阶段，公司成为行业内为数不多的全面接入中国人民银行征信系统的公司之一；公司对经济和外部环境保持高度敏感性，对风险保持高度敬畏心，业务方面不拘泥于客户性质、行业类别、金额大小，从节能环保行业、现代物流，到现代制造、IDC，再到小微业务的探索和转型，始终坚持各个环节风险严控，有效避免了众多"爆雷"项目，抓住了市场机会，积累了一批优质项目、优质客户。

5. 其他优势。公司拥有上海自由贸易区金融创新试点和多项税收改革政策优势，自贸试验区制度设计灵活高效，投资和贸易便利化水平高，融资租赁行业地区聚集效应凸显。

三、专项计划基本情况

（一）专项计划名称

专项计划的名称为天风—大众租赁—运营商终端消费分期1期资产支持专项计划。

（二）专项计划目的

管理人设立专项计划的目的是接受认购人的委托，按照专项计划文件的约定，将认购资金用于购买基础资产，并以该等基础资产及其管理、运用和处分形成的属于专项计划的全部资产和收益，按专项计划文件的约定向资产支持证券持有人支付。

（三）专项计划合法性

1. 专项计划依据《中华人民共和国合同法》《证券公司客户资产管理业务管理办法》（以下简称《管理办法》）、《证券公司及基金管理公司子公司资产证券化业务管理规定》（以下简称《管理规定》）等法律、法规而设立。

2. 专项计划各当事人承诺计划说明书所约定的条款或内容，只要不违反我国法律、法规的强制性和禁止性规定，都对各方产生约束力，具有法律效力。任何一方不得以法律无明文规定为由拒绝履行计划说明书及相关文件约定的义务。

（四）资产支持证券类别

根据不同的风险、收益和期限特征，本专项计划的资产支持证券分为优先级资产支持证券和次级资产支持证券。

（五）资产支持证券预期收益率

优先级资产支持证券的预期收益率根据管理人与认购人签署的认购协议确定。收益计算方式为优先级资产支持证券当期收益=优先级资产支持证券在前一个兑付日本金偿付后的未偿本金余额（就第一个兑付日而言，即优先级资产支持证券在专项计划设立日的面值）×预期收益率×计息期间实际天数÷365天；尾数计算到分，分以下四舍五入；单利计算。

管理人不保证专项计划一定盈利，也不保证最低收益。管理人对优先级资产支持证券未来的预期收益仅供优先级资产支持证券持有人参考，不构成管理人保证投资本金不受损失或取得最低收益的承诺。

（六）资产支持证券目标募集规模

优先级资产支持证券的目标发售规模为2.755亿元人民币，次级资产支持证券的目标发售规模为0.145亿元人民币。

（七）专项计划存续期限

自专项计划设立日（含该日）起至法定到期日止（含该日）。法定到期日不是优先级资产支持证券的实际到期日，优先级资产支持证券的本金将可能于法定到期日前清偿完毕。

（八）原始权益人/差额支付承诺人/资产服务机构

原始权益人、差额支付承诺人、资产服务机构为上海大众融资租赁有限公司。

（九）管理人

管理人为天风证券股份有限公司（以下简称天风证券）。

（十）担保人

担保人为上海大众公用事业（集团）股份有限公司。

（十一）托管人

托管人为中国农业银行股份有限公司上海分行。

（十二）募集专用账户

募集专用账户是指管理人开立的专用于接收、存放发行期间投资者交付的"认购资金"的人民币资金账户。

（十三）回收款收取账户

回收款收取账户是指资产服务机构或后备资产服务机构收取基础资产、回收款的银行账户。原始权益人作为资产服务机构的，回收款收取账户为原始权益人用于接收包括回收款在内的日常经营租金收入的人民币资金账户。

（十四）专项计划账户

专项计划账户是指管理人以专项计划的名义在托管人处开立的人民币资金账户，专项计划的一切货币收支活动，包括但不限于接收专项计划募集资金、接收回收款及其他应属专项计划的款项、支付基础资产购买价款、支付专项计划利益及专项计划费用，均必须通过该账户进行。

（十五）专项计划的投资范围

1. 管理人根据资产管理合同的约定，将专项计划所募集的认购资金用于向大众租赁购买基础资产。

2. 管理人有权指示托管人将专项计划账户中待分配的资金进行合格投资。

（十六）资产支持证券的信用级别

评级机构考虑了专项计划基础资产的情况、交易结构的安排、增信安排等因素，评估了有关的风险，给予优先级资产支持证券评级为AAA级。

（十七）资产支持证券面值、发行方式

资产支持证券面值均为100元，按面值发行。

（十八）专项计划推广对象

专项计划的推广对象为中华人民共和国境内具备适当的金融投资经验和风险承受能力，具有完全民事行为能力、符合《管理规定》的合格投资者（法律、法规和有关规定禁止参与者除外），合格投资者合计不超过200人。

四、评析

融资难始终是企业在成熟资本市场关注的一个焦点。企业的发展离不开"血液"供给，充足的资金是发展的不竭动力。大众租赁自开拓资本市场以来，持续健康稳定发展，充分利用资本市场的多种融资工具和融资功能壮大主业和投资者回报。

储架发行是指一次核准、多次发行的再融资制度。对于一些投资金额较大、时间跨度较长的项目，监管部门一次性审核其发行申请，然后由原始权益人、承销商根据项目的实际需要，在规定的时间内按照规定的要求分次择机募集资金。与传统的发行机制比较，这种发行方式简化了发行审批程序，提高了融资的灵活性。

2019年12月5日，天风—大众租赁—运营商终端消费分期1期资产支持专项计划成功落幕，共募集资金2.9亿元人民币，是首单获准在上海证券交易所市场发行的运营商租赁分期储架证券化产品。

新华传媒资产支持专项计划
成就上海宣传系统首例资产证券化案例

游　广

上海新华发行集团有限公司（以下简称新华发行或公司）处于新闻和出版行业。我国新闻出版行业的发展遵循了市场经济规律和传媒发展规律。从改革开放初期至今，我国报纸出版行业经历了四个发展阶段。第一个阶段自20世纪80年代开始，以中央传媒和各级党委机关报的兴盛为标志，主导中国改革开放的重点舆论工具是中央和各级党委的报纸，如《人民日报》《解放军报》《光明日报》《新华日报》等；第二个阶段自20世纪90年代至21世纪初期，是以晚报为主的潮流，有着10年的辉煌，时至今日，晚报仍然流行；第三个阶段主要指21世纪前十年，是以都市报为主导的新报业发展时期，都市报是以中心城市为发展半径而崛起的地方性报纸，其中《广州日报》是最早和最杰出的代表，像《南方都市报》《大河报》《楚天都市报》等是后发展起来的典型代表；第四个阶段则是如今互联网、移动互联网等数字化媒体强势切入传统新闻出版领域，传统媒体与新媒体交融合作的新时期。随着我国新闻出版行业的不断演进，新闻出版行业的体制机制不断创新，文化传媒类上市公司也不断涌现，我国新闻出版行业已从单一的事业单位性质发展到集团化、公司化运作，多元化经营和融资渠道不断拓宽的阶段。随着物质水平的提高，居民对于文化出版产业的需求则呈现出更高要求。"十三五"规划恰好是全面建成小康社会的最后五年，也是最关键的五年，这种全面建成小康社会的要求给新闻和出版行业的发展创造了新的机遇。

根据中国出版广电网《2017年新闻出版产业分析报告》，2017年，全国出版、印刷和发行服务（不含数字出版）实现营业收入18119.20亿元，较2016年同口径增长4.5%；利润总额为1344.30亿元，增长2.7%。其中，图书出版营业收入为879.60亿元，报纸出版营业收入为578.25亿元，印刷复制营业收入为13156.49亿元，出版物发行营业收入为3179.54亿元。另据中国新闻出版研究院调查汇总数据，2017年数字出版实现营业收入7071.90亿元。

一、公司主营业务情况

新华发行是集图书、音像及文教用品等多种商品的批发、零售等多种经营方式于一体的综合性大型文化企业集团。公司拥有上海市中小学教材、幼儿园教材和中专职学校教材的发行权及上海书城等品牌，在上海市图书发行市场的地位较突出。

公司主要经营两大类业务，包括图书、音像及文教用品销售，广告及报刊经营。此外，公司在近几年正积极培育文化科技孵化园区、文化产业投融资服务、创投基金等新兴业务。

新华发行其他业务板块包括租赁业务、咨询业务及利息、资金占用板块等。其中，租赁业务主要通过出租徐汇新华中心、沪太路新华文化科技园及其他零散物业获取收入和利润；咨询业务主要为出租配套服务，为拟入驻企业提供合理的商业建议；利息、资金占用板块主要是新华发行及其子公司为参股公司提供委托贷款所产生的利息收入和利润，其中占比较大的部分是新华发行为支持参股子公司成城资管开发运营吴中路项目提供财务资助所产生的利息收入和利润。

二、公司竞争优势

1. 行业政策优势。2011年3月，第十一届全国人民代表大会第四次会议表决通过《中华人民共和国国民经济和社会发展第十二个五年规划纲要》（以下简称《纲要》）。《纲要》提出，要推动文化产业成为国民经济支柱性产业，增强文化产业整体实力和竞争力；实施重大文化产业项目带动战略，加强文化产业基地和区域性特色文化产业群建设，鼓励文化企业跨地域、跨行业、跨所有制经营和重组，提高文化产业规模化、集约化、专业化水平，推进文化产业转型升级，推进文化科技创新，研发制定文化产业技术标准，提高技术装备水平，改造提升传统产业，培育发展新兴文化产业。作为上海市主要文化传媒企业，新华发行加快转型，实现跨行业、跨区域经营，得到了上海市各级政府和主管部门的支持，能较好地利用当前政策环境谋求发展。

2. 产业链优势。新华发行主要业务板块之间的专业相关性较强，具有一定的协同效应，有助于公司业务的稳定发展。各项业务均已实现规模化，并在细分领域建立了良好的竞争优势，可有效提升新华发行的整体竞争能力，提高新华发行的盈利能力和抗风险能力。

3. 新华发行品牌优势。基于新华发行所拥有的"新华书店"、上海书城、申报等品牌优势，新华发行子公司在上海本地图书实体店的销售市场上占据超过75%的图书销售份额。同时品牌优势可以带动新华发行业务跨区域辐射，这是新华发行充分利用自身品牌价值，提升新华发行业务拓展能力，进一步巩固品牌地位，获得跨区域经营的不可或缺的优势。

4. 专业人才优势。新华发行目前的高级管理人员均有多年的传媒、出版行业工作经验，对其行业发展有深刻的了解，并且在新华发行未来的发展规划上有高度统一的认知。经过全方位脱产培训、项目实践及考验，逐步储备和培养青年人才，从而进一步提升新华发行的人才优势。

5. 先进的管理优势。新华发行在图书实体店销售业务中改进了库存模式，利用高科技信息传递和第三方物流支持，实现配送环节数字化、网络化运营，构建了符合行业发展特点的内部控制系统，确保销售高效、规范运作。

6. 合作伙伴优势。新华发行在多年的业务发展中积累了客户资源，包括各行业的大型广告客户、创意产业机构等。新华发行在选择业务转型方向过程中充分利用了优质客户资源，在文化置业配套渠道的营销中合作方包括长甲集团、万科集团都是该行业中实力、信誉俱佳的大型公司；同时在文化Mall的建设中选择了与公司定位一致的红星家具集团有限公司共同管理。这些战略合作伙伴的信任和支持，在一定程度上是公司今后加快转型步伐的强劲助力。

三、资产支持证券品种及基本特征

根据不同的风险、收益和期限特征，本专项计划的资产支持证券分为优先级资产支持证券和次级资产支持证券。每一类资产支持证券均代表其持有人享有的专项计划资产中不可分割的权益，包括但不限于根据认购协议和标准条款的规定接受专项计划利益分配的权利。

（一）优先A类资产支持证券

1. 资产支持证券名称：平安—上海新华传媒交流中心新华园资产支持专项计划优先级资产支持证券。

2. 计划管理人：平安证券股份有限公司。

3. 规模：优先A类资产支持证券的目标募集规模为3.72亿元。

4. 发行方式：面值发行。

5. 资产支持证券面值：每份优先级资产支持证券的面值为100元。

6. 产品期限：自专项计划设立日（含该日）起至法定到期日止（含该日）。法定到期日不是优先级资产支持证券的实际到期日，优先级资产支持证券的本金将可能于法定到期日前清偿完毕。

7. 预期还本日：优先A类资产支持证券的预期还本日为该类资产支持证券存续期内的兑付日。

8. 到期应付本金：优先A类资产支持证券在最后一个兑付日到期应付本金为0.36亿元。

9. 预期收益率：自专项计划设立日（含该日）至首个预期收益率调整日（不含该日）之间的期间内，优先A类资产支持证券的预期收益率通过簿记建档或定价发行结果确定，自首个预期收益率调整日（含该日）起，优先A类资产支持证券的预期收益率根据计划管理人发布的优先级资产支持证券预期收益率调整公告确定。

10. 预期收益：优先A类资产支持证券在各计息期间的预期收益以其在对应兑付日的未分配本金金额、对应的预期收益率及计息期间天数为基础按单利计算，具体计算方式以登记托管机构届时有效的规定为准。

11. 信用级别：信用评级机构考虑了专项计划基础资产的情况、交易结构的安排等因素，评估了有关的风险，给予优先级资产支持证券AAA级评级。

12. 权益登记日：为每个兑付日（若该兑付日不是任一类资产支持证券的最后一个兑付日）前第一个工作日。

（二）优先B类资产支持证券

1. 资产支持证券名称：平安—上海新华传媒交流中心新华园资产支持专项计划优先B类资产支持证券。

2. 计划管理人：平安证券股份有限公司。

3. 规模：优先B类资产支持证券的目标募集总规模为1.28亿元。

4. 发行方式：面值发行。

5. 资产支持证券面值：每份优先B类资产支持证券的面值为100元。

6. 产品期限：自专项计划设立日（含该日）起至法定到期日止（含该日）。法定到期日不是优先级资产支持证券的实际到期日，优先级资产支持证券的本金将可能于法定到期日前清偿完毕。

7. 预期还本日：优先B类资产支持证券的预期还本日为该类资产支持证券存续期内的兑付日。

8. 到期应付本金：优先B类资产支持证券在最后一个兑付日到期应付本金为1.28亿元。

9. 预期收益率：自专项计划设立日（含该日）至首个预期收益率调整日（不含该日）之间的期间内，优先B类资产支持证券的预期收益率通过簿记建档或定价发行结果确定，自首个预期收益率调整日（含该日）起，优先B类资产支持证券的预期收益率根据计划管理人发布的优先级资产支持证券预期收益率调整公告确定。

10. 预期收益：优先B类资产支持证券在各计息期间的预期收益以其在对应兑付日的未分配本金金额、对应的预期收益率及计息期间天数为基础按单利计算，具体计算方式以登记托管机构届时有效的规定为准。

11. 信用级别：信用评级机构考虑了专项计划基础资产的情况、交易结构的安排等因素，评估了有关的风险，给予优先B类资产支持证券AA+级评级。

12. 权益登记日：为每个兑付日（若该兑付日不是任一类资产支持证券的最后一个兑付日）前第一个工作日。

（三）次级资产支持证券

次级资产支持证券由原始权益人自行认购。除非根据生效判决或裁定或计划管理人事先的书面同意，原始权益人认购次级资产支持证券后，不得转让其所持任何部分或全部次级资产支持证券。

1. 资产支持证券名称：平安—上海新华传媒交流中心新华园资产支持专项计划次级资产支持证券。

2. 计划管理人：平安证券股份有限公司。

3. 规模：次级资产支持证券目标募集规模为0.2亿元。

4. 发行方式：面值发行。

5. 资产支持证券面值：每份次级资产支持证券的面值为100元。

6. 产品期限：自专项计划设立日（含该日）起至法定到期日止（含该日）。法定到期日不是次级资产支持证券的实际到期日，次级资产支持证券的本金将可能于法定到期日前清偿完毕。

7. 到期应付本金：次级资产支持证券不设预期收益率。

8. 信用级别：未评级。

9. 权益登记日：为每个兑付日（若该兑付日不是任一类资产支持证券的最后一个兑付日）前第一个工作日。

四、评析

"平安—上海新华传媒交流中心新华园资产支持专项计划"是上海宣传系统首家资产证券化金融工具项目。随着该项目的成功落地，有利于企业进一步开拓市场，扩大市场份额，企业可基于该融资渠道，增强市场竞争力；有利于进一步优化企业短期财务指标，优化企业报表，该专项计划帮助企业实现了资产出表，可有效优化企业各项财务指标，同时提高企业资金利用率；进一步丰富了企业的融资渠道，资产证券化业务是未来企业融资的主要方向之一，该专项计划为企业融资开拓了一个新的方向。

地产第一股巧用金融杠杆成功发行 58亿元公司债券

金凯德

一、背景介绍

碧桂园地产集团有限公司（以下简称碧桂园地产、发行人或公司）自成立以来，以"希望社会因我们的存在而变得更加美好"为企业使命，矢志耕耘于房地产业，利用其自身优势开创出独具特色与核心竞争力的碧桂园开发模式。发行人以房地产为主营业务，经营范围涵盖房地产开发及销售、物业租赁、房地产投资咨询、房地产经营管理咨询等。

房地产业作为一个资金密集型产业，资金是房地产企业的"血脉"，资金链一旦断裂，企业将无法维持生存。2018年之后，楼市降温明显，融资成为房地产企业竞争的重要因素。进入2019年，房地产调控手段之一便是关于房地产金融收紧政策的持续发布。虽然在2019年上半年碧桂园实现了营业收入超过2000亿元，但是由于融资收紧，碧桂园也开始采用公司债券的形式进行融资。

本期债券募集资金拟用于偿还碧桂园控股有限公司（以下简称碧桂园控股）拨付给碧桂园地产合并范围内其用于偿还银行借款及补充流动资金形成的款项，碧桂园控股在收到归还的款项后，将用于偿还此前发行的公司债（熊猫债）。

根据中国证监会颁布的《公司债券发行与交易管理办法》的相关规定，结合其财务状况及未来资金需求状况，经发行人董事会决议并经股东决定通过，拟公开发行不超过58亿元的公司债券。

二、案例分析

本次债券发行方案如下。

1. 发行主体：碧桂园地产集团有限公司。

2. 债券名称：碧桂园地产集团有限公司2019年公开发行公司债券。

3. 发行规模：总规模不超过58亿元（含）人民币，拟分期发行，首期拟发行规模不超过58亿元（含）。

4. 债券期限：本期债券的期限不超过10年（含）。

5. 债券利率及其确定方式：本期债券票面年利率将通过询价方式，由发行人与主承销商协商确定利率区间，以簿记建档方式确定最终发行利率。本期债券票面利率采取单利按年计息，不计复利。

6. 票面金额和发行价格：本期债券面值为100元，按面值平价发行。

7. 发行方式与发行对象：本期债券采用一次或分期发行方式，具体发行规模及分期方式根据公司资金需求情况和发行时市场情况，在前述范围内确定；本期债券将以公开方式向具备相应风险识别和承担能力的合格投资者发行。

8. 公司股东配售安排：本期债券不安排向公司原股东配售。

9. 债券形式：实名制记账式公司债券。投资者认购的本期债券在登记机构开立的托管账户托管记载。

10. 还本付息方式：本期债券采用单利按年计息，不计复利，逾期不另计利息。每年付息一次，到期一次还本，最后一期利息随本金的兑付一起支付。

11. 利息登记日：本次债券的利息登记日将按照上海证券交易所和登记托管机构的相关规定执行。在利息登记日当日收市后登记在册的本期债券持有人，均有权就所持本期债券获得该利息登记日所在计息年度的利息。

12. 本息支付方式：本次债券本息支付将按照债券登记机构的有关规定统计债券持有人名单，本息支付方式及其他具体安排按照债券登记机构的相关规定办理。

13. 支付金额：本次债券于每年的付息日向投资者支付的利息为投资者截至利息登记日收市时所持有的本次债券票面总额与票面利率的乘积，于兑付日向投资者支付的本息为投资者截至兑付登记日收市时投资者持有的本期债券最后一期利息及等于票面总额的本金。

14. 担保方式：本次债券不设担保。

15. 信用级别：经中诚信综合评定，发行人的主体信用等级为AAA级，本次债券的信用等级为AAA级。

16. 簿记管理人、债券受托管理人：光大证券股份有限公司。

17. 发行对象及发行方式：本次债券面向《公司债券发行与交易管理办法》《上海证券交易所债券市场投资者适当性管理办法》规定的合格投资者公开发行，采取线下面向合格投资者询价配售的方式，由主承销商根据询价情况进行债券配售。具体发行安排将根据上海证券交易所的相关规定进行。

18. 配售规则：主承销商/簿记管理人根据网下询价结果对所有有效申购进行配售，机构投资者的获配金额不会超过其有效申购中相应的最大申购金额。配售依照以下原则进行：按照投资者的申购利率从低到高进行簿记建档，按照申购利率从低向高对申购金额进行累计，当累计金额超过或等于本次债券发行总额时所对应的最高申购利率确认为发行利率，申购利率在最终发行利率以下（含发行利率）的投资者按照价格优先的原则配售；在价格相同的情况下，按照时间优先的原则进行配售，同时适当考虑长期合作的投资者优先。

19. 承销方式：由主承销商以余额包销方式承销。

20. 拟上市交易场所：上海证券交易所。

21. 上市安排：本次发行结束后，发行人将尽快向上海证券交易所提出关于本期债券上市交易的申请。具体上市时间将另行公告。

22. 质押式回购：发行人主体信用等级为AAA级，本期债券信用等级为AAA级，本期债券符合进行质押式回购交易的基本条件，具体折算率等事宜将按照证券登记机构的相关规定执行。

23. 募集资金用途：本期债券募集资金扣除发行费用后，拟用于偿还碧桂园控股拨付给发行人合并范围内发行人用于偿还银行借款及补充流动资金形成的款项，碧桂园控股在收到归还的款项后，将用于偿还此前发行的熊猫债。

24. 募集资金专项账户：发行人在募集资金监管银行开设募集资金使用专

项账户，用于本次债券募集资金的接收、存储、划转与本息偿付。

25. 税务提示：根据国家有关税收法律、法规的规定，投资者投资本次债券所应缴纳的税款由投资者承担。

三、案例意义

近年来，受宏观经济政策变化带来的社会固定资产投资建设资金波动及碧桂园地产加大对于房地产项目和基础设施投资项目投入的影响，经营活动现金流量的充足程度对维持发行人正常的经营运作至关重要。如果其不能有效规划和控制房地产开发业务的规模和速度并实现较快的销售，则经营活动的净现金流量可能持续为负数或进一步下降，发行人将可能面临阶段性现金流量不足的风险和资金周转压力。在此背景下，发行人发行公司债券融资，具有以下几个方面的重大意义。

首先，公开发行公司债券，可以申请一次核准，分期发行，其融资方式灵活，融资效率高。发行人发行公司债券，目的是补充流动资金，进一步提升企业的资金实力和竞争力，实现股东、发行人和员工利益的一致，充分利用资本市场的资源和力量，促进其业务发展，从而更好地促进发行人长期、持续、健康发展。

其次，可实现碧桂园地产的可持续发展。募集资金偿还银行贷款，能够降低上市公司资产负债率，改善资本结构，提高抗风险能力，有利于上市公司及时把握市场机遇，通过多元化融资渠道获取资金支持其经营发展，实现发行人的可持续发展。

再次，碧桂园地产在本次债券募集后，将有效改善公司债务的期限结构，保证经营活动顺利进行，提升市场竞争力，综合效益明显。其主要体现在以下两个方面：一是有利于优化债务结构，降低财务风险。截至2018年9月30日，发行人有息债务以长期借款为主，其主要通过银行等方式进行外部融资。发行本次公司债券将提高直接融资比例，改善融资结构，降低融资成本。二是有利于拓宽公司融资渠道、节约公司财务费用。随着发行人各项目的开展，存在较大的资金需求，而目前发行人融资渠道主要依赖银行等金融机构的抵质押融资。通过发行公司债券，一方面可以拓宽公司融资渠道，有效满足其业务发展的资金需求；另一方面用债券募集资金置换高成本融资，有利于节约财务费用。

最后，发行债券不仅可以融资，在市场运作过程中，还可以通过发行人在市场融资中的便捷性，展示其形象与质量。碧桂园地产在土地获取能力、住宅开发销售能力、规划设计能力、工程管理能力、全生命周期管控能力及产品复制能力等方面具有一定优势。

四、结语

近几年，国家通过对房地产市场的宏观调控，使房地产市场逐步回归到理性、健康的轨道。虽在一定程度上抑制了房地产市场的投资需求，但就长远而言，有利于进一步规范房地产市场，有利于房地产市场持续平稳健康发展。本次公司债券发行成功后，碧桂园地产将在原有业务的基础上，凭借现有的竞争优势及成功的开发经验，继续围绕一线、二线城市及高经济增速的三线、四线城市进行业务拓展。

通过本次公司债券的发行，有着"地产第一股"美誉的碧桂园地产巧用金融工具进一步拓展了盈利来源，增强了可持续发展能力，策略性挑选房地产项目，快速开发贴近市场需求的新颖产品，加快其资产周转率，成为善用资本市场发展主业领先地位及品牌知名度高的大型房地产开发商。

某中央企业资产管理产品仲裁
打响金融纠纷化解成功案例

李　建

某中央企业资产管理A公司发起设立的不动产投资计划，由B公司作为偿债主体，C公司提供担保，投资于某地块危改项目。因流动性资金紧张问题，B公司付息困难，导致违约行为发生。后A公司依据各方相关合同的约定向上海仲裁委员会提起仲裁，并获得仲裁庭的支持。

一、保险资金投资不动产成为热点

现代保险业，投资业务已经逐渐取代了承保业务，成为保险企业最重要的来源，而我国保险资金的投资渠道长期以来十分有限，积极地拓展保险资金的投资渠道意义重大，既可以提高保险公司的资金利用效率和收益，又可以有效地将风险分散至更加多元化的投资组合。从国际保险业的发展来看，不动产投资已经成为保险机构投资的重要方向之一。不动产项目之所以吸引保险资金的投入，一方面，是由于其具有较高的收益；另一方面，更重要的是其具有长期且稳定的收益来源。但也正是由于单一不动产项目投资额巨大，资本回收期较长，而使项目本身具有很高的风险，所以保险公司在参与项目时，应做好充分的准备，在监管的指导下有针对性地选择参与方式、规模和采用有针对性的风险管理办法。

不动产投资包括基础设施建设投资和房地产投资两个方面，此前于2006年，保监会已通过发布管理办法的方式，开展了保险资金投资基础设施项目的试点工作，并取得了一定的成绩，多年来的试点工作为保险资金投资不动产项目积累了很多经验。随着新《保险法》的实施，保险公司将可能采用更多的参与方式和更大的力度参与不动产投资项目。

2009年修订的《保险法》对保险资金投资不动产予以放行，但没有对投资不动产的范围和条件给予详细的规定。按照《保险法》的规定，保险公司的资金运用必须稳健，遵循安全性原则，保险公司的资金运用限于下列形式：银行存款；买卖债券、股票、证券投资基金份额等有价证券；投资不动产；国务院规定的其他资金运用形式。但同时，《保险法》规定保险公司资金运用的具体管理办法，由国务院保险监督管理机构依照上述规定制定。

2010年9月，《保险资金投资不动产暂行办法》的发布和实施，在立法上对保险资金投资不动产有了详细和具体的规定。

（一）保险资金投资不动产的范围

1. 保险资金投资基础设施类不动产的范围。《保险法》《保险资金投资不动产暂行办法》明确规定，保险资金可运用投资于不动产之前，保险资金投资不动产依据《保险资金间接投资基础设施项目试点管理办法》（中国保险监督管理委员会令2006年第1号），该办法第二条规定："本办法所称保险资金间接投资基础设施项目，是指委托人将其保险资金委托给受托人，由受托人按委托人意愿以自己的名义设立投资计划，投资基础设施项目，为受益人利益或者特定目的，进行管理或者处分的行为。" 在当时的法律环境下，投资计划的投资范围主要包括交通、通信、能源、市政、环境保护等国家级重点基础设施项目。投资计划可以采取债权、股权、物权及其他可行方式投资基础设施项目。

2. 保险资金投资非基础设施类不动产的范围。《保险资金投资不动产暂行办法》第二条规定："投资非基础设施类不动产及相关金融产品，遵照本办法。"《保险资金投资不动产暂行办法》明确规定了保险资金投资非基础设施类不动产的范围，即保险资金采用债权、股权或者物权方式投资的不动产，仅限于商业不动产、办公不动产、与保险业务相关的养老、医疗、汽车服务等不动产及自用性不动产。

（二）保险资金投资不动产的条件

保险资金可投资的不动产项目如下：（1）已经取得国有土地使用权证和

建设用地规划许可证的项目；（2）已经取得国有土地使用权证、建设用地规划许可证、建设工程规划许可证、施工许可证的在建项目；（3）取得国有土地使用权证、建设用地规划许可证、建设工程规划许可证、施工许可证及预售许可证或者销售许可证的可转让项目；（4）取得产权证或者他项权证的项目；（5）符合条件的政府土地储备项目。

保险资金投资的不动产，应当产权清晰，无权属争议，相应权证齐全合法有效；地处直辖市、省会城市或者计划单列市等具有明显区位优势的城市；管理权属相对集中，能够满足保险资产配置和风险控制要求。保险资金投资不动产，应当合理安排持有不动产的方式、种类和期限。以债权、股权、物权方式投资的不动产，其剩余土地使用年限不得低于15年，且自投资协议签署之日起5年内不得转让。保险公司内部转让自用性不动产，或者委托投资机构以所持有的不动产为基础资产，发起设立或者发行不动产相关金融产品的除外。

（三）保险公司投资不动产的禁止性规定

保险公司投资不动产，不得有下列行为：（1）提供无担保债权融资。（2）以所投资的不动产提供抵押担保。（3）投资开发或者销售商业住宅。（4）直接从事房地产开发建设（包括一级土地开发）。（5）投资设立房地产开发公司，或者投资未上市房地产企业股权（项目公司除外），或者以投资股票方式控股房地产企业。已投资设立或者已控股房地产企业的，应当限期撤销或者转让退出。（6）运用借贷、发债、回购、拆借等方式筹措的资金投资不动产，中国保监会对发债另有规定的除外。（7）违反本办法规定的投资比例。（8）法律法规和中国保监会禁止的其他行为。

保险资金投资不动产可以采用股权、债权或物权的方式。可投资的不动产项目包括已取得相关权证的待建项目、在建项目、可转让项目、已取得产权证或者他项权证的项目及符合法律规定的政府土地储备项目。除政府土地储备项目外，其他项目也可采用债权转股权、债权转物权或者股权转物权等方式。保险资金采用股权、债权或物权方式投资的不动产，仅限于商业不动产、办公不动产，与保险业务相关的养老、医疗、汽车服务等不动产及自用性不动产。

二、财产保全是仲裁的有力保障

《仲裁法》第二十八条规定：一方当事人因另一方当事人的行为或者其他原因，可能使裁决不能执行或者难以执行的，可以申请财产保全。当事人申请财产保全的，仲裁委员会应当将当事人的申请依照民事诉讼法的有关规定提交人民法院。

关于仲裁财产保全的管辖。依据我国《最高人民法院关于人民法院执行工作若干问题的规定（试行）》第十一条、《最高人民法院关于实施〈中华人民共和国仲裁法〉几个问题的通知》的规定，一般由被申请人住所地和被申请保全的财产所在地的基层人民法院作出裁定并执行。《民事诉讼法》规定，属涉外仲裁案件的，由被申请人住所地或者财产所在地的中级人民法院作出裁定。北京市高级人民法院和江苏省高级人民法院均明确提出，通过仲裁机构申请财产保全的案件，统一由有管辖权的中级人民法院管辖。

仲裁财产保全可以起到多种作用。提起仲裁的一方可以将所掌握的对方财产提交人民法院，冻结对方的资产，使对方的商业活动受到限制，达到不战而屈人之兵的效果。这样仲裁时间大大缩短，更为经济。有了财产保全，在执行阶段也就更有保障。在对方不履行仲裁裁决时，可以直接对保全财产进行执行。

三、仲裁机构和人民法院衔接的完善

《仲裁法》第二十八条规定：仲裁中的财产保全，必须由仲裁当事人提出申请。《最高人民法院关于人民法院办理财产保全案件若干问题的规定》（以下简称《财产保全规定》）第三条规定：仲裁当事人不能直接向人民法院递交财产保全申请书，必须通过仲裁机构向人民法院提交申请，仲裁委员会应将当事人的申请按照民事诉讼法的有关规定提交人民法院。根据《民事诉讼法》第一百零一条规定，符合条件的利害关系人还可以申请仲裁前保全。仲裁委员会在当事人和人民法院之间充当了"申请资料传递者"的角色，没有实质审查权，更无权决定是否准许。

《仲裁法》第二十八条仅规定了仲裁机构收到当事人财产保全申请后提

交人民法院，但并没有规定提交的期限。《财产保全规定》第三条同时规定了人民法院裁定采取保全措施或者裁定驳回申请的，应当将裁定书送达当事人，并通知仲裁机构。《财产保全规定》第一条明确列举了保全申请书应载明的事项。但实践中各地法院对相关材料的要求多有不同，审查标准也不尽统一，且无法通过公开渠道获取各地法院的审查标准，导致当事人难以一次性满足要求，退回材料、不予立案的情形时有发生。对于法院作出的采取保全措施裁定或驳回保全申请裁定的情况，仲裁机构也无从准确掌握。另外，仲裁前保全被准予执行的数量极少，面临较为尴尬的适用困境。

笔者建议建立当事人、仲裁机构和法院信息共享机制，实现三方对保全信息的实时了解。实务操作上可能因审查和移送效率问题，无法及时采取保全措施，而对于法院作出的采取保全措施裁定或驳回保全申请的裁定的情况，由于缺少具体明确的信息共享机制，仲裁机构也无从全面掌握。在现代信息化的社会，应当通过便捷的平台，使相关各方实时共享保全信息。

"中国地铁第一股"成功实施重大重组

金凯德

一、背景介绍

上海申通地铁股份有限公司（以下简称申通地铁、上市公司或公司）前身为上海凌桥自来水股份有限公司，是于1992年5月19日经上海市建设委员会沪建经（92）第432号文批准，采用社会募集方式设立的股份有限公司。公司设立时总股本为18200万股，其中国家股为12000万股，占总股本的65.93%；发起人股为2500万股，占总股本的13.74%；公开发行法人股为1300万股，占总股本的7.14%；社会公众股为2400万股，占总股本的13.19%。1994年2月24日，经上海证券交易所上证上（94）字第2028号文审核批准，公司股票在上海证券交易所上市交易，股票简称凌桥股份，股票代码为600834。申通地铁原属城市供水行业，经2001年6月29日股东大会决议通过进行资产重组后，于2001年7月25日起正式更名为上海申通地铁股份有限公司，公司变更后属轨道交通行业。

本次重组前，公司从事的主要业务包括上海地铁一号线（莘庄—上海火车站）经营业务，以及融资租赁、商业保理业务。公司以上海地铁一号线（莘庄—上海火车站）的经营为主营业务。2012年，公司成立全资子公司——上海申通地铁一号线发展有限公司（以下简称一号线公司），并将地铁一号线地铁列车等资产及其业务注入该子公司。至此，一号线公司拥有上海地铁一号线（莘庄—上海火车站）经营权。一号线公司与申通集团签署协议，约定一号线公司使用申通集团拥有的地铁一号线隧道、轨道、车站、机电设备等资产，向申通集团支付资产使用费。一号线公司委托上海地铁第一运营有限公司、上海地铁第三运营有限公司及上海地铁第四运营公司对地铁一号线实施日常运营管理，委托上海地铁维护保障有限公司实施地铁一号线日常维护保障工作，委托申通南车（上海）轨道交通车辆维修有限公司、申通庞巴迪（上海）轨道交通车辆维修有限公司进行列车大架修等工作。

二、本次重大资产重组情况概述

（一）重组方案

本次重大资产重组的方案为上海申通地铁股份有限公司通过支付现金的方式向上海申通轨道交通研究咨询有限公司（以下简称咨询公司）购买其持有的上海申凯公共交通运营管理有限公司（以下简称申凯公司）51%的股权，以及向公司控股股东上海申通地铁集团有限公司（以下简称申通集团）出售公司的全资子公司上海申通地铁一号线发展有限公司100%的股权。本次交易以现金对价完成。一号线公司100%股权作价为176675.00万元，申凯公司100%股权估值为10400.00万元，申凯公司51%股权作价为5304.00万元。

（二）置入和置出资产

置入资产申凯公司主营业务是接受公共交通业主委托，为其提供公共交通相关运营与维护管理服务，报告期内为无人驾驶地铁、机场捷运系统及有轨电车三种不同模式的轨道交通工具提供运维管理服务。截至2018年底，申凯公司拥有员工307人，主要项目服务内容包括公共交通商业运营前所有筹备工作及运营期间各类调度组织管理、列车乘务管理、车站服务管理、车辆及设施设备日常运维管理、车辆检修、安全管理、应急处置与抢险指挥等。

申凯公司是申通集团旗下市场化定位的以轨道交通为核心的公共交通运维管理公司，由申通集团下属咨询公司与凯奥雷斯合资成立。凯奥雷斯是全世界最大的城市公共交通运营商之一，服务遍及全球16个国家，擅长多模式交通系统联运并有丰富的成功案例。申通集团则建设并运营世界上最大的地铁网络之一——上海地铁，拥有业内领先的技术经验。申凯公司的合资成立充分嫁接了凯奥雷斯在多模式交通运营管理领域的国际化经验、申通集团在地铁全生命周期管理上的先进技术及中国本土化优势。

置出资产一号线公司为上海地铁一号线（莘庄站—上海火车站站）的经营主体，拥有地铁列车及售检票系统等资产，同时拥有10年经营权。2001年，上市公司实施重大资产重组，将下属凌桥自来水厂出售给上海市自来水浦东有限公司，同时向申通集团收购上海地铁一号线经营性资产（一号线营运车辆和售检票系统）。2001年5月，上市公司与申通集团签署《关于转让"地铁一号线经营权"的协议》，申通集团同意将上海地铁一号线（莘庄站—上海火车站站）经营权无偿转让给上市公司（转让期限为2001年6月29日至2011年6月28日）。在完成重大资产重组后，2001年7月25日，上市公司注册名称变更为上海申通地铁股份有限公司。作为国内首家城市轨道交通A股上市公司，上市公司拥有上海地铁一号线（莘庄站—上海火车站站）经营权，享有该段运营线路的票务收入权。

2011年5月18日，经上市公司2010年度股东大会审议通过公司与申通集团续签新一期《关于转让"地铁一号线经营权"的协议》。该协议规定，本次经营权的转让为排他性的，即申通集团不再将上述经营权再行转让给其他第三方以避免对上市公司形成同业竞争。该经营权转让期限为10年（2011年6月29日至2021年6月30日），在期满之日前6个月，经双方协商可展期。

（三）本次重组主要实施进程

2019年5月24日，公司与申通集团就本次重大资产出售事项签订了附生效条件的《一号线公司股权转让协议》。

2019年5月24日，公司与咨询公司就收购申凯公司51%股权事项签订了附生效条件的《申凯公司股权转让协议》和《业绩承诺与利润补偿协议》。

2019年5月24日，申通地铁第九届董事会第十次会议审议通过了本次交易的相关事项。关联董事在本次董事会上回避表决，独立董事就本次交易发表了事前认可意见及独立意见。

2019年6月14日，收购拟置入资产完成商务部门备案手续。

2019年6月20日，公司股东大会审议通过关于本次交易的相关议案。

2019年6月24日，本次交易完成上海久事重大资产重组事项国资评估备案程序。

（四）资产过户及交易对价支付情况

2019年6月28日，上市公司持有的一号线公司100%股权已过户至申通集团名下。至此，一号线公司100%股权过户手续已办理完成，公司不再持有一号线公司股权。申通地铁集团已将一号线公司100%股权转让款支付至公司的指定账户。

2019年9月20日，咨询公司持有的申凯公司51%股权已过户至上市公司名下。至此，申凯公司51%股权过户手续已办理完成，公司持有申凯公司51%股权。2019年10月8日，公司完成支付购买申凯公司51%股权的转让款。

三、案例评析

本次交易前，一号线公司2018年度扣除对融资租赁公司投资收益后的营业利润为-1132.76万元，一号线运营业务亏损较为严重，上市公司主要净利润来源于融资租赁、商业保理业务及投资收益。2018年度申凯公司营业利润为569.18万元。从2018年度的利润数据来看，本次交易有利于提升融资租赁、商业保理业务或投资以外的轨道交通主营业务利润占上市公司总利润规模的比例。

由于一号线公司拥有的核心资产部分地铁列车启用年代较早，未来购买更新车辆所需的资本性支出预计较大。此外，预计未来上市公司大架修费用总体呈上升趋势，一号线公司未来盈利能力不确定性较大。

本次交易完成后，"中国地铁第一股"申通地铁公司将利用财务结构改善契机，深耕以轨道交通为核心的公共交通运营维护产业，拓展融资租赁及商业保理业务，增加公司收益；同时，发展清洁能源，积极推动轨道交通绿色能源产业发展；此外，依靠上市公司平台和资源适机选择合适的项目进行投资或收购。

优刻得"同股不同权"首秀科创板

金凯德

一、背景介绍

优刻得科技股份有限公司（以下简称优刻得）是通过工信部可信云服务认证的首批企业之一。自成立以来，优刻得自主研发并提供计算、网络、存储等基础资源及构建在这些基础资源上的基础IT架构产品，以及大数据、人工智能等产品，通过公有云、私有云、混合云三种模式为用户提供服务，其客户包括互动娱乐、移动互联、企业服务等互联网企业，以及金融、教育机构、新零售、智能制造等传统行业的企业。优刻得不从事上下游客户的相关业务，专注于提供中立的公有云计算服务，使客户的业务、数据在私密性方面能得到较高保障。

在优刻得之前，A股中并未有设置特别表决权的上市公司，主要原因便在于《公司法》第一百二十六条规定了同种类的每一股份应当具有同等权利。虽然《公司法》第一百三十一条规定："国务院可以对公司发行本法规定以外的其他种类的股份，另行作出规定"，但这个"另行规定"直到国务院于2018年9月18日发布《国务院关于推动创新创业高质量发展打造"双创"升级版的意见》（国发〔2018〕32号，以下简称《双创意见》），才"允许科技企业实行'同股不同权'治理结构"。

二、案例分析

经党中央、国务院同意，2019年1月28日，中国证券监督管理委员会发布《关于在上海证券交易所设立科创板并试点注册制的实施意见》（中国证券监督管理委员会公告〔2019〕2号，以下简称《实施意见》）。《实施意见》指出："允许科技创新企业发行具有特别表决权的类别股份，每一特别表决权股份拥有的表决权数量大于每一普通股份拥有的表决权数量，其他股东权利与普通股份相同。"上海证券交易所于2019年4月30日发布《上海证券交易所科创板股票上市规则》（以下简称《科创板上市规则》）。《科创板上市规则》强调："发行人首次公开发行并上市前设置安排的，应当经出席股东大会的股东所持三分之二以上的表决权通过。"至此，特别表决权制度正式落地A股科创板。

2019年12月24日，历时近9个月，中国证券监督管理委员会同意优刻得科技股份有限公司科创板首次公开发行股票注册。2020年1月20日，优刻得在上海证券交易所科创板正式挂牌上市（股票代码：688158），在成为A股公有云计算第一股的同时，优刻得也成为第一家设立特别表决权制度的A股上市公司。

特别表决权制度里一个值得关注的技术性问题就是表决权数量的比例设置，《上市规则》要求每份特别表决权股份的表决权数量不得超过每份普通股份的表决权数量的10倍。优刻得在搭建红筹架构时于境外持股主体UCloud Holdings Group Limited〔以下简称优刻得（开曼）〕层面曾经设立过不同种类股份，优刻得（开曼）全体股东约定B类普通股（B类普通股持股主体为三位创始人境外设立的持股平台）每股享有3票投票权，A类普通股及各系列优先股每股享有1票投票权。在该种股份设置情况下，于红筹架构拆除前，优刻得（开曼）的表决权结构见表1（不计算未发放的作为员工股权激励项下的预留发行普通股）。

表1　　　　　　　　　　优刻得（开曼）表决权结构

股东	股票类型	股份数量（股）	持股比例（%）	表决权数量（份）	表决权比例（%）
实际控制人，A持股主体	B类普通股	375558334	22.36	112675002	36.83
实际控制人，B持股主体	B类普通股	15720883	9.36	47162499	15.41
实际控制人，C持股主体	B类普通股	15720883	9.36	47162499	15.41
其他股东	各系列优先股	98962577	58.92	98962577	32.34

而优刻得特别表决权设置中，优刻得每份A类股份拥有的表决权数量为每B类股份拥有的表决权的5倍，与上述比例存在差异，为了解释差异，优刻得量化分析了每股A类股票表决权分别对应每股B类股票表决权2~10倍对上市前后表决权比例的影响见表2。

表2　　不同A类、B类股票表决权比例对上市前后表决权比例的影响

每股A类股票对应币类股票表决权比例	实际控制人A 表决权比例（%）		实际控制人B 表决权比例（%）		实际控制人C 表决权比例（%）		合计 表决权比例（%）	
	上市前	上市后	上市前	上市后	上市前	上市后	上市前	上市后
2：1	22.02	19.54	10.15	9.01	10.15	9.01	42.31	37.56
3：1	27.26	24.68	12.56	11.37	12.56	11.37	52.39	47.43
4：1	30.94	28.41	14.26	13.10	14.26	13.10	59.47	54.61
5：1	33.67	31.25	15.52	14.40	15.52	14.40	64.71	60.06
6：1	35.78	33.48	16.49	15.43	16.49	15.43	68.76	64.34
7：1	37.45	35.28	17.26	16.26	17.26	16.26	71.97	67.79
8：1	38.81	36.76	17.89	16.94	17.89	16.94	74.58	70.64
9：1	39.94	38.00	18.41	17.51	18.41	17.51	76.75	73.02
10：1	40.89	39.05	18.84	18.00	18.84	18.00	78.58	75.05

在公司治理方面，如按照每1份特别表决权股份对应普通表决权股份低于5份的设置，这可能使得上市后三位实际控制人表决权比例合计低于1/2；如按照每1份特别表决权股份，对应普通表决权股份高于5份的设置，则使得上市前三位实际控制人表决权比例超过2/3。因此，按照每1份特别表决权股份对应5份普通表决权股份设置特别表决权制度，将使得优刻得三位实际控制人可以在强化其对公司的控制与保护其他股东的表决权比例之间形成比较好的平衡，且有利于增强公司股权结构和治理结构的稳定性。

三、案例意义

特别表决权制度作为公司治理的一项工具，其目的是使股东和管理层可以更为高效、合理地管理和运营公司。其作为一项创新的制度，如何在科创

企业特定股东实现公司控制治理稳定的需求与中小股东利益保护之间寻求平衡，特别表决权制度不论是在实践层面还是在制度层面一定还有很多值得研究和探讨之处。此次优刻得科创板上市，成就了国内A股市场第一家设置"表决权差异化安排"制度（AB股）的上市公司。

同时，优刻得也用实际行动完成了红筹架构的企业进行境内科创板上市的实践。红筹企业在科创板上市仅仅是资本市场对外开放的第一步，在金融业全面开放的大环境下，我国资本市场对外国优秀企业的大门将逐渐敞开。为吸引国际优秀企业上市，不仅应从红筹企业科创板上市的试验中探索出可复制、可推广的配套制度，还应当增加交易所市场的内部层次，为境外企业入驻中国资本市场提供更多机会和途径。

四、结语

"同股不同权"是科创板针对科技公司发展特点的制度创新，有利于实现资本市场多方共赢。科创企业发展初期需要大量资本投入，多轮股权融资容易使创始团队股份被稀释，甚至丧失公司的经营决策权。而同股不同权制度能便利科创企业融资，使管理团队更好地把握公司长期发展方向；同时，使投资者能够分享本土科创企业成长的红利，实现资本市场投资者红利和企业成长的良性循环。这对资本市场实现为本土企业融资、定价和风险分散的核心功能有重要意义。

"中国高铁第一股"京沪高铁登陆 A股市场刷新融资纪录

金凯德

京沪高速铁路股份有限公司（以下简称京沪高铁）于2007年在北京成立，经营范围涵盖旅客运输业务、咨询服务、设备物资采购及销售、物业管理、物流、仓储、停车场业务等。京沪高铁的实际控制人为中国国家铁路集团有限公司（以下简称国铁集团）。国铁集团通过中国铁路投资有限公司间接持有京沪高铁49.76%的股权。

京沪高铁注册资本为1306.23亿元，直接主管作为国铁集团旗下最优质的资产之一的京沪高速铁路。

2020年1月3日，京沪高铁发布《首次公开发行股票发行公告》，公司拟发行62.86亿股，约占发行后公司总股本的12.80%，发行价为4.88元，发行市盈率为23.39倍，扣除发行费用后预计募集资金净额为306.33亿元。同年1月16日，京沪高铁（股票代码：601816）股票在上海证券交易所上市，这标志着"中国高铁第一股"成功登陆A股资本市场。

一、案例概述

中国高铁在运营里程与最高运营速度上都处于世界领先地位。京沪高铁在中国高铁"八纵八横"规划与管理体系中处于核心地位，不但运力强劲，还被称为"中国最赚钱的高铁线路运营方"。京沪高铁2019年1—9月营业收入达到250.02亿元；2018年度净利润达到102.48亿元。在毛利率方面，2016年至2018年，京沪高铁毛利率逐年上升，从42.33%到46.08%再到47.69%。2019年1—9月，京沪高铁毛利率达到52.58%。

2018年10月22日，中信建投证券和京沪高铁签署了首次公开发行股票并上市的辅导协议。在签订辅导协议后，2019年1月31日，京沪高铁变更了包括法定代表人、董事会构成情况等多项工商注册信息，注册资本从1306.23亿元减少为400亿元。

2019年10月，京沪高铁IPO项目招股书对外披露。同月25日，中国证券监督管理委员会（以下简称中国证监会）披露了关于京沪高铁的《首次公开发行股票并上市》，并接受京沪高铁IPO申请材料。公开资料显示，京沪高铁在2019年10月22日向证监会递交上市材料，并于23日获得证监会的受理通知。

2019年11月14日，京沪高铁IPO申请获得中国证监会发行审核委员会审核通过。

2019年12月20日，京沪高铁获得IPO批文，开创IPO核准制实施以来从申报到获得首发批文的速度之最。《人民日报》等传媒、易方达基金等21家国有资本、扶贫投资基金、战略配售基金积极参与了京沪高铁战略配售。

2020年1月16日，京沪高铁A股股票在上海证券交易所主板上市交易。

二、案例评析

本次IPO顺利实施，首先得益于证券化资产的优异性。京沪高铁线路是截至目前世界范围内一次性整体建成运行里程最长、质量标准最高的铁路。其堪称环渤海及长三角经济圈的"任督二脉"，两端是北京和上海两座国际大都市。沿线的东部地区客流资源密集，经济发展水平和个人收入水平均处于国内前列，具有得天独厚的区位优势。

京沪高铁途经各站的优越地理条件，赋予了其特殊的使命和期盼。沿线诸多城市依托京沪高铁这条"经济大动脉"，纷纷搭乘经济发展的高铁快车，因地制宜规划、建设"高铁经济带""高铁新城""高铁新区"，针对性地重构了各自的"经济版图"，激发了城市发展的潜力，加快了"京津冀"和"长三角"两大经济区及沿线人流、物流、信息流、资金流的流动，实现了铁路运输和沿线经济的协调发展。

凭借多重优势，京沪高铁通车3年即实现盈利。2017年，京沪高铁全年营业收入为295.95亿元，利润为127.16亿元，已经压倒当年多数上市公司的创收业绩，无愧于"全世界最赚钱高铁"的美誉，也为本次上市奠定了坚实的资产基础。

本次京沪高铁IPO项目是中国铁路混合所有制改革中的一块里程碑，标志着铁路产业的市场化改革进入新的阶段。

中国铁路的市场化探索自2013年铁道部被撤销、铁路政企分开以来就在持续进行中。自中国铁路总公司成立以来，铁路系统先后实施了铁路局公司制改革、铁路总公司机关内设机构改革、所属非运输企业公司制改革和铁路局集团公司内设机构改革。早在2017年1月，中国国家铁路集团有限公司党组书记、总经理陆东福已经明确表示，将把混合所有制改革引入到铁路系统中去，与各种股权投资方式相结合，探索出一条多元化、灵活化的改革道路。

2019年6月，中国铁路总公司宣布改制成立中国国家铁路集团有限公司（以下简称国铁集团），这意味着铁路市场化迈出了重要一步，标志着铁路改革再次提速。

尽管在京沪高铁之前，大秦铁路、广深铁路、铁龙物流等已经实现上市，但是鉴于京沪高铁极大的资产体量，其迈向资本市场具有更加重大的意义。

一是京沪高铁通过上市可以筹集资金归还贷款，帮助国铁集团进一步降低负债率，同时增强业务拓展能力。根据国铁集团发布的2018年第三季度审计报告，其负债总额持续攀升，已经增长至5.28万亿元，资产负债率为65.23%。其中，长期负债为4.55万亿元，占负债总额的86.17%，前三个季度的利息支出为492.7亿元。京沪高铁上市后，将有效降低国铁集团的资产负债率，优化国铁集团的资产结构。同时，京沪高铁将利用募集资金扩大经营范围，带动相关线路持续发展，以开辟新的经济增长点，提高经营效益，同时也将进一步推动我国铁路企业的市场化、股权化改革。

二是京沪高铁通过上市增加了企业透明度，完善公司治理，从而为更多的优质铁路证券化提供可参考的样本。京沪高铁上市后会公开经营和业绩数据，为中国高铁经济参数的匡算提供了极为难得的单线路样本。以此为基础，在未来其他相关线路的建设项目上，社会资本在参与投资入股前，都有了更好的预测模型。

三是通过市场化配置资源，建立市场化的经营机制，实现国有资产保值增值。基于京沪高铁盈利情况比较好，并且能够保证持续增长，能够为资本市场带来新的活力，让全社会共享高铁建设发展的成果。

四是通过市场实践，进一步锻炼、完善了国内大体量资产证券化的运作能力。京沪高铁IPO项目的筹资规模刷新近十年所有IPO项目的募集资金最高纪录。如何保障市场平稳承载项目所涉及的巨额发行量、如何应对可能引发的市场波动风险等课题在本次京沪高铁IPO项目中得到了充分的锻炼，使监管部门、券商等多方积累了更多有益的经验，形成了可复制、可借鉴的有效范本。

三、结语

京沪高铁的上市，标志着铁路体制和公司架构将向着市场化进一步迈进，振奋铁路市场化改革的信心，提升铁路部门的市场意识、服务意识及创新意识。同时，京沪高铁也在满足人民群众出行体验之需求的基础上，助力"新常态"下国有优质资产的转型，更好地服务国家战略和经济社会发展。

首例伦敦证券交易所GDR助力
沪伦通西向业务

金凯德

一、发行概况

华泰证券股份有限公司（以下简称公司）于伦敦时间2019年6月20日成功发行了全球存托凭证，即Global Depository Receipts（GDR），并在伦敦证券交易所上市。

（一）发行前筹备及审批

2018年9月25日，华泰证券股份有限公司召开第四届董事会第十七次会议，审议通过了《关于公司发行GDR并在伦敦证券交易所上市方案的议案》等本次发行上市相关议案。2018年10月22日，公司召开2018年第一次临时股东大会、2018年第一次A股类别股东大会及2018年第一次H股类别股东大会，审议并通过《关于公司发行GDR并在伦敦证券交易所上市方案的议案》等本次发行上市相关议案，圆满完成了内部决策程序。在外部审批方面，中国证券监督管理委员会于2018年12月1日公布信息，批准了华泰证券股份有限公司相关的发行内容，发布了《关于发行GDR并在伦敦证券交易所上市获得中国证监会批复的公告》（临2018–076），本次GDR招股说明书也取得了英国金融市场行为监管局的批准，《关于发行GDR并在伦敦证券交易所上市的招股说明书获得英国金融市场行为监管局批准并刊发的公告》（临2019– 033）也于2018年12月1日公布于众。

（二）GDR条款概述

本次华泰证券发行的全球存托凭证全称为Huatai Securities Co., Ltd.，证券代码为HTSC，于伦敦证券交易所上市，并在伦敦证券交易所主板市场交易。根据相关公告，本次发行的最终价格为每份GDR 20.50美元，GDR数量为75013636份，所代表的基础证券A股股票为750136360股，募集资金共计15.38亿美元，具体华泰证券股份有限公司的股份变动情况见表1。

表1　　　　　　　华泰证券股份有限公司股份变动情况

股份类别	本次发行前		本次发行后及行使超额配售权前	
	股份数量（股）	占股份总数的比例（％）	股份数量（股）	占股份总数的比例（％）
A股	6532454320	79.17	7282590680	80.90
GDR对应的A股	—	—	750136360	8.33
其他A股	6532454320	79.17	6532454320	72.57
H股	1719045680	20.83	1719045680	19.10
合计	8251500000	100.00	9001636360	100.00

J.P. Morgan Securities plc、华泰金融控股（香港）有限公司及Morgan Stanley & Co. International plc担任本次发行联席全球协调人及联席账簿管理人，Credit Suisse Securities（Europe）Limited担任本次发行联席账簿管理人。本次发行的GDR上市后，国际合格投资者除通过国际订单市场买卖GDR外，也可通过英国跨境转换机构将GDR与A股股票进行跨境转换。跨境转换包括将A股股票转换为GDR，以及将GDR转换为A股股票，前者指英国跨境转换机构可以根据投资者的指令，通过委托上海证券交易所会员买入A股股票并交付存托人，进而指示存托人签发相应的GDR并交付给投资人，由此生成的GDR可以在伦敦证券交易所主板市场交易；后者指英国跨境转换机构可以根据投资者的指令，指示存托人注销GDR，存托人将该等GDR代表的A股股票交付英国跨境转换机构，英国跨境转换机构可以委托上海证券交易所会员出售该等A股股票，将所得款项交付投资人。

本次发行是首例"A+H+G"成功案例，华泰证券也成为国内首家

"A+H+G"上市公司，在上海证券交易所、香港证券交易所及伦敦证券交易所均挂牌，开创了先河。

二、分析

华泰证券股份有限公司于1991年5月开业，是一家中国领先的综合性证券集团，具有庞大的客户基础、领先的互联网平台和敏捷协同的全业务链体系，致力成为兼具本土优势和全球视野的一流综合金融集团。2010年2月26日，公司A股在上海证券交易所挂牌上市交易，股票代码为601688。2015年6月1日，公司H股在香港联合交易所挂牌上市交易，股票代码为6886。公司抓住了中国资本市场及证券业变革创新的历史机遇，实现了快速成长，主要财务指标和业务指标均位居国内证券行业前列。作为首例"A+H+G"上市公司，华泰证券股份有限公司本次成功发行GDR不仅为自己的发展赢得了机遇，进入了伦敦这一全球最具影响力的资本市场之一，而且国际业务布局实现了新的突破，进一步提升了国际竞争力，同时也为沪伦通西向业务迈出实质性的一步提供了助力。

2015年10月，中国国家主席习近平对英国进行国事访问，其间促成中英政府发表《中英关于构建面向21世纪全球全面战略伙伴关系的联合宣言》，其中说明：双方支持上海证券交易所和伦敦证券交易所就互联互通问题开展可行性研究。依此，在中英两地监管部门大力支持下，上海证券交易所与伦敦证券交易所通力合作并积极完成了互联互通可行性论证、业务方案和实施准备。在2018年10月12日，中国证监会颁布《关于上海证券交易所与伦敦证券交易所互联互通存托凭证业务的监管规定（试行）》及上海证券交易所配套规则，其中第二条规定："本规定所称沪伦通存托凭证业务，是指符合条件的在伦敦证券交易所上市的境外基础证券发行人在境内公开发行存托凭证并在上海证券交易所上市，以及符合条件的在上海证券交易所上市的境内上市公司在境外发行存托凭证并在伦敦证券交易所上市。"沪伦通因此而来，指上海证券交易所与伦敦证券交易所的互联互通机制，从存托凭证起步。存托凭证指的是由存托人签发，以境外证券为基础在境内市场发行，代表境外基础证券权益的一种证券形式，沪伦通存托凭证业务包括东西两个业务方向：东向业务是指符合条件的伦敦证券交易所上市公司在上海证券交易所主板上市中国存托凭证（China Depository Receipts，CDR）；西向业务是指符合条件的上海证券交易所的A股上市公司在伦敦证券交易所主板发行上市全球存托凭证（Global Depository Receipts，GDR）。

本次GDR发行，即是沪伦通西向业务跨出实质性第一步的创举，有巨大的鼓励作用，刺激了国内符合资质的企业和公司尝试"A+H+G"模式，在此方面，华泰证券股份有限公司作为首例相关GDR发行企业起到了模范代表作用，其全程参与伦敦挂牌融资，以切身感受为经验，为有意向的企业提供现实的发行解决方案。另外，从国家战略布局角度，本次首创案例有利于拓展沪伦通投行和做市交易业务，进一步丰富境内市场挂牌的境外证券品种，在此基础上可以促进境内机构融入全球核心资本市场，也可以促进上海和伦敦两大金融中心城市的深入合作——未来会有更多A股公司通过制度创新登陆伦敦市场，同时，愿与中国市场共同成长的伦敦证券交易所上市公司也会将上海证券交易所作为上市地，双方的合作互动也会带来新的机遇。

在"一带一路"的发展过程中，相关案例显示出中国企业的海外布局日趋活跃。此次沪伦通西向业务的重大推进，有利于发挥资本市场支持国家战略布局国际投融资平台的作用，是本土企业"走出去"开展跨国投资和并购的又一个里程碑。伦敦是世界第二大资本市场，能够起到连接中西方桥梁的作用。抓住伦敦市场，推动中国和伦敦金融市场的合作，不仅对中国股市有重要积极影响，同时也能推动全球金融市场发展，进一步为"一带一路"创造良好的国际金融环境，促进"一带一路"顺利进行，惠及更多华泰证券股份有限公司一类的金融主体，拓展我国企业的投资路径，推动我国建设金融强国。

上海国际金融中心建设篇

上海国际金融中心建设和
大型金融企业的使命

郑　杨

建设上海国际金融中心是一项重大的国家战略。经过多年的发展，上海国际金融中心建设在服务国家经济社会发展和金融改革开放过程中取得了重要进展。近期，中国人民银行、银保监会、证监会、外汇局和上海市政府联合下发《关于进一步加快上海国际金融中心建设和金融支持长三角一体化发展的意见》（以下简称《意见》），在积极推进临港新片区金融先行先试、加快上海金融业对外开放、推动金融支持长三角一体化发展方面，又出台了一系列的重大举措，有利于推动上海国际金融中心在更大范围、更宽领域、更深层次的高水平开放发展。2020年，上海要基本建设国际金融中心，在这个节点推出《意见》非常及时和必要。浦发银行作为上海大型金融企业，将主动对标《意见》中的30项措施，抓好政策的贯彻与落实，为推动上海国际金融中心建设贡献更大力量。

一、上海国际金融中心建设成绩显著

首先，从框架体系来看，国际金融中心的基本架构已经确立。上海和纽约、伦敦一样具备了国际金融中心城市的所有主体要素。一是上海集聚了各类全国性要素市场，格局完整、品种多样、交易活跃，多个品种交易量位居全球前列。二是上海形成了门类齐全、中外荟萃、总部汇集的金融机构体系。外资金融机构占比超过30%，成为外资金融机构在华主要集聚地。三是上海形成了产品丰富、服务齐备、创新突出的金融业务体系，是我国金融产品和业务最为丰富、最为集中的城市。金融业已成为上海第一支柱产业。

其次，从内涵功能来看，国际金融中心应当具备的基本功能已经完善。上海在集聚了所有主体要素的基础上，国际金融中心的功能也在逐步完善。价格形成功能方面，人民币基准价格体系建设稳步推进。上海同业拆借利率（Shibor）、上海关键收益率（SKY）广泛作为市场定价基准。中国外汇交易中心CFETS汇率指数已成为国内外市场观察人民币汇率的量化指标和基准价格。资产定价功能方面，一批以人民币计价的产品"上海价格"影响力凸显，在原油、黄金、螺纹钢等品种上，已成为全球的定价中心之一。支付清算功能方面，上海已经成为全球人民币支付清算的核心枢纽。人民币跨境支付系统（CIPS）二期全面投产，银联全球受理网络延伸到近170个国家和地区，为人民币国际化进程提供重要支撑。

最后，从发展环境来看，国际金融中心环境生态持续优化，获得广泛认可。在全国率先设立金融法院；颁布实施《上海市推进国际金融中心建设条例》；出台全国首部地方综合性信用条例。金融专业服务机构体系不断健全，陆家嘴金融城、沿黄浦江金融集聚带建设成效明显。在英国智库Z/Yen集团最新发布的全球金融中心指数（GFCI）排名中，上海已连续三期保持全球前五名。

二、冲刺阶段金融中心建设的主要着力点

尽管取得显著成绩，但与纽约、伦敦等成熟的金融中心城市相比，上海还存在不少差距，主要包括金融市场大而不强，市场定价权和话语权有待提升，定价机制和交易功能的有效性尚有改善空间；国际化程度需进一步提高，作为全球投资、融资中心的作用发挥不够，金融机构开展国际化业务的能力较弱；金融法律、税收、金融人才等软环境需进一步优化。针对上述不足，上海国际金融中心建设应在以下五个方面持续推进。

一是更加注重市场建设，提升全球金融资源配置能力。充分发挥金融市场在资源配置中的决定性作用，拓展人民币产品市场的广度和深度，丰富人民币产品和工具，提升人民币产品市场规模和影响力。不断提高金融市场的开放度和国际化水平，打造"上海价格"，建设全球人民币基准价格形成中心、资产定价中心。不断完善人民币全球支付清算体系和全球金融市场基础

设施体系。

二是更加注重开放引领，打造全方位金融服务体系。通过上海自贸试验区临港新片区进行更深层次、更宽领域、更大力度的全方位高水平开放，使上海成为国内外合作共赢的重要节点。稳步推进人民币跨境使用、资本项目可兑换，大力发展离岸金融业务，打造跨境投融资服务中心，促进资金互联互通，形成能够有效服务于更高层次开放型经济的金融业双向开放新格局。

三是更加注重增强功能，切实推动经济高质量发展。加快金融产品和业务创新，不断完善价格形成机制，显著提高直接融资特别是股权融资比重，促进经济转型发展和结构升级。积极吸引各类国际化、总部型、功能性金融机构集聚发展，打造全球资产管理中心。积极培育保险市场，大力发展再保险业务，建设国际保险中心，汇聚全球资源支持创新发展和供给侧结构性改革。

四是更加注重改革创新，建设金融科技创新体系。构建以新一代信息技术为重要特征的金融创新体系，顺应科技与金融渗透融合的趋势，充分利用人工智能、区块链、大数据、云计算等技术，实现金融科技领先发展，研究制定金融科技的中国标准，提升金融科技领域竞争力。鼓励金融机构运用科技手段，提高金融服务的信息化程度和技术水平，建设金融技术服务中心和金融信息中心，加强上海国际金融中心和科技创新中心的联动发展。

五是更加注重风险防范，加强金融营商环境建设。加快与国际接轨，不断完善金融法治、税收、会计、信用、监管等制度，基本形成符合国际惯例、公正透明、规范有序的制度体系，建设制度创新高地和金融人才高地。建设金融风险管理与压力测试中心，有效提高金融监管和风险防范能力，坚决打好防范化解重大金融风险攻坚战，牢牢守住不发生系统性、区域性金融风险的底线。

三、浦发银行服务金融中心建设大有可为

浦发银行成立至今的27年间，在服务浦东开发开放、服务上海国际金融中心建设和服务经济社会发展的过程中，实现了较快发展，行业地位与社会影响持续提升。浦发银行总资产规模已达到7万亿元；在境内外共设立41家一

级分行，1600余家营业机构，拥有超过5万名员工，不仅形成了"立足上海、辐射全国、走向世界"的发展格局，而且构建了以银行为主体，覆盖基金、信托、租赁、货币经纪、村镇银行、境外投行的集团化架构，实现了跨业态、跨市场、跨区域的多元化布局。根据最新统计，浦发银行位列美国《财富》杂志世界500强第216位、中资银行第8位；英国《银行家》全球千强排名第24位、中资银行第9位；品牌价值为139.47亿美元，排名第17位、中资银行第7位。作为一家大型金融企业，浦发银行将以更强的使命担当和更大的改革魄力，不断提升金融服务能级，为建设上海国际金融中心贡献更大力量。

一是打造上海国际金融中心旗舰银行。国际上成熟的金融中心，如伦敦、纽约等，都有强大的金融市场和旗舰式的金融机构（如汇丰银行、花旗银行、摩根大通等），尤其是旗舰式的金融机构，对于提升金融中心的辐射力、影响力和话语权，有着举足轻重的作用。浦发银行作为上海金融骨干企业，将以打造具有国际竞争力的一流股份制商业银行为目标，持续打造核心竞争优势、提升金融服务能力，努力发展成为与国际金融中心相匹配的旗舰银行。重点做好人民币业务产品创新、金融交易、产品定价和交易清算的服务支撑，充分利用集团化、国际化平台，加强贸易金融等服务供给，积极发展离岸金融业务，稳步拓展跨境联动金融业务和跨境人民币业务，打造民族金融品牌。围绕存管结算、综合授信、固收交易等重点需求，迭代、完善新设外资券商、基金综合服务方案，并发挥同业业务优势，配合外资背景客户开展监管验收、系统联调测试等工作，为外资金融机构落户上海提供更好的服务支撑。加强与中央结算公司合作推进"债券全球通"业务，通过取消额度限制、优化开户流程、提供外汇配套服务等，更大幅度地便利境外投资者直接参与境内债券市场。认真学习习近平总书记在上海调研时的讲话精神，以服务好"一带一路"建设为切入点和突破口，持续提升全球资源的配置能力，助力企业"走出去"和上海国际金融中心建设，推动实体经济实现更高质量发展。

二是服务国家重大战略实施。认真贯彻落实国家重大发展战略和上海市委、市政府的决策部署，是浦发银行应有的企业责任和政治担当。当前，浦发银行正全面认真落实习近平总书记交给上海的三项新的重大任务。第一，做自贸区新片区金融开放创新引领者。推出新片区专项服务方案，创新发展离岸金融业务，推动在岸业务与离岸业务相互促进发展，积极开展同国际先进同行的合作，大力提升中国企业的国际银行服务水平。率先探索对非居民提供与国际惯例接轨的信贷服务。积极推进境内贸易融资资产跨境转让。推动FT账户本外币一体化功能试点，创新资金"外来外用"①的业务模式。第二，做科创企业综合金融服务商。将银行从被动支持转为主动服务，提前接触科创企业，发挥总、分、支三级联动的科技金融服务网络及"浦发硅谷银行"等技术和经验优势，实现对科创小微企业的全周期综合性服务。加强对入选上海"浦江之光"科创企业库的企业支持力度，孵化培育出更多科创企业，尤其是加大对那些具有世界先进水平、有潜力参与全球竞争的"硬科技"企业的资源投入，为科创板培育更多高质量的上市公司。积极打造直投股权系列特色产品线，结合战略配售、定向增发、资产证券化等，为长三角、临港新片区科创企业提供一揽子综合金融服务方案。第三，做长三角一体化金融服务主办银行。按照"立足长三角，辐射全国，走向世界"的基本思路，有针对性地进行体制机制创新（如探索成立长三角一体化发展总部、长三角区域银团、股权投资基金等），深化与区域内银行同业在金融要素市场、交易银行、投资银行、代理业务等业务合作，聚焦长三角地区的重点领域、重大项目，切实推动长三角地区一体化发展。率先为长三角企业客户提供加载利率期权的长期避险方案，通过一站式代客服务，帮助实体企业锁定并降低融资成本。研究开发长三角科技创新主题策略指数，吸引全球资金加强对区域内优质上市公司的投资，更大力度服务实体经济。该指数将以长三角上市公司为样本，聚焦高端制造、新能源、信息技术、生物医药等科技创新产业，精选高质量上市公司，打造全球资本配置长三角区域的价值标杆。

三是落实金融业供给侧结构性改革。浦发银行将把服务实体经济作为出发点和落脚点，依托自身优势，努力形成业务特色和服务品牌。第一，让金融服务更有力度。加大对集成电路、人工智能、生物医药等高端产业的支持力度，融入上海经济社会发展的主战场，为建设社会主义现代化国际化大都市注入金融"活水"。第二，让金融服务更有速度。有效缩短企业融资链

---

① 境内保险公司通过保交所再保险平台开展跨境再保险业务获得的来源于境外收入可直接用于境外投资。

条、提升融资效率、降低融资成本，提供更加优质便捷的金融服务。对重要战略客户，提供"一对一"定制化综合金融服务，全面推进服务深度和广度。第三，让金融服务更有温度。打造差异化普惠金融模式，围绕小微企业、民营企业、"三农"等领域，逐步提升新增贷款比例，完善普惠金融的产品体系和服务供给。特别是对于暂时遇到困难的企业，不盲目停贷、抽贷、断贷，积极帮助企业渡过难关。目前，浦发银行已在上海设立了五个小微企业续贷服务中心，也是区域内首家为小微企业提供"无还本续贷"服务的商业银行。截至2020年第一季度末，浦发银行累计惠及近100户小微企业无还本续贷需求，金额超过3.5亿元。后续，浦发银行将主动作为，精准发力、尽职担当，全力把小微企业续贷服务做深、做实、做优。

浦发银行诞生于上海、扎根于上海，也是上海银行业第一股。浦发银行的成长和腾飞、必然依托和伴随着上海国际金融中心建设的不断推进。浦发银行将努力打造成具有国际竞争力的一流股份制商业银行，不断服务国际金融中心建设向纵深发展，为上海经济社会发展作出新的更大的贡献。

（郑杨，法学博士，高级经济师；现任浦东发展银行股份有限公司党委书记、董事长，浦发硅谷银行董事长；曾任中国人民银行上海总部副主任兼国家外汇管理局上海分局副局长（正局级）、中共上海市金融工作委员会书记、上海市金融服务办公室主任、上海市地方金融监督管理局局长等。）

变无形为有形　化有形为无形

——东方证券企业文化建设的实践与探索

潘鑫军

"健康良好的行业文化是证券基金行业软实力和核心竞争力的重要体现，行业机构必须从战略的高度来充分认识行业文化建设的重大意义，准确把握行业文化建设规律，坚持问题导向，补短板、强弱项，不断提升行业文化'软实力'，积极塑造健康向上的良好行业形象。"中国证监会党委书记、主席易会满在证券基金行业文化建设动员大会上的讲话为行业的高质量发展指明了方向、提出了要求。

在从一家地方性券商稳步发展成为"A+H"股上市的全国性大中型券商的二十余年奋斗历程中，东方证券股份有限公司（以下简称东方证券或公司）始终把党建工作与企业文化建设放在公司战略的高度，努力践行"客户至上、以人为本、专业服务、开拓创新"的核心价值观，积极实践和长期坚持"变无形为有形，化有形为无形"的企业文化建设之道，通过一系列的创新探索，把看似无形的文化建设根植入形、入神、入心，营造了良好的干事创业氛围，逐步形成了公司特有的文化风格和气质，生动诠释了企业文化建设对公司高质量发展的重要意义和巨大作用。

一、以正确的政绩观为引领，企业文化建设真信、真懂、真干

（一）坚持高质量发展，坚信长期的力量

"将公司的经营发展作为自己的长期事业，长期扎根企业，不急功近利，不被市场表象所诱惑，不违背行业和市场发展规律，不追求短期利益，选择正确的经营发展方向和健康的发展道路，打造核心竞争优势，坚守合规

风控底线，注重高质量发展，坚信长期的力量"是东方证券党委始终秉持的政绩观，也是公司党委牢固树立的干事初心。

20世纪90年代，证券行业普遍心浮气躁，从业人员大多只追求短期利益，东方证券内部也不同程度地存在这些问题。面对这些问题，公司党委从自身做起，不以短期利益为目标，注重长远，稳健经营，始终抓牢企业文化这一主线，通过企业文化建设，凝聚形成全体员工共同的价值观。这些做法在当时曾引起热议。有人提出证券公司要突出业务和利润，抓党建和企业文化是"搞偏了"；也有人认为，企业文化建设不直接产生效益，无须过多投入，走走过场就可以了。面对不同的声音，公司党委坚持以优秀的党建、企业文化引领发展方向，凝聚思想力量，始终坚韧执着，从未动摇。

公司党委坚持正确的政绩观，尊重人才成长规律，尊重企业发展规律，为人才队伍建设和企业经营管理营造健康、宽松、容错的文化氛围。公司先后设立的多家专业子公司，如汇添富基金、东证资管、东证资本、东方花旗等，成立之初连续几年微利甚至亏损，但是公司仍然顶住各方面压力，坚持信任子公司的管理团队，用市场化的待遇稳定人才队伍，用健康积极的企业文化激励员工士气。厚积才能薄发，行稳方能致远。近年来，公司领军人才、骨干人才一批批成长起来，子公司也一个接着一个地实现了品牌提升、业绩爆发、行业领先。

（二）打造一家"有灵魂"的证券公司

优秀的企业文化塑造要以打造企业内在素质为基础，以创造企业精神和价值观为灵魂，成为企业持续健康快速发展的推动力。企业有前途、工作有效率、个人有成就，这三者的有机结合是东方证券企业文化建设追求的目标。公司高度重视党建工作与企业文化建设，始终坚持围绕公司发展来抓好党建和企业文化工作，以此来引领和促进公司发展。对于党工群团专职部门，配齐、配强为数众多的专职工作人员，使党建和企业文化工作有落地的人才支持和资源支持。公司领导干部带头做到"真信、真懂、真干"，以身作则、率先垂范，不断增强全体干部员工对公司优秀党建和企业文化的认同和实践。

文化铸造东方魂。公司以企业文化理念凝聚精神力量，发布了《东方证券企业文化理念手册》，阐明企业使命，描绘公司愿景，总结提炼家文化特色和东方气质，以及阐述"服务、人才、创新、风险管理、职业和团队"六大应用理念，从而构建起一套支撑公司发展战略的核心价值体系，勾绘出全体干部员工的共同理想，以文化理念统一认识，引领方向。

二、从"党建、企业文化也是生产力"到"党建、企业文化就是生产力"，不断升华企业文化内涵

（一）优秀的文化是一种软实力

推进党建工作、企业文化建设的最终目的还是要能够促进企业的发展，党建、企业文化和经营管理绝对不是"两张皮"的关系，而是高度融合、互相促进的关系。对于公司内，党建、企业文化增强凝聚力；对于公司外，党建、企业文化展现竞争力。早在2009年，东方证券就曾提出"党建、企业文化也是生产力"的发展理念，开展了一系列富有成效的探索，积累了丰富的实践经验，曾先后获评"全国先进基层党组织""全国模范劳动关系和谐企业""卓越雇主——中国最适宜工作公司""福布斯2019全球最佳雇主""上海国企党建品牌""上海市企业文化示范基地""上海企业创新文化优秀品牌"等多项荣誉称号。随着2016年公司完成"A+H"股成功上市，公司党委进一步深化党建和企业文化在公司发展战略中的地位，提出了"党建、企业文化就是生产力"的发展理念。

从"也是生产力"到"就是生产力"的升华，是东方证券党委多年悉心培育党建和企业文化建设的经验总结和智慧结晶，也反映了公司十多年常抓不懈党建工作和企业文化建设所结出的丰硕成果。在这一过程中，公司逐渐认识到党建、企业文化是一种无形的生产力，在推动业务发展、增进客户信赖、凝聚员工力量、促进交流协作、提升人才吸引、塑造公司形象等方面都发挥出积极作用。

例如，越来越多的企业客户之所以选择东方证券作为合作伙伴，有一个很重要的原因就在于非常认同东方证券的企业文化，认为和东方证券合作"心里有底""把资金放在东方放心"。在营销客户时，东方证券将关于党

建和企业文化的理念编撰成册，与客户分享公司在党建、企业文化方面的做法和经验，让客户认同公司的文化，认同东方证券是一家靠谱的、有文化底蕴的公司。还有一些单位由"一把手"带队专程来公司交流企业文化，这也从另外一个侧面说明了公司的企业文化得到了客户的认可。不少客户对公司的评价是：有活力、效率高、专业强；党建文化好、队伍稳定。

（二）为员工提供物质和精神的双重回报

金融行业是人力资本密集型行业，团结、进取、稳定、包容的人才队伍是东方证券的重要核心竞争力。东方证券以资产管理及投资管理为核心优势的业务结构，导致公司对核心专业人才的需求程度比其他券商更高。公司尊重人才，树立领导就是服务、领导就是服务员的理念，坚持以人为本，搭建人才发展平台，完善激励约束机制，不断优化人才队伍结构、提升人力资源效能，致力于为员工提供物质和精神的双重回报。宽松的环境、放松的心态、足够的自由，保障了公司的领军人物和优秀投研人才的司龄普遍在10年以上，流失率极低。

在物质层面，东方证券注重人文关怀，把员工服务不断做深、做实、做细。比如针对在沪异地员工人数日益增多、加班需要用餐等情况，公司在原有提供午餐的基础上，特别在公司食堂开设了员工早餐及晚餐，定期更新"网红"菜单，广受员工好评。为满足员工丰富的业余生活需求，公司租下一个楼层开设职工文化健身活动中心，免费提供跑步机、动感单车、瑜伽、乒乓球、桌球、阅读等内容丰富的项目，让员工切实感受公司"为员工创造美好生活"的初心。

在精神层面，东方证券倡导快乐工作、健康生活的理念，为员工提供展现自我、结识伙伴的平台。在公司，经常能看到5点下班后不急于回家的员工，他们或参加公司滨江跑团，或参加乐团排练，公司设有20余个文体协会，定期组织各类活动，满足员工丰富的业余爱好，成为工作之余彼此沟通、增进友谊的一大平台。

三、变无形为有形，让企业文化看得见、摸得着、觉得好

诚如中国证监会主席易会满所言，行业文化建设要形成特色，要抓纲带

目，以点带面，以品牌项目带动公司文化建设全局。东方证券的企业文化建设，正是通过项目化、产品化、品牌化的方式，变无形为有形，使全体干部员工看得见、摸得着、觉得好。

（一）文化项目引发员工共鸣

东方证券通过精心设计和系统实施，将企业文化建设项目化，使无形的理念、精神、要求，变成实实在在落地的项目，让员工可感受、可感知、可感动。例如，为使五湖四海、各条战线的员工相互增加了解、增进友谊，公司每年轮流举办职工艺术节和运动会，无论行情好坏，每届艺术节、运动会都从3月启动，一直持续到11月闭幕，每月开展不同形式的活动供全国各地的员工参加，至今已连续坚持15年，并且在形式和内容上不断推陈出新，员工覆盖面越来越广，参与度越来越高，效果越来越好。每次活动结束后，都有许多员工表达出对活动的高度肯定和依依不舍。

（二）文化产品传递价值理念

近年来，东方证券不断加强企业文化实践领域的创新探索，打造了一批符合时代特征、满足员工需要的企业文化产品，成为传递价值理念，激励员工砥砺前行、奋勇向前的"精神食粮"。

比如，2014年创设的"东方文化下午茶"迄今已经开展四十余期活动，公司高管分赴全国各地，与当地一线员工集体面对面沟通交流，密切干群关系，让基层员工切实感受"家"文化的温暖和幸福。每次活动结束，员工们纷纷在朋友圈留言，分享激动、感动、奋斗的感受。2015年创设"东方文化群英会"，通过邀请先进集体和个人与基层员工分享成长历程、工作感悟，宣传榜样力量，传播弘扬正能量，深受基层员工的期待和欢迎。公司还将"东方群英"的故事总结整理，编撰成册，发布企业文化丛书《讲述奋斗者的故事——"东方文化群英会"分享实录》，并举行"讲述奋斗者的故事"演讲比赛，在公司内部弘扬奋斗精神，激发员工向上向善的正能量。

（三）文化品牌塑造公司形象

为最大限度地体现文化力量、引领企业发展，东方证券着力将企业文化工作品牌化，持续夯实企业文化建设成果，形成一批如"幸福家园""金帆行动""东方菇娘"等有特色、叫得响的企业文化品牌。

自2017年起，公司党委在确立践行"党建、企业文化就是生产力"理念的同时，立足公司以人为本的"家"文化特色和"为员工创造美好生活"的企业使命，创建设立基层党组织"幸福家园"党建工作品牌。两年多来，公司坚持以"组织有活力、党员起作用、群众得实惠"为评价标准，各基层党组织创新开展特色主题活动150余次，并形成有特色、可参学、能推介的基层党组织工作案例30多个，初步建立了一批特色项目和长效工作制度，获评"上海国企党建品牌"荣誉称号。

东方证券"金帆行动"青年建功成才项目，作为金融系统唯一获奖企业入选团市委颁发的"上海市百万青年成长计划最具人气十大项目"，项目自举办三届以来，累计参与人数达6200人次，覆盖98%的青年员工，培养产生最年轻的中层干部，选拔100多人进入公司青年人才库。青年员工们将"金帆行动"看作是公司党委重视青年人才培养的宣言书、企业文化的宣传队、青年员工进取精神的播种机，参与者越来越多，影响力越来越大。

近年来，东方证券在"党建、企业文化就是生产力"发展理念的引领下，积极履行社会责任。截至2019年11月，公司及旗下子公司先后与13个省共计17个国家级贫困县签署了"一司一县"结对帮扶协议，开展了80多个扶贫项目，合计投入扶贫资金逾5000万元。2016年，公司与内蒙古莫力达瓦达斡尔族自治旗签订结对帮扶协议，选择当地特色菇娘果作为产业扶贫的主要方向，并不断完善产业链建设标准，经过近三年的努力，"东方菇娘"帮助600余位贫困户脱贫，成为公司产业扶贫、精准扶贫的一大亮点。

四、化有形为无形，让企业文化内化于心、外化于行

周而复始，不忘初心。东方证券将企业文化建设项目化、产品化、品牌化工作，出发点和落脚点都是弘扬企业文化的精神力量，也就是要化有形为无形，通过对人员、地点、时间三个维度的全面思考和系统行动，将一次次企业文化活动营造的良好气氛，沉淀、固化为良好氛围，使全体干部员工被这种氛围潜移默化地感染、融化，真正将企业文化理念内化于心、外化

于行。

（一）人人参与，共同践行文化理念

众人拾柴火焰高，企业文化建设是全公司每一名干部员工的共同责任。除了公司高管坚持正确的政绩观，始终抓牢企业文化这一主线，真信、真懂、真干以外，公司全体干部员工也已将企业文化所蕴含的价值观、发展观、风险观融入自身的工作和生活实践中。

子公司东方证券资产管理有限公司长期坚持价值投资，主动管理能力和品牌号召力领跑行业。市场上伴随"东方红"产品的一个很重要的标签就是"爆款"多。2017年，东方红睿玺三年定开混合基金单日募集178亿元，但"东方红"团队秉持公司"客户至上"核心价值观，坚持恪守信托精神，忠实于投资者最佳利益，退回158亿元的超募资金，相当于减少7亿元的基金管理费收入。企业文化已不只是挂在墙上的口号，而是流淌在员工血液里的共同价值观，成为公司经营决策、员工执业行为的道德准绳。

（二）处处一致，文化基因融会贯通

东方证券企业文化紧贴时代特征，自主开发了面向员工、专注企业文化传播的"快乐东方"APP，把企业文化辐射面覆盖至全国各地分支机构。全国各地员工可通过"快乐东方"APP在线参与、投票点赞各类企业文化活动，还能通过手机直播收看各项企业文化现场活动。互联网与企业文化的结合，将全国各地近六千名员工串联在一起，无论身处何处，感受到的都是相同的企业文化氛围。

东方证券始终将企业文化放在战略的高度，许多文化理念已根植于员工内心，贯穿融入经营管理的方方面面。核心价值观"客户至上、以人为本、专业服务、开拓创新"，既强调以客户为中心，诚信经营，聚焦主业，不断提升专业水平和核心竞争力，同时又强调和谐的人际关系、稳中求进，打造资本市场的"百年老店"。"全员合规，风控为本"的风险管理理念，要求全体员工恪守法律底线，遵守职业道德，夯实合规基础，实现全面风险管理，完善内部控制，不断健全公司合规与风险管理体系。

2012年，资管通道业务盛行，很多同行不仅资管规模增长快，赚钱也快，但东方证券选择了坚持不做，继续坚持做主动管理，不断提升专业服务能力，从当年开始，公司的资管规模和净收入在行业内的排名都出现了急剧下滑，管理层背负了巨大的压力。直到监管层2016年开始出台一系列降杠杆、去通道等资管新政，引导行业回归本源、提升主动投资能力，公司的主动管理优势才脱颖而出，主动管理规模占比高达98.7%，长期业绩优异，市场品牌卓越。这无疑验证了当年公司正确的道路选择和多年来坚守的价值理念。

（三）久久为功，把气氛变成氛围

企业文化从有形化为无形，需要长年累月、坚持不懈地将一次次的企业文化活动做好，从量变到质变，坚信长期的力量，把每一次企业文化活动所营造的良好气氛沉淀、固化下来，变成企业内部无时不在、无处不有、人人共鸣的良好氛围，长久萦绕在每一位员工周围，使员工们耳濡目染，身体力行。

经过20余年的长期奋斗，东方证券以优秀的党建和企业文化为抓手，长期坚持，营造了团结信任、和谐包容、积极向上、快乐工作、健康生活的良好氛围，凝聚力、创造力和战斗力持续提升。全体干部员工的获得感、归属感和幸福感不断增强，对公司未来发展充满信心。

无论是新来的实习生对带教老师说很想留在公司，还是中老年员工说在公司从不焦虑；无论是跳槽进来的党员说找到组织了，还是刚刚入职的大学毕业生说到了公司有家的感觉；无论是优秀领军人才说公司就是家一样的坚强后盾和温馨港湾，还是青年员工说公司就是家一样的成长摇篮和创业平台，所有员工都会自然而然地融入公司的良好氛围中，被公司的企业文化长久地吸引、感动和激励。

"千里之行，始于足下"。证券基金行业文化建设动员大会的召开，标志着行业文化建设工作进入新的征程。东方证券将认真学习贯彻落实监管导向和行业倡议，向着打造"合规、诚信、专业、稳健"的行业文化方向，进一步创新实践"变无形为有形、化有形为无形"的企业文化建设之道，努力为行业的文化建设作出积极探索，为建设"规范、透明、开放、有活力、有韧性"的资本市场作出积极贡献。

（潘鑫军，工商管理硕士，高级经济师；现任东方证券股份有限公司党委书记、董事长，东方花旗证券有限公司董事长，上海东方证券资产管理有限公司董事长，中国证券业协会第六届理事会理事，上海市证券同业公会监事长，上海证券交易所理事会会员自律管理委员会委员，中国共产党上海市第九次、第十次代表大会代表，上海市第十三届、第十四届、第十五届人民代表大会代表等职务，曾荣获"上海市十大杰出青年"称号）

"一带一路"研究篇

外国法院对中国金融机构实行域外取证法律问题评析①

龚柏华　杨思远

2019年，美国政府和法院在关于C国违反美国制裁的刑事调查中，对中国的银行相关交易记录采取了单边域外强制取证措施。三家中国的银行由此面临两难境地，一边是中国法律下对客户的保密义务，另一边是如果不遵守美国法院强制令将面临高额罚金制裁。本文试图在归纳分析该案法律要点的基础上，就中国政府及中国相关金融机构今后如何应对此类事件提供一些参考建议。

一、基本案情

据美国法院案例报告描述，2012年10月至2015年1月，C国某国营实体（以下简称C国实体）利用香港一家现已注销的幌子公司（以下简称幌子公司）进行了超1亿美元的交易，分别流经三家中国的银行在美国的往来银行账户，其中甲、乙两家银行在美国均设有分行，丙银行在美国未设分行。此外，三家中国的银行均具有相当的国有背景。上述涉及C国的交易，有许多都发生在美国第13382号行政令之后。该行政令授权国务卿、财政部长或其他相关机构认定任何参与扩散或支持大规模杀伤性武器扩散的个人或实体，进而冻结其在美国境内的全部财产。涉案C国实体即受到上述制裁，而美国政府也正在调查其三项罪行：（1）《美国法典》第18章第1956条规定的洗钱罪；

---

① 外交部.2019年6月25日外交部发言人耿爽主持例行记者会［C/OL］.（2019-06-25），https://www.fmprc.gov.cn/web/wjdt_674879/fyrbt_674889/t1675511.shtml；张末冬.中国银行业协会首席法律顾问卜祥瑞就中资银行在美涉诉案件回答记者提问［C/OL］.（2019-06-25）.［2020-05-09］.https://www.financialnews.com.cn/yh/sd/201906/t20190625_162575.html.

（2）违反根据《国际经济紧急权力法案》（*International Emergency Economic Powers Act*）颁布的第13382号行政令①，因而违反《美国法典》第50章第1705条；（3）违反《美国法典》第31章规定的银行保密法案。

2017年12月26日，为推进上述刑事调查，美国哥伦比亚特区联邦检察官依据《美国法典》第31章第5318（k）（3）条②向丙银行送达行政传票（administrative subpoena），要求其提供自2012年1月1日至传票送达之日为幌子公司进行往来银行交易的全部记录，包括签名卡、开户文件、总账卡、定期账单、尽职调查情况及所有存取转账的记录。12月27日，甲、乙两家银行的美国分行也收到相同的大陪审团传票（grand jury subpoena），要求其派员在大陪审团面前出庭作证，并提供上述交易记录。三家银行此后均未按照传票要求提供交易记录。

2018年1月，丙银行在与中国银监会和中国人民银行的会面中被告知，在中国法律下只有通过《中华人民共和国政府和美利坚合众国政府关于刑事司法协助的协定》（以下简称《中美刑事司法协助协定》）规定的程序，才能应美国要求提供相关交易记录。2018年3月22日，中国司法部公函建议丙银行让美国走司法协助协定的程序，并表示将及时审查和处理司法协助请求；同时表明若丙银行直接向美国司法部提供相关客户信息，银行监管机构将对其处以行政处罚，而且丙银行可能还需要负民事和刑事责任。丙银行随后如实向美国政府陈述了中国司法部方面的上述意见，而甲、乙两家银行也在相近时间表达了之后愿意按《中美刑事司法协助协定》的要求尽快提供交易记录。2018年4月和8月，美国司法部派代表两次赶赴中国，并声称中方时常未能积极回应美方的司法协助请求，因而被迫在美国法框架下通过传票获取银行交易记录。关于本案中提供交易记录的问题，两次会面均无果而终。

2018年11月29日，美国政府向哥伦比亚特区联邦地区法院（以下简称地

---

① 该法案授予了美国总统在国家安全、外交政策或国民经济面临"非常规与特殊威胁"（unusual and extraordinary threats）时，应对和处理此种威胁的广泛权力。根据美国法典第50章第1705（a）条，故意违反、预备违反、共谋违反根据该法案授权而颁布的行政许可、命令、规章或禁令，或者造成对上述文件的违反，都会被视作犯罪。

② 《美国法典》第31章第5318（k）（3）（A）（i）条源自《爱国者法案》，其授权财政部长和司法部长向任何在美国有往来账户的外国银行签发传票，并要求其提供有关该往来账户的交易记录，包括与资金存入该外国银行有关的美国境外记录。

区法院)提出动议,请求法院强制三家中国的银行遵守传票要求。在案件正式开庭审理前,中国司法部向地区法院先后发送了两封公函,表示美国司法部若在本案向中方提出司法协助请求,且该请求符合《中华人民共和国国际刑事司法协助法》和《中美刑事司法协助协定》的规定,中国司法部将立即向有权机关转交协助请求,以供相关部门作进一步审查和处理。2019年3月18日,地区法院的豪威尔法官(Beryl A. Howell)批准了政府请求强制三家银行执行传票的动议,并颁布强制令(compulsion order)。随后甲、乙两家银行与美国政府协商决定于2019年3月28日前提供证人或交易记录,但三家银行均未遵守法庭强制令规定。2019年3月22日,丙银行对上述强制令提起上诉,并提出请求上诉期间中止强制令的动议。政府对该动议表示反对。

与此同时,鉴于三家银行未履行强制令义务,美国政府请求地区法院判决三家银行藐视法庭,并对其分别处以每日五万美元的罚金,直至其完全履行强制令义务。2019年4月10日,地区法院就该事项举行听证会,豪威尔法官遂判决三家银行藐视法庭,并对相关制裁措施作出了规定。此后三家银行对藐视法庭的判决提起上诉,甲、乙两家银行就地区法院颁布的强制令也提起上诉。2019年7月30日,哥伦比亚特区联邦巡回上诉法院针对强制令和藐视法庭的上诉案进行了合并审理,并裁定驳回上诉,维持原判。

二、法律要点

本案涉及较多法律点,本文在此仅就美国联邦法院如何运用国际礼让原则和如何认定藐视法庭这两个比较具有代表性的问题进行归纳。

(一)关于国际礼让原则

法院指出,有权强制执行传票只是第一步,紧接着需要判断法院是否应当行使这项权力。当法院的执行令会导致国内法和外国法之间产生"真正的冲突"(true conflict)时,法院应当从国际礼让的角度考虑,是否应主动放弃行使强制执行权。法院认为,本案中很容易能判断出强制银行遵守传票要求会造成所谓"真正的冲突",因为美国政府也承认,遵守传票中提供交易记录的要求,可能会使三家银行遭受到中国法律的处罚。分析此类涉及国际礼让的问题时，必须权衡案件中的特定事实、主权利益及诉诸其他有效替代程序的可能性，而且至少要将《第三次对外关系法重述》［*Restatement（Third）of Foreign Relations Law*］第442（c）（1）条中规定的五项因素纳入考虑范围：（1）要求提供的文档或其他信息对于调查或诉讼的重要性；（2）信息提交要求的明确程度；（3）相关信息是否源于美国境内；（4）就获取这些信息而言，有无其他可行的替代方案；（5）不遵守该要求对美国重大利益的损害程度，或遵守该要求对信息所在国重大利益的损害程度。

三家银行又从联邦第二巡回上诉法院裁决的"林德诉阿拉伯银行案"中归纳得出另外两项因素：（1）当事人面对相冲突法律义务时的"两难"程度；（2）当事人在对待信息开示义务时是否展现出充分的善意。[①]尽管政府方反对将这两项因素引入对于国际礼让问题的考察，但由于哥伦比亚特区联邦巡回上诉法院曾在先例中对这两项因素表示过认可，地区法院决定依次检视上述七项因素。

1. 第一项因素：要求提供的文档或其他信息对于调查或诉讼的重要性。法院认为，传票所指向的文件是此次刑事调查的基础和核心，因为如果没有这些交易记录，政府就无法找出为C国实体提供金融支持的幕后帮手，既无从查明账户中非法资金的来源及去向，也无从知晓三家银行在此过程中所扮演的角色。此外，C国被指控正在以第三国为媒介，利用走私等非法活动中攫取的大量现金，扶持其大规模杀伤性武器与导弹系统的扩散计划。唯有通过银行账单、现金储蓄、跨行转账记录等信息，调查者才能了解到非法资金的流向和整起事件的共犯。加之三家银行也不否认被要求提供的信息有助于推进当下的刑事调查，法院遂认可这些信息对于调查而言至关重要，故第一项因素有利于政府。

2. 第二项因素：信息提交要求的明确程度。

法院认为三张传票都针对具体种类的金融交易记录，以及特定的时间跨度和用于洗钱的幌子公司。尽管甲银行提出大陪审团传票中"提供有关幌子公司的全部交易记录"的要求太过宽泛（包含大量与C国政府非法美元交易行为无关的文档），但法院指出，幌子公司完全只是C国实体的掩护，其所有的

---

① *Linde v. Arab Bank, PLC*，706 F.3d 92，110（2d Cir. 2013）.

交易记录均与正在进行的调查相关，故传票的范围已无法被进一步限缩。第二项因素同样支持强制执行传票。

3.第三项因素：相关信息是否源于美国境内。

传票要求提供的信息源自中国境内，而且美国政府承认仅就该项因素而言，法院应遵循国际礼让原则。

4.第四项因素：就获取这些信息而言，有无其他可行的替代方案。

三家银行与美国政府就该项因素的主要分歧显而易见，即《中美刑事司法协助协定》是否是获取传票所涉信息的有效替代途径。法院首先指出，先前判例并没有要求政府在申请强制执行传票之前，必须先行诉诸司法协助协定这一渠道，而且考虑到司法协助程序在很多情况下都"过度费时和昂贵"且"不确定能否从中取得所需证据"，故联邦最高法院也未规定司法协助作为前置程序。当然，法院也承认如果通过其他替代途径能够获取同样的信息，并不建议采取强制执行传票的方式，以致强迫被执行人作出违反外国法律的行为。

然而美方声称，中方历史上在回应其有关提供银行交易记录的司法协助请求时，时而无法给予美方满意的答复。法院因此认可了美国政府就《中美刑事司法协助协定》无法真正用于获取所需信息的观点。

此外法院认为，中国司法部的三封公函在某种程度上并未起到积极作用，因为信件内容似乎表明：（1）中国司法部并非中方处理司法协助请求的最后一步，其仅能保证自身尽快向有权机关转达协助请求，而无法控制相关部门的审查和处理进程；（2）中国司法部并未明确表示其初次回复的信息即可供美国政府和法院所用，只是保证将尽快处理和回复美方的后续补充申请；（3）中国司法部提及了《中华人民共和国国际刑事司法协助法》这部新法律，该法一方面将司法部和其他大量行政、司法机关纳入国际刑事司法协助流程[1]，另一方面针对请求协助证据收集的外国政府提出了附加要求。因此，法院认为中方有可能会通过援引这部新法，从而暂缓处置美方司法协助的请求，并指出中方或许仅在名义上同意协助美方。

另外法官还提及两点政策性理由：（1）美、中两国就C国问题有着不同

---

[1] 参见《中华人民共和国国际刑事司法协助法》第六条。

的利益诉求，不应允许中方以司法协助协定为名，掌控相关证据的提供方式和进度，从而影响美国正常的调查进程；（2）撇开司法协助协定对证据提供进程所固有的迟滞效应，银行将由于意识到交易记录可能直接受制于联邦传票，而具有更大的动力去检视自己的客户是否存在违反美国刑法的行为。

综上所述，美国政府在实质上并无获取相关信息的有效替代途径，故第四点因素有利于政府及传票的强制执行。

5. 第五项因素：主权国家之间的冲突利益。

法院意识到本案对美国而言涉及国家安全这一重大利益，若不对传票予以强制执行，将严重损害美国的国家利益，因为C国作为一个拥核国家，可能涉嫌公然为大规模杀伤性武器项目提供资金。

此外，本案也涉及中国保护客户隐私、维护银行保密法律规范的权威，以及确保国家银行金融体系稳定性的国家利益。然而法院认为中方的国家利益并不会因银行被强制执行传票而受损，因为在中国法律的框架下，中国的银行可应有权机关的合法要求而提供银行记录。[①]尽管这并不能必然推出中国的银行应美国当局要求而提供银行记录的行为在中国法律下也是合规的，但中国法设置的上述"保密例外"，反映了中国也承认"对客户信息的保密义务"可以与"向政府机关进行有限的证据披露"共存，故而中国的银行应美国传票要求提供交易记录，并不会对上述中方的国家利益造成损失。

基于此，不强制执行传票会损害美国国家安全利益，且强制执行并不影响中国的相关国家利益，故第五点因素有利于传票的强制执行。

6. 第六项因素：当事人面对相冲突法律义务时的"两难"程度。

法院首先承认，如果银行遵守传票要求，其可能面临来自中国的行政罚款；但由于作为银行客户的幌子公司现已注销，银行理论上并不会承担民事责任。于是仅有两个问题留待解决：（1）考虑到中国对三家银行均持有相当比例的股权，三家银行有多大可能会遭受非常严厉的行政处罚；（2）三家银行及其职员有多大可能会蒙受刑事处罚。

---

① 《中华人民共和国商业银行法》第三十条规定："对单位存款，商业银行有权拒绝任何单位或者个人查询，但法律、行政法规另有规定的除外。"作为保密原则的一个例外，《中华人民共和国刑事诉讼法》第一百四十四条规定："人民检察院、公安机关根据侦查犯罪的需要，可以依照规定查询、冻结犯罪嫌疑人的存款、汇款、债券、股票、基金份额等财产。有关单位和个人应当配合。"

尽管三家银行援引相关法律和案例，并表示遵守传票要求（非法披露客户交易信息）将会给银行招致罚款、停业整顿或吊销经营许可证等严厉的行政处罚和其他刑事处罚[1]，且三家银行的国有背景并不会使其免受处罚，但法院坚持认为，并未发现曾有中国国有企业因遵守类似于本案的外国法院命令而遭受严厉行政处罚，而且对于刑事处罚的担忧同样欠缺先例支持。银行提供的案例或与本案关联度较低，或处罚力度较轻，因而不具备说服力。

此外本案法官发现，"古驰案"的法官曾在审理过程中注意到一家案外中国的银行因遵守纽约南区联邦地区法院签发的一项命令而冻结了一位客户的账户，而后仅在民事诉讼中被北京市第二中级人民法院判赔140元人民币的诉讼费。纽约南区法院遂认为"古驰案"当事银行所声称的"遵守传票要求提供交易记录后可能面临的巨额罚款和刑事处罚"均不存在。[2]

至于中国司法部在公函中对银行的提醒[3]，法院认为公函并未载明具体处罚形式与力度，而且在细节的表述上不够精准[4]。因此，这些公函无法充分表明中国政府倾向于对其持有相当权益的银行采取"史无前例的实质性严厉处罚"。换言之，第六项因素至多略微倾向于银行一方。

7. 第七项因素：当事人在对待信息开示义务时是否展现出充分的善意。

由于美国政府也同意没有任何一家银行在本案中表现过恶意，因而最后一项因素有利于三家银行。

综上所述，地区法院经权衡后认为，国际礼让在本案中并非一项足以阻止法院强制执行传票的理由。通过分析国际礼让中最重要的"国家利益"因素，法院强烈倾向于应当强制执行传票——一方面，美国在上述刑事调查中的国家安全利益至关重要；另一方面，中国的国家利益并不会因法院强制三家银行提供交易记录而受损。此外，美国政府仅仅传唤了与其国家安全调查

---

[1] 参见《中华人民共和国商业银行法》第七十三条、第七十八条。

[2] 见 *Gucci Am., Inc. v. Weixing Li*，768 F.3d 122, 142（2d Cir. 2014）；*Gucci Am., Inc. v. Weixing Li*，135 F. Supp. 3d 87, 101–102（S.D.N.Y. 2015）。

[3] 据判决书所述，中国司法部在公函中对银行表示，如果其擅自配合美方调查，将会在国内受到民事、行政和刑事处罚。

[4] 据判决书所述，中国司法部在公函中笔误写道三家银行将承担民事责任，而不小心忽略了幌子公司已经注销的事实，且各公函记载的处罚口径未能保持完全一致。

相关的交易记录，而且也没有其他有效替代途径来获取这些信息。另查明，三家银行就"提供交易记录后可能在国内遭受严厉处罚"的主张没有充分先例支撑，并不存在面对相冲突法律义务的极度"两难"境地。尽管传票所要求提供的信息源自中国，且三家银行在全过程中展现出了充分的善意，但这两项因素的重要性相较于其他因素而言过于单薄。所以，国际礼让原则不足以阻止法院作出强制执行传票的裁决。

上诉法院认为，联邦最高法院曾指出，在权衡国际礼让原则时，必须由初审法院根据其对案件的理解来划定"合理性的界限"。在审查地区法院对于国际礼让的分析时，只需检视地区法院有无滥用自由裁量权，即地区法院的裁决是否基于法律的错误适用、对证据明显错误的评价或对各因素不恰当的衡量而作出。根据该上诉审查标准，上诉法院认为地区法院全面考量了美、中两国政府与三家银行各方面的利益，并经细致权衡后得出了准确的结论。

（二）关于藐视法庭

地区法院认为，只有在当事人违反了一项清晰的法庭命令，且存在令人信服的证据证明该违反行为时，法院才能对其作出藐视法庭的判决。此外，哥伦比亚特区联邦巡回上诉法院仅推定（而非认定）"善意地在实质上遵守法庭命令"（good faith substantial compliance），是对于藐视法庭的一项抗辩，而且该当事人"必须证明他已经采取了其能力范围内的一切合理措施，以努力遵守法庭命令"；当然法院也指出，"善意"仅为确认有无"实质上遵守法庭命令"的一项因素，而单独这一项因素并不足以使当事人豁免于藐视法庭的裁决。

法院承认三家银行自收到传票后，始终表现出善意和愿意配合的真诚态度，但是问题在于它们客观上确实是在藐视一道极其清晰的法庭命令，无论主观意愿如何都不重要了。至于银行表示"愿意通过司法协助渠道配合""中国法律不允许其擅自提供交易记录"，法官认为其在先前裁决中已经明确，司法协助并非可行的替代途径，而且遭受中国法律项下处罚的风险也有被夸大之嫌。因此，法院认为银行不执行强制令并非出于善意，而且即使是善意地不遵守法庭命令，也不构成对于藐视法庭的抗辩。

此外，相应的制裁必须足够严厉，才能迫使藐视法庭者遵守法庭命令。

地区法院认为，应当综合考量藐视法庭者持续拒不履行所造成的损害性质和程度，以及各种潜在制裁措施在达到预期效果方面的有效性。考虑到以下几方面因素，法院对政府方"按日计罚五万美元"的提议表示了认可：（1）在藐视法庭的语境下，银行拒不执行法庭命令，未能展现善意；（2）传票要求提供的交易记录或证人，对于正在进行的涉及核武器扩散的刑事调查而言至关重要，三家银行持续拒不执行法庭命令，对美国国家安全构成严重威胁和损害；（3）若罚金数额太低，则对于三家大银行而言毫无震慑力；（4）相关先例曾支持法院对与本案情形类似的藐视法庭者科以每日五万美元的罚款。法院还表示，若当下的罚金数额仍不能起到迫使三家银行遵守法庭命令的效果，不排除今后继续加强制裁力度。

上诉法院认为，其对于藐视法庭案的上诉审查标准也应当为"有无滥用自由裁量权"。针对银行提出它们在征求中国政府同意提供交易记录的过程中展现出了充分的善意，法院一方面认为新近出台的《第四次对外关系法重述》［Restatement（Fourth）of Foreign Relations Law］显著下调了未执行法庭命令者之"善意"因素在考量藐视法庭行为时的重要性，另一方面指出先例一贯秉持"主观意图与民事藐视法庭（civil contempt）无关"的观点，因为对民事藐视法庭的裁决是一项救济性制裁措施，即用于赔偿一方因另一方不遵守法庭命令而蒙受的损失，或者迫使当事方遵守法庭命令。所以，上诉法院维持了地区法院的裁决。

基于此，美国联邦地区法院作出如下判决：

关于政府请求地区法院强制三家银行执行传票的动议。

豪威尔法官批准了政府请求强制三家银行执行传票的动议，并颁布强制令：命令甲、乙两家银行按照大陪审团传票的要求，在大陪审团有空的最早日期当面出席提供证词，或者立即提供传票所要求的全部交易记录，两者选一履行即可；另命令丙银行于2019年3月28日前补充完整传票要求提供的全部交易记录。此外，法官还要求双方于2019年4月17日前共同提交一份报告，对于备忘录判决意见（memorandum opinion）中是否有部分内容可以被解封提出建议。

关于政府请求地区法院判决三家银行藐视法庭的动议，以及丙银行请求地区法院在上诉期间中止强制令的动议。

豪威尔法官驳回了丙银行请求在上诉期间中止强制令的动议，并批准了政府请求判决三家银行藐视法庭的动议。关于未履行2019年3月18日法庭命令的证人，法官也批准了政府请求判决其藐视法庭的动议。

针对三家银行的相应制裁措施，法官判令三家银行分别每日缴纳五万美元罚金，直至其愿意提供传票所要求的完整交易记录或派员在大陪审团面前作证。若满足以下三项条件，藐视法庭的制裁措施在强制令上诉期间暂缓执行，罚金数额待上诉法院维持地区法院判决之日起7个工作日后开始累积计算：（1）甲、乙两家银行在2019年4月12日前提出上诉；（2）三家银行同意向上诉法院共同提出动议，申请加快意见交换日程；（3）三家银行在上诉期间应妥善保存传票所要求提供的全部信息。此外，法官还要求双方于2019年5月10日前共同提交一份报告，对于备忘录判决意见中是否有部分内容可以被解封提出建议。

针对地区法院判决强制三家银行执行传票，并判决三家银行藐视法庭的上诉案，上诉法院的塔特尔法官（Tatel）裁定驳回上诉，维持原判。

三、简要评论

本案是在中美贸易摩擦大背景下发生的。尽管中美政府间可能通过达成协议来缓解双方关税报复层面的争议，但美国方面很可能转而利用其市场优势、美元优势、法律优势，针对中国具体企业法人特别是具有国有因素的金融机构进行滥用法律诉讼，从而达到骚扰、遏制的目的。除了诉求中国政府的帮助外，中国金融机构也需要学会用法律武器进行应对，特别是在美国法院运用美国判例法进行辩驳。在本案及类似案件中，通常会涉及中国企业如何抗辩美国法院没有管辖权或者并非恰当管辖地的问题。下面就本案中涉及长臂管辖及国际礼让相关问题作评析。

（一）中国金融机构涉外法律活动中要充分注意美国法院的长臂管辖权

一般来说，确定美国联邦法院对一个案件的管辖，需要分别考虑事物管辖权（subject matter jurisdiction）、对人管辖权（personal jurisdiction）和审判地（venue），而其中较难认定的是"对人管辖权"。对人管辖权可分为三类：对人（in personam）诉讼管辖权、对物（in rem）诉讼管辖权和准对物

（quasi-in-rem）诉讼管辖权，其中对人诉讼管辖权是基于起诉时，被告与法院地之间存在的某种适当联系。

在著名的"国际鞋业案"及后续一系列判例的基础上①，被告与法院地的两类联系被认为可以成立对人诉讼管辖权，即一般对人诉讼管辖权（general in personam jurisdiction）和特定对人诉讼管辖权（specific in personam jurisdiction）。

若被告与法院地之间存在"持续、实质且系统的联系"，法院就任何诉因均对被告成立一般对人诉讼管辖权（即使诉因产生于法院地所在州之外）。新近的"固特异案"和"戴姆勒案"则是对其进行了限缩，只有当法院地可被合理地视为"被告之家"（fairly regarded as "at home"）时，其中对企业被告而言，通常仅主营业地或注册地法院，才会对其成立一般对人诉讼管辖权。②

若被告与法院地之间仅存在"单次或间或的联系"，而被告有目的地建立了该联系，且诉因产生于该联系，法院仅就该诉因对被告成立特定对人诉讼管辖权。"国际鞋业案"则是进一步确定了"最低联系标准"，即被告与法院地所在州之间至少应存在某种"最低限度的联系"，以使管辖权之行使与诉讼之进行不会"违背公平对待和实质正义的传统观念"。此外"麦基案"③"朝日案"D④等判例还要求特定对人诉讼管辖权的行使应具有"合理性"，即考虑证人出庭的便利性、法院受理案件所达成的利益、跨州司法系统的利益等。新近的"百时美施贵宝案"⑤对特定对人诉讼管辖权又作了进一步的限缩——州法院不得因企业在另一州出售的产品存在瑕疵而对其行使特定对人诉讼管辖权，即使该企业在法院地所在州也销售与上述涉诉产品完全相同的产品。

事实上，这种特定对人诉讼管辖权就是国际诉讼领域中"长臂管辖权"

---

① 见 *Int'l Shoe Co. v. State of Wash.*, *Office of Unemployment Comp. & Placement*，326 U.S. 310（1945）.

② 见 *Goodyear Dunlop Tires Operations*, *S.A. v. Brown*，564 U.S. 915，924（2011）；*Daimler AG V. Bauman*，571 U.S. 117，122，137（2014）.

③ 见 *McGee v. Int'l Life Ins. Co.*，355 U.S. 220（1957）.

④ 见 *Asahi Metal Indus. Co. v. Superior Court of California, Solano Cty.*，480 U.S. 102（1987）.

⑤ 见 *Bristol-Myers Squibb Co. v. Superior Court of California*，*San Francisco Cty.*，137 S. Ct. 1773（2017）.

的起源。所谓长臂管辖权，是指法院对不居住于法院地，但与法院地之间存在某种"最低限度联系"的被告所享有的管辖权，当然案件的诉因也应当产生于上述联系。它原本仅旨在解决美国国内州际司法管辖权的分配问题，但之后为维护美国居民利益或是实现某种国家利益，又逐步扩展为针对外国被告的管辖权依据，加之对人管辖权的成立标准本身具有一定模糊性，故而长臂管辖权的行使对外国被告而言带有某种恣意性和不确定性。

同时，美国长臂管辖权的域外适用范围也在不断扩张，从传统上主要适用于国际民事诉讼，发展为借此对外国个人或实体提出刑事指控、调查取证，尤其是在出口管制、经济制裁、反恐、反洗钱和海外反腐败领域。[①]本次美国法院要求三家中国的银行提供交易记录案的起因，正是缘起于美国政府针对某C国实体及其幌子公司违反制裁令与反洗钱法的刑事调查取证。

本案法官就法院对甲、乙两家银行具有对人管辖权的论述篇幅颇少，是因为两家银行在向美联储申请开设美国分行时，已经就美国政府在美国银行法项下发起的调查程序，同意了联邦法院的对人管辖，而本案所涉刑事调查正与银行保密法案相关。不同于事物管辖权，通过放弃管辖权异议（waiver）、同意管辖权协议（consent）等方式即可成立对人管辖权。鉴于"同意管辖"是在美国开设分行的前提条件，中国的银行今后将可能继续在涉C国、Y国制裁等刑事案件调查中，受制于美国任一联邦法院的管辖，进而被强制要求提供客户信息与交易记录。

至于本案法院对于丙银行的对人管辖权，考虑到其在美国并无分支机构，法官只能在特定对人诉讼管辖权方面做文章。法院认为丙银行只需与整个美国之间存在最低限度的联系，而本案中丙银行通过美国往来账户处理幌子公司美元交易的事实，足以使法院对其行使对人管辖权。由此观之，即使在美国没有开设分行，中国的银行依然可能由于在美国设有往来账户、处理美元交易等轻微联系，而在各类相关刑事调查取证过程中受到美国任一联邦法院的管辖。

考虑到长臂管辖的诞生本来就有维护和扩张国家利益的意图，所以美国法院对丙银行行使长臂管辖也就不足为奇，尤其是纽约南区联邦地区法院甚

---

① 肖永平."长臂管辖权"的法理分析与对策研究［J］.中国法学，2019（6）：46.

至曾在判例中认为，即使银行在纽约州没有分支机构，仅一次使用美国代理行账户的行为也可招致特定对人诉讼管辖权的适用。①

（二）中国金融机构遇到中美法律冲突时要擅用国际礼让原则

本案中，哥伦比亚特区联邦地区法院结合《第三次对外关系法重述》与联邦第二巡回上诉法院的判例，罗列了国际礼让分析中的七项考量因素：（1）要求提供的文档或其他信息对于调查或诉讼的重要性；（2）信息提交要求的明确程度；（3）相关信息是否源于美国境内；（4）就获取这些信息而言，有无其他可行的替代方案；（5）不遵守该要求对美国重大利益的损害程度，或遵守该要求对信息所在国重大利益的损害程度；（6）当事人面对相冲突法律义务时的"两难"程度；（7）当事人在对待信息开示义务时是否展现出充分的善意。法院在权衡诸因素后坚持认为，国际礼让原则并不足以阻止其命令三家中国的银行履行传票义务。

可以发现，美国法院在此类案件中分析国际礼让原则时所考量的因素已经基本趋同，比如"古驰案"②就采用了与本案一致的分析框架，而且主要争议点也都集中在两处：（1）是否存在其他有效的替代取证方法；（2）中国的银行如按传票要求提供交易记录，是否确实会招致来自中国当局严厉的行政处罚与刑事处罚。

关于是否存在其他有效的替代取证方法，中国司法部与三家中国的银行都主张应当诉诸《中美刑事司法协助协定》，不应绕开司法协助的渠道，而直接强制要求银行以违反中国法律的方式提供交易记录。类似地，中国的银行在"古驰案"中也认为原告和法院应通过《海牙取证公约》获取所需信息。遗憾的是，两案法官就该项因素的分析结果如出一辙，均不支持银行方的主张。

《中美刑事司法协助协定》旨在"促进两国在刑事司法协助方面的有效合作"，并适用于"与刑事案件有关的侦查、起诉和诉讼"，协助范围包括"提供文件、记录或证据物品的原件、经证明的副本或影印件"，③但该协定

① 见*Official Comm. of Unsecured Creditors of Arcapita v. Bahrain Islamic Bank*, 549 B.R. 56（S.D.N.Y.2016）.

② 龚柏华.新近中美经贸法律纠纷案例评析［M］.上海：上海人民出版社，2017：197.

③ 参见《中华人民共和国政府和美利坚合众国政府关于刑事司法协助的协定》序言及第一条。

并未明文规定其在刑事调查取证方面的排他或优先适用效力。鉴于联邦最高法院在判例中也不要求政府在签发和执行域外取证传票之前，必须首先求助于司法协助途径，美国法院目前在此类案件中的主流意见是相较于政府和法院以传票和强制令的形式直接单边域外取证，司法协助途径并不必然具有优先地位，同时考虑到国际礼让原则，若当事方能够清晰证明调查人员完全可以通过其他途径（如双边或国际司法协助）获取同样的信息，法院一般不得强制执行取证传票，并要求当事方以违反外国法的方式提供信息。

由此观之，联邦法院不承认双边司法协助协定是优先的取证方式。加之本案三家银行未能充分证明美国政府通过双边协定也可有效取证，而且中国当局被指曾在回应美方司法协助请求时似乎有些不够积极主动，法院也就自然认为本案不存在其他可行的取证途径，从而可以径自强制执行域外取证传票。但是相较于"古驰案"这一民事案件的单边域外取证，本案因涉及刑事案件调查而更加关系到一国的司法主权。刑事案件的侦查、起诉与审判，尤其体现了一国运用公权力打击犯罪活动的司法主权，然而美国法院在对国际礼让原则的分析中并没有对中方的司法主权予以足够的尊重。当然这也是三家中国的银行在抗辩中没有着重强调的一点。

此外，地区法院提的两点带有浓厚政治色彩的政策性理由，同样值得中国政府和中国的银行高度警惕。一是法院直言不允许中方以《中美刑事司法协助协定》为由阻碍美方获取相关证据，进而影响其对C国的调查进度；二是法院认为直接对外国银行强制执行取证传票，能有效敦促外国银行加强对非法金融活动的监控力度。考虑到本案背景涉及美国对C国实施的制裁令，位于美国政治中心的哥伦比亚特区法院，在某种程度上向中国释放了一个危险的信号，即法院今后将有可能在涉及违反经济制裁的刑事调查中，继续对中国的银行实施单边强制域外取证。由此对中国的银行造成的潜在诉累，必须得到我国政府的高度重视。

三家中国的银行抗辩称一旦向美方提供交易记录，自己就将遭受中国法项下严厉的行政处罚与刑事处罚，但法院对此不以为然。通过分析本案、"古驰案"和其他类似判例发现，当一方提出"拟作出的法庭命令与其所在国法律规定存在冲突"时，联邦法院通常不轻信该类主张和外国法律条文的字面规定，而是强调此种主张必须有充分的先例支撑。法院进而根据外国当局的处罚先例和惯例，评估其实际执行相关法律处罚的可能性，以及当事方违反相关法律所面临的实质风险与潜在损失，然后再与美国政府的利益进行权衡。

遗憾的是，与过往的同类案例一样，本案法官固执己见，认为中国当局不太会对其持有相当权益的银行施以过于严厉的行政处罚，可能只会略施惩戒，而且还主观臆断地指出相关刑事处罚不会发生。美国法院由于误判银行并未面临实质的冲突义务与受罚风险，也就不顾国际礼让原则，对银行在中国法律下的保密义务置若罔闻，进而坚持要求银行必须提供交易记录。

值得注意的是，中国司法部在本案中多次致函地区法院，试图向其表明一旦银行按照传票要求擅自配合美方调查，将遭到中国相关银行法律法规的惩处，以期促使地区法院根据国际礼让的原则和精神，驳回美国政府请求强制执行传票的动议。然而，司法部在公函中不小心笔误写道，银行可能面临民事赔偿（幌子公司已经停业注销），又在说明中国法律下的相关行政处罚种类、口径和力度时，前后表述略有出入，未能完全说服地区法院相信"中国的银行确实会因擅自披露客户交易记录而遭受实际处罚"。从美国联邦法院当下固执的观念来看，或许可以认为，如果不存在中国的银行监管部门对违反银行保密法律法规的行为课以实质严惩的相关记录，此类抗辩将会越来越难以得到美国法院的采纳。

中国政府和中国的银行也有必要关注本案特殊的政治背景，即美国政府部门似乎正在借助国会授权和联邦法院之手，对中国在美国金融机构进行极限施压，以期实现美国对他国经济制裁行动的打击效果。一方面，本案罕见地援引了对政府授权极为宽泛的《爱国者法案》来强制中国的银行提供交易记录；另一方面，对中国的银行单边强制取证的适用范围进一步扩展到了刑事调查和违反制裁领域，这对于在美国拥有资产或设有分支机构、往来账户的中国金融机构而言，将更容易因为涉及敏感国家业务，而在此类国家接受以反洗钱、反恐为名的刑事调查过程中受到牵连，进而遭到美国相关监管机构的持续纠缠。[①]这些潜在的法律问题和业务风险，都值得中国政府和中国的银行深入研究进一步的应对措施。

---

① 龚柏华.中美经贸摩擦背景下美国单边经贸制裁及其法律应对［J］.经贸法律评论，2019（6）：8.

"一带一路"推进国际律师交流合作

李志强

本次世界律师大会的主题是"科技进步与法律服务"。大会聚焦律师行业的国际交流与合作，并探讨"一带一路"倡议下法律行业的机遇与挑战，很有现实意义。

中国国家主席习近平提出"一带一路"倡议6年来，一大批中国企业和中国律师走出去，参与全球经济贸易科技合作。由于各国和地区法律制度的差异，迫切需要各国律师携手合作，构建法律服务共同体。

2019年是中国律师制度恢复重建40周年。三年前，中国司法部等部门出台了《关于发展涉外法律服务业的意见》（以下简称《意见》），开宗明义地阐明了发展涉外法律服务业的重要性和必要性。这是中国政府推进涉外法律服务助力国际律师交流合作的重大举措，受到了国际律师界的广泛关注和好评。《意见》提出，支持并规范国内律师事务所与境外律师事务所以业务联盟等方式开展业务合作，探索建立律师事务所聘请外籍律师担任法律顾问制度。深化法律服务业对外合作，参与有关国际组织业务交流活动，开展与"一带一路"沿线国家法律服务领域的互惠开放等。目前，共有来自22个国家和地区的236家律师事务所在华设立了306家代表机构，分布在全国11个省（市）。有6家外国律师事务所驻华代表处与国内律师事务所在上海自贸区进行了联营。自2003年内地与港澳特区政府签署CEPA以来，每年进行一轮谈判，内地陆续出台了26项对港澳法律服务业的开放措施，创设了密切两地律师业合作的新途径新机制。

2019年3月，中国司法部编印发布《全国千名涉外律师人才名单》，并在司法部官网开通全国千名涉外律师人才查询系统，共收录了985名优秀涉外律师的相关信息，涵盖国际经济合作、国际贸易、海商海事、金融与资本市场、跨国犯罪追逃追赃、跨境投资、民商事诉讼与仲裁、能源与基础设施、知识产权及信息安全9个涉外法律服务领域。中国律师队伍中正在涌现出一批精通相关领域业务和国际规则、具有全球视野、具有丰富执业经验的，懂法律、懂经济、懂外语的复合型、高素质律师领军人才。

共建"一带一路"必然蕴含大量法律服务需求，而涉外法律业务能够为共建"一带一路"提供法律服务和保障，这便是发展涉外法律服务对于"一带一路"建设的意义所在。

近三年来，环太平洋律师协会（以下简称环太律协）在年会、区域会议、会刊等多种渠道就"一带一路"等涉外法律服务展开研讨。2016年，在布鲁塞尔举行的区域会议上首次聚焦"一带一路"的法律合作议题。2017年奥克兰年会、2018年马尼拉年会和2019年新加坡年会上，都组织了关注中国企业"走出去"及涉外法律服务的圆桌交流。2015年，香港年会开始每年都在环太平洋年会上组织中国专场，邀请中国律师谈中国法律和法律服务，中国专场已经成为环太律协年会的品牌论坛。

依托国际律师组织的平台资源，各国律师可以就其从事的特定领域加强业务合作。事实证明，合作共赢是法律服务进入全球化时代的必然选择。当今世界，法律服务呈现服务对象的全球化、服务内容的全球化及服务水准的全球化，任何律师事务所都不可能通吃天下，律师国际交流合作可以把"蛋糕"做大，实现多赢。通过国际律师组织，与相关专业领域的同行进行切磋交流，无疑在上述三个维度上都能极快地实现己方资源与他方资源的高效对接，提高法律服务资源在不同国家和地区间的快速流动，这不仅对于律师自己，对于一个国家的法律服务市场来说也是一件富有裨益的事情。

以环太律协为例，一大批耳熟能详的中国大律师和法律人或积极助力环太律协来华举办年会，或在环太律协论坛发表精彩演讲，或积极推动国际组织治理，或传播中国法律文化，或弘扬中国法治精神，他们在环太律协留下了令人赞叹的中国印记。

十二年前，环太律协在北京成功举办了第十七届年会。2020年环太律协第三十届年会将在上海举办。近代以来，上海就有"江海之通津，东南之都会"的美誉，引领中国开放风气之先，近几十年来更成长为一座国际化大都市。2020年，上海年会作为上海开埠以来首次举办的国际主要律师组织的年度盛会，将把上海热情好客和海纳百川、大气谦和的风范带给与会嘉宾。

法治文明因交流而多彩，因互鉴而丰富。让我们在世界律师大会后相约2020，相聚黄浦江畔，相会魅力魔都！

（本文根据环太律协候任主席李志强律师在中国首次举办的世界律师大会全体会议上的主旨演讲译文整理）

论"一带一路"倡议中的
条约风险管控

韩逸畴[①]

正值全球治理体制处于大变局之时，中国政府提出"人类命运共同体"的理念，并积极推进"一带一路"倡议等惠及世界的方案。中国提出的"一带一路"倡议可能是人类历史上由民族国家制定的最为雄心勃勃的发展计划。与任何跨界倡议一样，"一带一路"倡议面临前所未有的机遇和风险。尽管中国秉持诚意，以共商共建共享的全球治理观，积极参与国际制度和提供全球公共物品，但沿线国家在经济、政治、历史文化、法治水平等方面存在巨大的差异，其中某些国家对中国的合作发展意图仍抱有偏见、顾虑和谨慎的心态，不愿积极认可、配合和投入。与此同时，"一带一路"倡议沿线许多国家还处在转型阶段，深受恐怖主义、分离主义等问题的困扰，国内局势动荡甚至战争不断。这对于中国提出的"一带一路"倡议的顺利推进是巨大的挑战和风险。

实际上，在全球治理的过程中，战争、疾病、干旱、水涝、金融危机、价格冲击、进口激增等事件，都会影响规制国家行为的国际法的实施。上述来自国内经济或政治层面各种形式的冲击，也会给作出国际承诺的国家带来困扰，因为这些不可预期的事件对它们如约履行国际义务造成困难。鉴于当前国际环境具有极大的复杂性和不确定性，中国在推行"一带一路"倡议的过程中，也不可避免地要遇到各种风险。在不断发展变化的世界中，国家需要增强条约的灵活性以适应不断变化的情况，并减少风险。合理设计条约规

① 韩逸畴，华东政法大学国际法学院副教授，法学博士，兼职律师，研究国际争端解决和制度设计。本文为2016年国家社会科学青年项目"中国遵守WTO不利裁决的策略及其对国家声誉的影响研究"（16CFX071）的阶段性成果。

则是国家在全球治理和国际合作过程中管控风险的必然要求，而灵活性条款就是国家管控条约风险的重要手段。

近些年，西方学术界对条约灵活性机制的设计和使用给予高度重视。[①]对国际条约的最新研究也表明，灵活性条款对于风险管理可起到一种制度性解决方法的作用。为此，本文拟研究条约灵活性条款[②]的作用、实践和负面影响，分析条约设计与风险管控之间的关系，以期为国家在实施"一带一路"倡议的进程中如何理性设计条约规则和管控风险提供理论上的参考。

一、条约承诺与灵活性之间的张力关系

近年来，国际法和国际机构不仅处理主权国家的跨国界活动，而且推动和保护跨国界的社会利益，促进环境保护、人权保护和贸易自由等价值的融合。包括国家在内的国际行为体通常使用"硬法"来调整它们之间的关系，以便减少交易成本，增加承诺之可靠性，扩大可利用的政治策略。国家作出有深度的承诺有利于国际合作。但这样做也会有风险，即"硬法"限制它们的行为甚至主权。[③]

由于"一带一路"倡议涉及的国家文化、政治、经济发展水平等差异极大，许多领域的合作容易受到当地国家政治和经济等因素的影响，如何以制度化的方式管控风险，有针对性地在有关条约中设计规则，以有效地平衡合

---

① 在2001年第4期《国际组织》"国际制度理性设计"专刊发表后，社会科学界对条约灵活性的研究激增。参见：The Rational Design of International Institutions［J］. International Organization，Vol. 55，No. 4，Autumn 2001：761-799.

② 从根本上说，灵活性有两个形式：第一种来自不确定的法律用语（如公平公正待遇），这些规则需要经过法庭的解释。用语越具有不确定性，条约制定者给予第三方裁断者越多的授权。如果法庭以比国家还要严格的方式解释文本，这可能会被视为"僵化的法律"（inflexible law）。第二种为条约明确规定允许国家采取的措施，这是一项明确的灵活性，否则就会违反条约。例如，"不排除措施"（non-precluded measure）条款，即必要性条款，或者明确允许国家出于公共利益而采取措施的条款。参见：ANNE VAN AAKEN、Smart Flexibility Clauses in International Investment Treaties and Sustainable Development：A Functional View，The Journal of World Investment & Trade［J］.2014（15）：833.本文的研究对象为第二种灵活性，即灵活性条款。

③ 参见 KENNETH W. Abbott and Duncan Snidal.Hard and Soft Law in International Governance［J］. International Organization，June 2000，54（3）：422.

作的稳定性和应对环境变化的灵活性，是当前摆在中国眼前迫切需要研究和解决的现实难题。

二、国际制度的灵活性有助于促进国际合作

国际制度是良好的国际关系得以维系的基础。任何国家要想获取更多的机会和长远的利益，都必须使自身的行为符合国际制度的要求，这样才能与其他国家顺利地开展国际合作。然而，世界永远在变化之中，国际制度也必须具有某些灵活性，才能更好地适应国际形势的发展，并更有效地促进国家之间的合作。

（一）灵活性的法律价值

在自然法或宗教领域，似乎并不允许存在任何例外。在绝对道德律令的要求下，人们必须无条件地遵守某些永恒不变的准则。但在现实中，法律根植于发展和变化的社会，其必须具有能适应社会变化的灵活性。灵活性通常被视为制度性规则和程序如何适应新情况的一种表达。制度可能面临不可预期的情况或冲击，或面对来自国内联盟或国家群体希望改变重要规则或程序的新要求。[①]

根据契约理论，"从签约规则来看，一种规则是只要签约的任一方坚持，就必须严格履行协议；另一种规则是，一方坚持要严格履行协议，会给另一方造成'过分的'困难。而人们在这两种规则之间却更愿意选择后者——条件是假定人们可以毫不费力地辨明何谓'过分的困难'那种例外的情况。用这样的方法来研究契约，就要靠法庭对契约法的原则作出解释，这就在规范的严格履行假定之外，给例外的做法留下了余地。它首先要求先建立交易双方更加信赖的治理结构，再来履行契约。"[②]从平衡条约承诺的刚性和灵活性两种合理需求的角度看，条约体制也应存在某种灵活性，以允许国

---

① B.KOREMENOS，CH.LIPSON and D. SNIDAL. The Rational Design of International Institutions［J］. International Organisation，Vol. 55，No. 4，Autumn 2001：761-799.

② 奥利弗·E.威廉姆森. 论企业签约与市场签约［M］. 段毅才，王伟译，北京：商务印书馆，2002：557.

家在某种条件下以特定方式偏离条约义务。

（二）灵活性的国际法需求

在契约理论中，如何解决不确定性是个重要问题。不确定性问题是国际治理制度建设面对的主要挑战。契约不确定性理论也被适用于国际公法领域。[①]不确定性也是国际合作最常见的障碍，是国际关系中的一种噪音。由于每个国家都不愿意向其他国家披露对己不利的重要信息，这就造成国家之间预测彼此行为和进行准确决策的困难。在国家缔约之后，可能会发生超出预期和控制范围的情况。[②]

国际事务中遍布各种不确定性的问题。相比于国内法，国际法对变化的适应性相对缓慢或滞后，受国际法影响的各种社会利益的诉求，不一定能够及时和全面地反映在国际立法之中。国际贸易和投资领域尤为如此，以世界贸易组织（WTO）为例，其对私人生产商和消费者都能产生很大的影响，但后者并不拥有直接启动争端解决机制的诉权。不可否认，ICSID、NAFTA第11章确立的争端解决机制和欧洲人权保护机制都赋予私人参与国家间争端解决的机会，但他们的利益诉求在多大程度上能真正实现还有待考察。再如，WTO体制内也一直存在贸易价值是否应当与人权、环境等非贸易价值相互联结的争论。以"自由贸易"为例，这个并非是动态或静态的概念，而是跨时间和政治文化而具有不同的意义。这些不同的概念，反过来塑造不同的贸易政策体制。[③]另外，基于主权平等原则的国际法律体制经常无法将各国处于不同发展阶段的情况予以考虑。为促进人们对国际法体制的接受，其需要能够通过比现在的国际谈判更加透明和具有代表性的立法来解决这样的不平衡。换句话说，由于不同发展阶段引起的能力和政策优先性差异都必须反映在法

① ROBERT E.SCOTT，PAUL B.STEPHAN. The Limits of Leviathan：Contract Theory and the Enforcement［M］.Cambridge University Press，2006.

② BARBARA KOREMENOS. Contracting around International Uncertainty［J］. American Political Science Review，November 2005，99（4）：549–565.

③ ANDREW T. F. LANG. Reflecting on "Linkage"：Cognitive and Institutional Change in the International Trading System［J］.The Modern Law Review，2007，70（4）：524.

律规则之中。①例如，"TRIPS协定中规定的最低标准被一致批评为过于刚性和未充分考虑到社会和经济发展的不同水平。"②

综上所述，条约法旨在为国家在发展变化的环境中提供稳定性和可预见性。与此同时，条约法也必须为嗣后的发展预留"呼吸空间"，为更好地适应不断变化的社会形势。国际条约不能过于强调使用常见和容易使用的机制来增加承诺的可靠性。不难理解，为何越来越多的国家对条约中规定灵活性机制也表现出浓厚的兴趣，因为这能确保它们在某些必要的场合可选择不进行国际合作，同时也不会损害其遵守国际法的国家声誉。在此趋势下，国际条约也开始对偶然和有意的违反予以区分。毕竟，偶然的违反也不是条约设计者试图要阻止或惩罚的情况。

（三）灵活性的国际实践

从20世纪70年代时起，灵活性的理念就是欧洲一体化进程中所争议的主题。③《关于消耗臭氧层的蒙特利尔议定书》就是对一个管控型体制内对适应性和灵活性需求的应对之一。④国际劳工组织也是条约平衡普遍性与灵活性的很好例子。为行之有效，国际劳动标准必须在普遍的基础上适用于所有国家。但是，要吸引所有国家的参与，国际劳动标准必须为不同的文化和历史背景、成员方的法律体制和经济发展水平提供灵活性。因此，大多数标准在设定时，已经考虑到这种差异，因此尊重标准的灵活性，以便使其可能转化为各国国内法和实践。例如，关于最低工资标准，并不要求缔约国确定某一个具体数额的最低值，而是要求缔约国建立一项法律机制，确保与其经济发展水平相洽的最低工资比例。其他标准也大多包括所谓的"灵活性条款"（flexibility clauses），允许缔约国暂时采取较为宽松的标准，或是允许条款

---

① ISABEL FEICHTNER. The Law and Politics of WTO Waivers: Stability and Flexibility in Public International Law [M]. Cambridge University Press, 2012: 10.

② THOMAS COTTIER, MARINA FOLTEA. Global governance in intellectual property protection: does the decision-making forum matter? [J]. W.I.P.O.J. 2012, 3（2）: 140.

③ FUNDA TEKIN and WOLFGANG WESSELS. Flexibility within the Lisbon Treaty: Trademark or Empty Promise? EIPASCOPE [J].European Institute of Public Administration, 2008（1）: 1-7.

④ ABRAM CHAYES, ANTONIA HANDLER CHAYES. The New Sovereignty: Compliance with International Regulatory Agreements [M]. Harvard University Press, 1998: 226.

暂时不适用于某类特殊的工人，或暂时先适用条款的一部分要求。①

正是在国家对刚性和灵活性制度的权衡之下，产生形式和内容不同的各种条约。有些国际条约经过谈判具有法律约束力，有些明确对不遵守的监控和制裁，有些根本没有审查方案。②例如，在谈判如何确定《核不扩散条约》的期限和再谈判条款时就曾引发激烈的争论。该谈判从1962年持续到1968年，迟至1967年苏联和美国（最初的起草者）竭力要求达成一项无期限条约，而德国和意大利强调不可能接受这样的期限。由于当时核能源作为一种权力来源的成本和收益都相当不确定，当事方都不清楚该条约将会对他们的安全、经济和政治产生什么样的影响，最终谈判达成二十五年期限的条约，并每隔五年举行一次审议大会。这种制度设计选择方面的灵活性有助于国家解决合作问题。③国际政治危险和不可预测的情况，让国家的决策者认为远离束缚它们之手的正式规则和道德原则至关重要。在达成正式的协定在法律上不可行、在政治上不现实时，国家经常会通过非正式的国际合作方法来保留处理相互关系的灵活性。例如，在很多情形下，一项不具有约束力的协定（nonbinding agreement）也可有效地满足当事方的需求。④

争端解决机制本身也是一种灵活性机制。一般而言，由于不能预见未来争端的内容和轮廓，国家不情愿作出将其提交给第三方裁断的承诺。⑤为规避风险，国家通常会对条约中有关争端解决机制的条款提出保留。WTO争端解决机制具有统一性、效率性和强制性的特点，使其能够有效克服传统国际

---

① International Labour Office. Rules of the Game：a Brief Introduction to International Labour Standard［J］. International Labour Organization，2005：16；Joost Pauwelyn. Optimal Protection of International Law-Navigating between European Absolutism and American Voluntarism［M］. Cambridge University Press，2008：67-68.

② KAL RAUSTIALA. Form and Substance in International Agreements［J］.The American Journal of International Law，July 2005，99（3）：581.

③ BARBARA KOREMENOS. Loosening the Ties That Bind：A Learning Model of Agreement Flexibility ［J］.International Organization，2001，55（22）：289-325.

④ RICHARD B. BILDER. Managing the Risks of International Agreement，University of Wisconsin Press，1981：25；Jan Klabbers. The Concept of Treaty in International Law［J］. Martinus Nijhoff Publishers，1996：27-28.

⑤ MADELINE MORRIS. High Crimes and Misconceptions：The ICC and Non-party States［J］. Law and Contemporary Problems，Winter 2001，64（1）：15.

法"虚弱的执行力",因此,被认为是国际法的新发展。但WTO救济制度并不溯及既往,不具有惩罚性,而只是设定近似一比一的补偿或报复水平。当然,这种"弱救济"有利于促进体现WTO整体效用的有效违约,为政治输入提供重要的空间和为国家行使主权提供更多的机会。①这对于国家持续遵守多边贸易体制而言至关重要。

综上所述,条约的最优设计是在承诺的刚性与灵活性之间取得合理的平衡②,使条约适应国内外的法律和政治形势,并捍卫多边条约的完整性和促进广泛参与。

三、灵活性条款有助于国家管控风险

考虑到维持现代社会发展变化的迅速性,以及各国在优先事项和资源方面必须作出的实际选择,国家无法完全预见条约规则对自身可能造成的影响。因此,在条约体制中设置某些灵活性机制,可确保国家为遵守条约规则而投入的物质资源和政治资本,不会因为国内外各种情势变化的出现而付诸东流。这些条款可能削弱国际条约的权威性,但也是换取政府作出更深度承诺的一种"安全阀"。③

国际社会遍布各种不确定性的风险。这种风险包括国家经常不确定另一

---

① 韩逸畴.WTO"免费通行"现象研究[J].当代法学,2016(3).

② 世界总是处于不断变化之中,但制度总是具有一定的黏度,其不能同步发生改变。国际合作需要以一定稳定性的制度为前提。制度稳定性是其价值的核心,因其使行为体能追求包括更新制度本身的计划在内的目标。如果制度特别容易受外界影响,其在解决国家面对的问题时将起不到任何作用。但是,这种黏性同样意味着,制度久而久之会严重偏离国家的集体目标和不能有效地解决当前现实需求。正是给予制度价值的稳定性,同样使其随着外部条件变化而积累产生不稳定性的压力。如何在黏性与灵活性之间保持平衡,是制度设计者需要面对的挑战。参见 KOREMENOS, LIPSON, and SNIDAL. Rational Design: Looking Back to Move Forward[J]. International Organization, Autumn 2001, 55(4): 1076.制度黏性指大型官僚机构不愿意放弃既有的政策和活动,自然倾向于顺从惯性而不是改变。参见JONATHAN GARTON. The Judicial Review of the Decisions of Charity Trustees[J].Trust Law International, 2006, 20(3): 166; PETER J. BOETTKE, CHRISTOPHER J. COYNE & PETER T. LEESON. Institutional Stickiness and the New Development Economics[J]. American Journal of Economics and Sociology, 2008, 67(2): 331–358.

③ World Trade Report 2009: 26.

个国家是否会履行其在条约下的义务，或者其他与条约有关的事件。①出于规避风险的考虑，国家对进行更广泛的国际合作和作出更有深度的国际承诺持有审慎的态度。比如，如果相信加入一项国际条约的预期利益会超出或至少不少于其预期成本时，国家通常会加入该国际条约。但每个国家都知道未来是不确定和不可预测的，即使是最好的判断或评价都可能被证明是错误的，现在似乎是一个不错交易的条约可能结果很糟糕。当国家相信一项预期的条约具有后果不堪设想的可能，就会把该可能性加以考虑以决定是否值得加入该条约。总的来说，国家加入一项国际条约或其他合作性协定的决定会涉及对风险的考虑。经验表明，风险是国家不能达成互惠的国际条约的主因。②

为控制国际合作中的风险，国家可能会采取如下策略：第一，避免签订具有强制性争端解决条款的条约，以免国际司法机构在决定影响其利益的事项上拥有过多的权力，或者在签订条约时对争端解决条款声明保留。因此，在国际条约中规定强制性争端解决条款是一种例外情况。第二，在条约规则的谈判和拟定阶段，国家会对实体标准和程序问题加以考察。前者如实体规则规定国际义务的精确性和深度，后者如投票规则和条约实施阶段的监督机制等。第三，对于某些国际合作领域，如果不能面面俱到考虑各种因素，国家更倾向于签订软法协定。

更为广泛使用的做法是，国家通过设计例外条款、退出条款、保留条款等灵活性机制③来管控条约风险。不同形式的灵活性在条约设计中起到不同的作用。但这些条款都可被称为国家的"风险管控工具"（risk management

---

① RICHARD B. BILDER. Managing the Risks of International Agreement［M］. University of Wisconsin Press，1981：13.

② RICHARD B. BILDER. Managing the Risks of International Agreement［M］. University of Wisconsin Press，1981：12.

③ 一般而言，契约中的灵活性可被想象为一个钟形曲线或高斯函数，其允许一定范围内的行为，即"合法的间隔"（legal interval）。在间隔内，所有的行为都被允许。不允许极端的行为。当然，问题也就在于在哪里对被允许的间隔画出一条线——其可大可小，取决于条约文本（明示的灵活性），或法庭的解释（默示灵活性。参见ANNE VAN AAKEN. Smart Flexibility Clauses in International Investment Treaties and Sustainable Development：A Functional View［J］.The Journal of World Investment & Trade，2014（15）：832.

tools）。①它们为国家证明其特殊情况下暂时偏离规则提供制度上的正当性。一方面，灵活性条款可保护条约体制的权威性和稳定性；另一方面，灵活性条款有助于国家管控条约风险，促使它们更广泛参与国际合作。这些条款既可单独起作用，也可与其他灵活性条款共同起作用。例如，退出条款可与保留、修正规则、例外条款和再谈判条款其他灵活性手段串联在一起，被条约制定者用于管控条约风险。这些灵活性手段是对改进条约制定过程感兴趣的政府官员和评论员长期以来的关注点。②它们可为缔约方维护国家安全和公共利益预留必要的空间，减少甚至排除其因加入条约后而不能有效地保护本国或地区特殊利益的疑虑。

条约正式的灵活性机制并不能穷尽国家所能利用的所有灵活性手段。国际法律体系分散和部分无政府状态的本质意味着不能将遵守条约义务视为理所当然，决策者的存在也不代表着其被授权解决争端或解释条约文本。增强条约灵活性的非正式或不成文实践可能被忽视，却在事实上大量存在着。这包括自动解释模棱两可的措辞、以行为事实上修改条约义务、不参加条约的活动等。③以WTO协定为例，其规定数种正式的、法律上的贸易政策灵活性手段，包括GATT第12条（为保证国际收支平衡而实施的限制）、第18条（幼稚产业保护和平衡国际收支危机）、第19条（对某些产品进口的紧急措施，也称为保障措施）和第28条（减让表修改，也称为关税再谈判），还有第20条和第21条（一般例外和安全例外）。这些"例外条款"被写入协定中以增加灵活性。此外，WTO成员还能使用自愿出口限制、有序市场安排、反倾销、反补贴税、补贴等非正式的、事实上的灵活性工具。

① RICHARD B. BILDER. Managing the Risks of International Agreement［M］. University of Wisconsin Press，1981.这是较早将条约灵活性机制描述为风险管控工具的国际法著作。

② LAURENCE R HELFER，TERMINATING TREATIES. In the Oxford Guide to Treaties，Duncan B. Hollis eds.［J］.OUP Oxford，2012：862.

③ LAURENCE R. HELFER. Flexibility in International Agreements（January 3，2013）. International Law and International Relations：Introducing an Interdisciplinary，Jeffrey Dunoff & Mark A. Pollack，eds.［M］. Cambridge University Press，2012：175-196.

四、灵活性条款负面影响及其约束

当前国际形势具有高度不确定性，国家通常不愿意自缚手脚而承担过多的国际义务。灵活性条款有利于降低缔约环境的不确定性，鼓励更多国家通过加入一项条约来开展国际合作，但这也意味着国家是有条件地承担国际义务。国家也可能会出于自利的动机，而对灵活性条款进行利己的解释，甚至滥用这些条款。因此，有必要研究灵活性条款可能存在的负面影响及其约束的问题。

（一）灵活性条款的负面影响

正如条约的刚性并非越强越好，不加限制的灵活性也会产生负面的影响。

第一，灵活性条款通常是以牺牲国际合作的深度和广度为代价。如果国家在条约下作出承诺的深度和广度受到削弱，法律拘束力和实际效用就容易被打折扣。过多的灵活性条款甚至可能会导致条约的义务形同虚设。"影响全盘谈判方式的一个普遍问题是，必须就采用何种公式以及使用规则的例外可以到何种程度等达成协议。例外的范围越大，在谈判一般规则的使用并达成协议方面投入大量精力就越没用。"[①]因此，某些军控条约并不存在退出或例外机制。否则，这种灵活性条款就等同于废除条约的作用。这是由条约性质和目的所决定的。

第二，适用灵活性条款的标准阙如，现实操作中存在很多困难。如果一项条约对于适用灵活性条款的条件规定得过于宽松，缔约方就有可能以威胁退出或实际退出的方式，企图投机主义获取某种利益。为此，它们只要宣称国内遇到经济、政治等方面的困难即可，而这些理由并不存在具体、可信的标准。由于担心条约伙伴出于自私的理由利用这些条款，原本更倾向于国际合作的国家就不会投入足够的资源遵守条约。长此以往，该条约体制很可能会逐渐失去效用，而最终被国家抛弃或在事实上自动解体。

---

① BEMARD M. HOEKMAN & MICHAEL M. KOSTECKI. The Political Economy of the World Trading System: From GATT to WTO［M］.Oxford University Press，1995：74.

第三，作为国际社会理性的行为者，国家具有对灵活性条款予以利己解释的倾向，[①]这不利于国际合作。国家具有在条约中"搭便车"的动机，这导致它们会比预期更宽泛地解释例外条款。再谈判为国家提供为增加其自身的份额而抑制合作讨价还价的机会。与集体行动困境相似的理由，随着一项协定缔约方的增多，这种动机也会变得更大。[②]尤其是当国家面临国内政治、经济困境，或受到世界经济危机等外来冲击时，它们经常会滥用灵活性条款来充当贸易保护主义的工具。

第四，条约设计者有意留下某些模糊性，这可能会造成法律漏洞，并削弱条约承诺的可靠性。例如，"建设性模糊"（constructive ambiguity）是很多伟大外交家的遗产，包括美国前国务卿基辛格和以色列政治家阿巴·埃班。这种模糊性可给予国家在处理不确定性问题上更多的灵活性。但如果在条约中过多使用模糊的措辞，其也很可能造成破坏性的后果，尤其将阻碍条约的顺利实施。[③]再如，WTO协定也充满例外条款和模糊的漏洞，不像现代合法性概念的拥护者所寻求的相对明确和有说服力的法律规范，这就为裁判过程提供高度自由裁量的巨大空间。[④]有关例外条款的规定，经常因为其措辞抽象、模糊而导致被宽松适用或解释。在实践中，如何为适用例外条款确立标准是个难题，而这将会破坏多边贸易体制的可预见性和安全性。

（二）对灵活性条款负面影响的制度约束

如上所述，灵活性条款有助于鼓励国家作出更有深度的国际承诺，有效促进国际合作的效果，共同应对和解决国际问题，但其负面影响也不容忽视。因此，如何最小化其负面影响，也是国家需要面对的现实问题。

---

① B.KOREMENOS，CH.LIPSON and D. SNIDAL. The Rational Design of International Institutions［J］. International Organisation，Autumn 2001，55（4）：794.

② BARBARA KOREMENOS，CHARLES LIPSON，DUNCAN SNIDAL. The Rational Design of International Institutions，in the Rational Design of International Institutions，Barbara Koremenos，Charles Lipson，Duncan Snidal eds.［M］. Cambridge University Press，2004：34.

③ ITAY FISCHHENDLER. When Ambiguity in Treaty Design Becomes Destructive：A Study of Transboundary Water［J］.Global Environmental Politics，February 2008，8（1）：111–136.

④ WILLIAM E. SCHEUERMAN. Frankfurt School Perspectives on Globalization［J］.Democracy，and the Law，Routledge，2008：65.

第一，国家通常会自我克制，避免滥用灵活性条款。在绝大多数情况下，国家倾向于自我约束而不援引这些条款，以免该先例成为其他国家今后援引的合法理由。例如，GATT第21条的措辞相当宽松，通常认为国家对评估其安全利益具有排他的能力。因此，这条也一直被称为GATT协定表面上最强有力的例外。正因为缔约方对援引该例外拥有太多的自主权，它们就有可能出于政治目的利用该例外，从而在很大程度上损害GATT其他原则的效力。但是，实际上明确援引该例外的数量至今仍相对较小。①

第二，国家可通过证明其国内情形符合这些标准而诉诸例外。根据不完全契约理论，任何国家都不可能为所有可能发生的状况事先规定行为准则，但条约体制应对允许国家暂时违反的情形创建某种标准。对这些请求质疑的国家可为有效的免责提出信息性的标准。根据这样的方案，把关作用的发生不再通过成本和免责者赔偿的意愿，而是通过导致免责情形的性质以及机构证实它们的能力。②尤其是当权力政治的因素过多渗透到国际制度之中，或者造成过高的成本时，更必须严格设定条件和程序以防止缔约方滥用灵活性条款。③例如，从GATT到WTO，多边贸易体制都允许国家通过证明其面对国内情况的正当性或外来冲击的严重程度等特殊情况来诉诸例外。当然，这种诉诸例外的可能性，依赖于制度证实寻求暂时免责的成员国内情况严重性和外来性的能力。④

第三，禁止与条约目的和宗旨相抵触的灵活性条款，或对灵活性条款予以限制。在许多与人权相关的公约案文中，经常出现"禁止与条约目的和宗旨相抵触的保留"的规定。从严格意义上说，这样一项条款是不必要的，因为根据国际法，已经禁止国家这么做。这很明显被视作对缔约国的有益提醒。为避免笼统的、无限制的保留影响条约完整性，限制影响不明确并因此

---

① KRZYSZTOF J. PELC. Making and Bending International Rules：The Design of Exceptions and Escape Clauses in Trade Law［M］.Cambridge University Press，2016：98-99.

② KRZYSZTOF J.PELC. The Cost of Wiggle-room：On the Use of Flexibility in International Trade Agreements，Ph.D Dissertation［J］.Georgetown University，2009：12-13.

③ JOOST PAUWELYN. Optimal Protection of International Law – Navigating between European Absolutism and American Voluntarism［M］.Cambridge University Press，2008：67-68.

④ KRZYSZTOF J. PELC. The Cost of Wiggle-Room：on the Use of Flexibility in International Trade Agreements，Ph.D Dissertation［J］. Georgetown University，2009：38-44.

难以评估的含糊保留，^①国家可在案文中明确规定保留必须侧重于条约的具体条款，以禁止一般性质的保留。^②这有助于避免一个问题，即保留国作为一个整体提出"宪法"保留或寻求使条约服从于国家法的保留，根据这种保留，很难确定对保留国义务的效力。但如果条约完全禁止保留，^③以避免从根本上修改条约义务的一些类型的保留，而国家宪法无法改变以与条约相一致，势必阻碍国家加入该条约。^④对于禁止或限制保留的条约，有必要考虑制定其他例外条款、退出条款等未达到保留程度的灵活性机制或技巧，以允许国家有机会不承担或修改其作为缔约方应履行的义务。

第四，建立援引灵活性条款正当性的审查机制。例如，在援引"国家安全例外"条款这个问题上，虽然对于什么是"国家安全"原则上是由主权国家"自我判断"，但若某WTO成员滥用该条款行贸易保护之实，专家组或上诉机构在解决该争端的必要限度内有权根据"善意原则"予以裁断，以维护多边贸易体制的权威性和有效性。这在"乌克兰诉俄罗斯运输措施限制案"中也已得到证实。在该案中，专家组认为其有权审查俄罗斯对GATT1994第21条的援引是否符合要求。援引方需要说明国际关系的紧张情形与采取维护基本安全利益的措施之间存在充分的联系，以证明其善意。本案满足援引安全

---

① 1979年《消除对妇女一切形式歧视公约》（以下简称《公约》）作出保留的程度和影响引起关切。消除对妇女歧视委员会在其第十八届和第十九届会议之后的报告后通过一份关于保留的声明，关切地注意到对《公约》提出保留的数目和范围，包括有些保留如此广泛，致使其影响不能仅限于公约中的特定条款。参见：Report of the Committee on the Elimination of Discrimination against Women, Official Records of the General Assembly, Fifty-third session, Supplement No. 38（A/53/38/Rev.1）: 47-49.

② 在条约中明确可依据哪些条款提出保留，同时禁止提出所有其他保留的实例有：1949年《和平解决国际争端总议定书》订正本；1961年《麻醉品单一公约》；1971年《精神药物公约》；1982年《联合国海洋法公约》《旨在废除死刑的〈公民权利和政治权利国际公约〉第二任择议定书》；1992年《欧洲区域或少数民族语言宪章》。

③ 有些条约完全未提及保留问题。例如，《防止及惩治灭绝种族罪公约》《关于保护国际性武装冲突受难者的日内瓦四公约》及《公民权利和政治权利国际公约》。1997年《联合国气候变化框架公约京都议定书》和《国际刑事法院罗马规约》禁止一切保留。在贸易、环境和军备控制领域的一些条约，乍看起来像是禁止一切保留，但经过检查，可看出它们实际上准许对附属的协议或者对技术和动态内容提出保留。参见：E. T. SWAINE, Treaty Reservations, in the Oxford Guide to Treaties, Duncan B. Hollis eds.［M］. Oxford University Press, 2012: 290.

④ SEAN D. MURPHY. Third Report on Crimes Against Humanity, A /CN.4/704, paras.324-326.

例外条款的要求。①

法律制度的价值在于其具有稳定性，可为人们提供行为准则和合理预期。法律规则也只有为人们遵守，其本身才具有积极的意义。"任何不履行都要保持在最低程度；其必须顾及法律的确定性和可预见性，以及尽可能保护条约伙伴的合法期待。对条约稳定性的关注同样表明变化必须达到减损被允许的严重程度。"②因此，国家在援引灵活性条款时，也不能违背善意履行国际义务的原则和精神。

五、结论

当今世界联系正在变得更加紧密，这使国际合作比之以往更为重要。国际合作经常以国际条约和国际组织为基础展开。国际法的关键功能或目的之一是提供长期的稳定性和法律确定性。但国际法律规则也是处理非永久或持续改变议题的工具。③由于社会需要、偏好和现实必将会随着时间而改变，国际法律规范也必须具有灵活性或适应性，以长久和有效地发挥作用。国际条约中国家承诺的可靠性和对国际组织分配的权威，也有必要在限制性和灵活性之间进行平衡。

国际合作以国际条约为基础。从本质上说，条约规则永远是渴望从中获得经济利益的缔约方之间的妥协。每项国际条约自然包含对每个国家自由行动的限制，除非国际条约包含相互遵守的义务，否则国家就难以从中获取利益，但是国家的首要考虑是维护主权和阻止对行动路线的限制。因此，国家更倾向于不具有约束力的条约和为其留下适当行动自由的条约，或者在条约中设计各种灵活性条款。国家对灵活性条款的可用性具有共同的利益，即它们都希望在某些情况下拥有履行国际义务的回旋余地。相似地，既然所有国家都同样可能会面临逃避国际义务的需要，所有国家在正常情形下都具有克

---

① Report of the Panel, Russia – Measures Concerning Traffic in Transit, WT/DS512/R, 5 April 2019, paras.8.1–8.3.

② CHRISTINA BINDER. Stability and Change in Times of Fragmentation: The Limits of Pacta Sunt Servanda Revisited [J].Leiden Journal of International Law, 2012, 25（4）: 911.

③ M. AMBRUS and R.A. WESSEL. Between Pragmatism and Predictability: Temporariness in International Law [J]. Netherlands Yearbook of International Law, 2014（45）: 3–17.

制援引这些条款的动机。因此，合理设计灵活性机制是国家在条约制定过程中所需要面对的永恒主题。

当前，世界日益呈现出"风险社会"的不确定性特征，国际法在应对当前挑战时已显示出局限性。随着中国前所未有地走近世界舞台中心，对全球治理的参与深度和广度前所未有，其面临各方面的风险也越来越大。现在中国不但通过"一带一路"倡议在投资、贸易和金融等传统领域同世界各国加强合作，还同越来越多的国家在反腐败、气候变化、网络和外空等新兴领域谈判和签订国际条约。在此过程中，提高国家在条约规则设计方面的能力，将有助于管控政治、法律等风险。

加入国际律师组织
融入全球法治文明

李志强　　张博文　　游　广

2016年5月，中央全面深化改革领导小组发布《关于发展涉外法律服务业的意见》，其中提到深化法律服务业对外合作，参与有关国际组织业务交流活动，开展与"一带一路"沿线国家法律服务领域的互惠开放。

党的十八届四中全会通过了《中共中央关于全面推进依法治国若干重大问题的决定》，号召"发展律师、公证等法律服务业，统筹城乡、区域法律服务资源，发展涉外法律服务业"；并明确要求"强化涉外法律服务，维护我国公民、法人在海外及外国公民、法人在我国的正当权益，依法维护海外侨胞权益。""建设通晓国际法律规则，善于处理涉外法律事务的涉外法治人才队伍。"这是党和国家在新形势下给中国律师布置的新任务，也是当前和今后一段时期，中国律师涉外法律服务发展的总指针。

在经济全球化的今天，法治全球化是当今国际社会的又一个时代主题。同时，随着我国经济发展进入新常态，特别是实施新一轮高水平对外开放，给涉外法律服务带来了前所未有的机遇，同时也提出了前所未有的挑战。涉外法律服务如何适应新常态，我国律师如何能在这样的时代大潮中把握时代机遇，积极地融入全球法治文明，为全球法治文明提出"中国方案"，成为摆在我国律师面前的现实问题。

一、我国律师涉外参与现状

（一）我国律师现状

从1978年到2019年，中国法律行业经历了高速的发展，中国律师事务所和律师的创收和数量呈倍数增长，中国执业律师从15.67万人增长至46万人。其中2009年到2010年、2016年到2017年执业律师人数的增长最为迅猛，均增长了近4万人。从2008年到2017年，平均每年的中国执业律师人数的增长都约为10%。2018年我国执业律师人数达到42.3万人，增长率为15.8%。2019年8月，我国执业律师人数达到46万人。根据司法部印发的《全面深化司法行政改革纲要（2018—2022年）》目标，2022年全国律师总数预计达到62万人，每万人拥有律师数达4.2名。截至2018年底，全国共有律师事务所3万多家，比2017年底增长了8%。其中，合伙所2万多家，占比为66.17%；国资所1100多家，占比为3.85%；个人所9140多家，占比为29.98%。

从律师事务所规模来看，律师在10人以下的律师事务所有1.9万多家，占比为62.37%；律师在10人（含）至30人的律师事务所有9300多家，占比为30.73%；律师在30人（含）至50人的律师事务所有1200多家，占比为4.16%；律师在50人（含）至100人的律师事务所有570多家，占比为1.87%；律师在100人（含）以上的律师事务所有260多家，占比为0.88%。

（二）涉外律师现状

近年来，司法部高度重视涉外律师人才培养，采取措施加大涉外律师人才培养力度，努力提升我国律师队伍的国际竞争力。

自2018年4月以来，司法部积极开展涉外律师人才库建设，2019年3月，编印发布了《全国千名涉外律师人才名单》，并在司法部官网开通全国千名涉外律师人才查询系统，共收录了985名优秀涉外律师的相关信息，涵盖国际经济合作、国际贸易、海商海事、金融与资本市场、跨国犯罪追逃追赃、跨境投资、民商事诉讼与仲裁、能源与基础设施、知识产权及信息安全9个涉外法律服务领域，供各有关部门和企事业单位在选聘涉外律师时参考。

根据最新的数据统计，全国律师人数达到46万人，但是真正能够熟练做国际法律服务业务的，仍然少之又少。在全国范围内，熟知国际法、国际贸易法和世界贸易组织规则的律师稀缺；精通外语、能直接参与国际合作与国际竞争的国际人才极其匮乏。显然，相对于新时期国家发展战略，这种高端复合型人才存在较为严重的供需缺口，将会在很大程度上影响"一带一路"倡议等国家重大发展战略的有效推进。面对国际化的法律事务市场，中国律师也面临着前所未有的挑战。

（三）涉外参与现状

随着中国企业"走出去"的步伐不断加快，我国各知名律师事务所及相应的律师也开启了国际化进程。从现状来看，主要有内向型和外向型两种模式。内向型发展主要依靠自身实力满足涉外法律服务需求，以实现国际化；而外向型发展路径即依靠外部力量来实现国际化，表现为加入国际相关律师联盟或与国际大型律师事务所建立合作，以各种方式合并、兼并、缔结合作协议等。

同时，律师本身参与国际律师组织的程度也比较低。以环太平洋律师协会（以下简称环太律协）为例，中国的律师会员人数不足百人，报名参与其每年年度盛会的中国律师往往不足百人。这与我国律师大国的地位很不相称，急需改观。

二、我国律师参与涉外法律服务业的困境

（一）人才培养机制的滞后

目前国内能够从事涉外法律业务服务的人员主要有两类：一类是英语专业毕业生，能看懂一般的英文法律文件，但涉及具体的法律问题时却没有法律概念，因此只能从事一些基本的法律翻译工作，但其翻译的专业化水准难以保障；另一类是法律专业的毕业生，专业知识很到位，但是英语基础往往不够扎实，对法律英语的运用能力不强，对国际法和外国法的了解也十分有限，无法形成系统全面的认识。

我国加入世界贸易组织以来，法律市场逐步对外开放，涉外法律事务与日俱增，懂英语、通法律的"精英明法"型复合型人才非常紧俏。学好法律英语是涉外法务人员必须具备的职业素质，然而我国涉外法务人才对法律英语的学习情况却不容乐观，其根源在于我国不健全的法律英语教学体系。法律英语并不是法律与英语的简单结合，它隶属于法律语言学之下，是应用语言学中的一种专门用途英语。目前，国内的法律英语教学体系不甚完善，师

资力量薄弱，教学内容没有统一的标准，没有一个科学的考核方式衡量法律英语的学习程度。

国内许多高校都开设了法律英语课程，但由于缺乏师资，绝大多数的法律英语课程都是形同虚设，不能真正帮助学生获得从事涉外法务的实际能力。很显然，能够将法律和英语结合得很好的人，需要有长期的英语和法律两方面的知识积累。

（二）国际化参与信息的匮乏

目前国际律师组织的信息获取往往由律师自己进行检索与收集。同时，我国律师开拓涉外法律服务领域主要依赖自我营销，缺乏国内信息与国际信息的双向互动，这就造成了信息不对等。一方面，我国律师急需与国际平台进行接轨，参与到国际法律活动以获得自身发展；另一方面，国际律师组织的信息无法第一时间快速有效地传递到我国境内，使更多的律师了解与知悉。这种情况说明，建设一个客观有效的信息网络平台是有必要性的。

（三）律师国际化意识的短缺

法律服务是一个高度定制化的服务，虽然现在法律服务业也面临着互联网的冲击，也需要破解是否会被新技术和新思维颠覆之类的命题。但对于律师而言，职业技能和服务质量是根本所在。因此，对于国内市场的专注，也使得不少律师缺乏对国际化参与的热情。目前，我国的法律服务市场的竞争趋于白热化，各个律师事务所及其律师均以"细分市场的专业化"为目标，力求在某一个细分市场取得较为优异的成绩。而对于自己不关注甚至不太接触的领域缺乏热情，尤其是国际化市场这种需要大量成本投入的领域，更是如此。综上所述，对于国际化参与的意识与热情的淡薄，也是造成我国律师国际化参与程度不高的原因之一。

三、加入国际律师组织　融入全球法治文明

中国政法大学全面依法治国研究院教授刘静坤认为，伴随全球化进程，各个国家和地区之间的经济交流和商贸往来日渐频繁，由此引发的跨境法律

纠纷不容忽视，特别是我国提出"一带一路"倡议后，无论是"引进来"的境外企业等经济发展新要素，还是"走出去"的本国企业等对外投资增长点，都涉及国际视野下法律纠纷妥善解决的问题。因此，随着律师行业的不断推陈出新，涉外法律人才的培养将会成为一个重中之重的焦点问题。而国际律师组织的存在，将会为涉外法律人才的培养提供一个充分而又适宜的平台。

积极加入国际律师组织，加强与世界其他国家与地区的律师交流，不断提升自我，成为中国律师国际化发展的一条捷径。具体来说，加入国际律师组织有以下几点优势。

（一）国际视野的补足

加入国际律师组织后，可以利用该组织的平台优势，与不同的国家和地区的律师进行深入的沟通，不断了解各个国家和地区的法律框架、法律文化，培养国际化思维，提高不同司法管辖区法律的认知度。同时，还可以对自己所从事的专业领域进行更深层次的国际化比较研究和考察，清晰且明确地了解该专业领域目前的国际发展态势，结交该专业领域的国际大咖和顶尖专家，当然也可提高自己在该领域的知识储备，为积极适应经济全球化进程、推进全面依法治国、促进全方位对外开放，紧紧抓住重要历史机遇作出自己的努力。

以环太律协为例，我们耳熟能详的中国大律师高宗泽、王俊峰、张宏久、宁宣凤、钱奕、陈子若、姜俊禄、王正志、宋迪煌、史欣悦、张海晓、黄宁宁、张云燕等都是环太律协的中国名片，这些法律大咖或在环太律协论坛发表精彩演讲，或积极推动国际组织治理，或传播中国法律文化，或弘扬中国法治精神，他们在环太律协留下了令人赞叹的中国印记。环太律协会员可以免费获取每年4期的精美会刊，分享各国律师精湛的服务技艺；会员也可以撰文介绍中国前沿法律和律师实务，会员更可以参与每年10多个环太平洋地区的专业论坛和一年一度的年度盛会。

环太律协原扩充理事、北京市竞天公诚律师事务所高级合伙人张宏久认为，环太律协年会出彩的另一个方面是专业研讨会，具有特定专业经验的律师高手会牵头组织各种各样的专业研讨会，提供最新的案例、最新的立法解释及最新的业务机会，感兴趣的参会人员可以根据具体情况共同深入探讨，包括信息的探讨和合作机会的探讨。中国律师的参会往往会吸引各国律师的眼球，中国律师能够通过参加年会结交各国律师朋友，还能获得执业扩展和业务合作的宝贵机缘。2020年环太律协第三十届年会将在我国上海市举办，这是不可多得的在我国主场举办中外律师盛会的机会。

金杜律师事务所合伙人、环太律协中国司法区理事姜俊禄认为，环太律协是中国律师登上其他国际律师组织舞台的平台。环太律协会员来自五大洲，其司法区域大多是"一带一路"沿线国家，这给协助中国企业投资"一带一路"国家的律师提供了一个与当地顶尖律师结交朋友、交流信息和合作项目的好机会，也给这些律师提供了国际亮相的机会。

上海市律师协会外事委员会主任、国浩律师（上海）事务所合伙人黄宁宁认为，环太律协作为致力于整个亚太地区律师业发展的律师协会，对"一带一路"倡议下中国律师法律服务有着特别重要的意义。环太律协为境内外律师同行提供了最佳的沟通平台，在此平台上，中外律师相互交流、增进了解，并可互相分享业务经验和业务机会，为更好地服务客户奠定基础。中国律师可为外国同行提供业务机会；外国律师可提供不同法域下律师的新鲜视角和不同经验。大家取长补短，共同获益。从这个角度来说，环太律协成为"一带一路"中外合作的补给站。

上海江三角律师事务所首席合伙人陆敬波认为，环太律协年会上，各国参会律师和商业精英能够纷纷就各国法律相关实践进行充分的交流和讨论，经过多轮的思想碰撞和业务交锋，律师事务所和律师自身品牌得到充分展示，在环太律协这样一个国际性平台上，能够充分感知与交流境外投资国家和地区的文化、法制环境、司法实践，拓宽了业务领域，提升了国际化水平。

北京金诚同达（上海）事务所合伙人张云燕认为，律师是要站在现在看未来的群体，要时刻保持学习的状态，要敞开胸襟"走出去"，在国际交流中收获国际视野，在国际视野下寻求进步。国际视野对律师产生的作用力就好比是在思想交流碰撞中，突然出现了一个打破你惯常的思维和价值观的观点，带给自己反思、警醒和启示。拥有了国际视野，不仅会有助于提升涉外法律服务能力，也能够让我们重塑法律服务的方式，了解法律服务的需求，思考法律服务的趋势、建立法律服务的网络。2020年环太律协第三十届年会将是一届互鉴、交流、教育和合作的盛会，希望新时代的中国律师同行们有机会借助环太律协这一平台与各国律师共同对话，合作交流，扩大国际视野；也希望能在世界舞台上听到更多中国律师的声音，看到更多中国律师的身影。

（二）参与"一带一路"合作共事

"一带一路"倡议提出6年来，一大批中国企业和中国律师走出去，参与全球经济贸易科技合作。由于各国和地区法律制度的差异，迫切需要中外律师携手合作，构建法律服务共同体。依托国际律师组织的平台资源，我国的律师可以就其从事的特定领域与境外律师进行业务合作。事实证明，合作共赢是法律服务进入全球化时代的必然选择。当今世界，法律服务呈现服务对象的全球化、服务内容的全球化及服务水准的全球化，任何事务所不可能通吃天下，中外律师交流合作可以把"蛋糕"做大，实现多赢。通过国际律师组织，与相关专业领域的同行进行切磋交流，无疑在上述三个维度上都能极快地实现己方资源与他方资源的高效对接，提高法律服务资源在不同国家和地区间的快速流动，这不仅对于律师自己，对于一个国家的法律服务市场来说也是一件富有裨益的事情。

（三）反哺国内法律服务市场

加入国际间律师组织，可以通过前面提到的各种资源的整合，不断地提升自身涉外法律服务能力的同时，也能不断地服务于我国日益增长的外向型经济发展。随着"一带一路"倡议的不断深化，各国之间的经贸往来频繁加剧，争议和纠纷也同比增长。因此，在经历资源整合后的涉外律师能够利用在国际律师组织中学习的经验和知识，提供优质而高效的法律服务，从而促进我国市场主体不断"走出去"，参与到国际化竞争当中，不断地提高我国经济发展的广度与深度，为我国经济发展提供"中国法律服务动力"。

（四）弘扬中国法治文化

虽然近年来中国律师在国际组织当中发挥了越来越重要的主要作用，

在一定程度上参与了国际组织的治理并致力于传播中国文化和理念，但客观来说，我国律师的影响力依然有限，无法在国际通行的法律领域发出自己的声音。而国际律师组织作为国际间法律交流平台，更深地参与与借鉴，能够使我国的法治理念与法律文化更广泛地传播，提高二者的影响力。最终，我们中国律师可以通过自己的努力，在国际间法律市场中从"影响"变为"主导"，为推动国际法律合作不断提供"中国智慧""中国方案"。

四、机遇与共建的重构——以"2020年环太律协上海年会"为契机

环太律协是一个国际商业律师协会，于1991年在日本东京成立，总部设在东京。环太律协成员多由居住在亚太地区或对亚太地区有着浓厚兴趣的、从事国际商事业务的执业律师组成。环太律协成立以来便是世界上最具影响力的法律组织之一，目前拥有的会员来自全球70多个国家和地区。

2018年6月14日，上海市司法局、上海市发展和改革委员会、上海市经济和信息化委员会、上海市商务委员会、上海市教育委员会、上海市人民政府外事办公室、上海市国有资产监督管理委员会及上海市人民政府法制办公室联合印发《上海市发展涉外法律服务业实施意见》（以下简称《意见》）。这是改革开放40年来，上海出台的第一份由8个委办局联合发文强势推动涉外法律服务的规范性文件，在业内外引起强烈反响。《意见》指出，到2020年，要建立上海全方位、多层次的涉外法律服务平台，健全涉外法律服务业制度和机制，培养一批高素质的涉外法律服务人才，全面打响符合上海实际、体现上海特色的涉外法律服务品牌，充分发挥涉外法律服务在法治长三角建设中的积极作用，形成与上海改革发展建设相匹配的涉外法律服务业新格局。

2019年1月，上海市司法局、上海市发展和改革委员会、上海市经济和信息化委员会、上海市商务委员会、上海市教育委员会、上海市财政局、上海市人民政府外事办公室、上海市国有资产监督管理委员会发布《上海市法律服务"一带一路"建设行动方案》，明确指出要大力支持以"环太平洋律师协会年会""世界主要城市律师会会长峰会"等为代表的境内外律师交流平

台，促进境内外律师通过相应的平台加强交流，进一步拓宽中国律师在涉外法律服务上的交流渠道，积极鼓励中国律师参与国际组织治理活动，提升治理能力，树立中国律师的国际形象。

2007年环太律协在北京举办年会，并取得巨大成功。2020年环太律协第三十届年会将在上海举办。本次年会是上海开埠以来首次举办国际主要律师组织的年会，70多个国家和地区的商业律师将聚焦新时代法律行业的机遇和挑战，研讨世界经济贸易规则变革中的法律问题，交流"一带一路"倡议下中外律师合作和国际投资贸易争议的解决路径。此次年度会议主题为"世界经济贸易规则变革中的法律问题"，年度会议内容包括新时代法律行业的机遇和挑战，"一带一路"倡议下中外律师合作和国际投资贸易争议解决路径等。此次会议为我国广大的律师们提供了一个极为难得的国际交流平台。

法治文明因交流而多彩，因互鉴而丰富。让我们通力合作，走深走实，海纳百川，追求卓越，不断提高国际化水准，融入全球法治文明，贡献"中国方案"。

（本文荣获2019年华东律师论坛优秀论文二等奖）

IPBA：顶尖专业律师的国际化快车道

姜俊禄

随着中国经济的迅猛发展，国际市场拓展成为不可阻挡的潮流。尤其是中国政府倡导的"一带一路"发展路线图，给中国企业插上了国际化的翅膀。中国律师也不满足于仅耕耘国内市场，开始着手跟随客户的脚步走上国际化的道路，更有已经国际化的律师成为引导客户国际化拓展的导师。

对于梦想国际化的律师，选择参与一家甚至多家国际律师组织是一条捷径。在众多的国际律师组织名单中，笔者强烈推荐环太平洋律师协会（IPBA）。

IPBA并不是涉及IP（知识产权）的律师协会，而是Inter-Pacific（环太平洋）律师协会的简称。这家成立于1991年的国际律师组织专注于商业律师的法律服务。总部设在东京，会员来自五大洲，尤其是环太平洋国家和地区的商业律师，覆盖超过65个司法管辖区域。这些司法区域大多是"一带一路"沿线国家，这给协助中国企业投资"一带一路"国家的律师提供了一个与当地顶尖律师结交朋友、交流信息和合作项目的好机会。该协会的会员是商业律师，注意力在商业活动，较少参与政治，为中国律师减少了与境外律师打交道的政治风险。

很多中国律师苦于国际营销。写文章无疑是一个成本低廉且收效较大的国际营销的手段。律师与律师的相识一方面是通过会议相知相悉，另一方面以文会友更能吸引众多的律师读者。各国律师在文章的阅读中了解该律师的专业实力，从而在以后的项目中得以合作。IPBA给有这些需求的律师提供了国际亮相的机会——它每个季度出版专业刊物，既有纸质书，也有电子版。

作为国际律师组织，必不可少的活动就是IPBA大会和各个专业委员会会议。IPBA有24个委员会，涵盖了所有的商业领域及公益活动。加入IPBA后，可以担任最多不超过3个委员会的委员。这些委员会包括：反腐败和法治，亚太经济合作组织，航空法，银行、金融和证券，竞争法，公司法务，跨境投资，争议解决和仲裁，雇佣和移民，能源和自然资源，环境，清算，保险，知识产权，国际工程，国际贸易，法律发展和培训，法律执业，海事，奖学金，税法，技术、媒体和通信，女律师，下一代。

IPBA会员参会有一定的会议费折扣，还可以担任发言人、主持人。这些身份会使你很快被认识，成为建立国际律师社交圈的快捷方法。这些杰出的律师都是当地优秀公司的法律顾问，法律服务的背后就是迅猛增长的亚太国家和地区的经济实力，其合作潜力巨大。

中国律师一直以来在各个专业委员会中担任主席、副主席职务的数量在增长，但是与中国43万律师的大背景相比仍然显得稀少，只要长期参与IPBA的活动且作出杰出贡献，担任委员会领导人甚至IPBA领导也是翘首以待的。中国著名的高宗泽大律师曾经担任2007—2008年度会长。目前李志强律师担任2020年度执行会长，按照惯例将继续担任2020—2021年度会长，这是中国律师长期参与IPBA的回报，是中国律师的骄傲。还有众多的中国顶尖律师得益于IPBA，也为IPBA作出了很大贡献，他们是张宏久律师、钱奕律师、敬云川律师、陈子若律师、王正志律师、史欣悦律师、宋迪煌律师、张海晓律师、潘立冬律师、梁燕玲律师、金春卿律师、白显月律师等。

IPBA也是中国律师登上其他国际律师组织舞台的平台，其他的国际律师组织，例如IBA、UIA、ABA、AIJA等都参与IPBA的年会活动和其他活动，它们也会利用IPBA的平台推销自己的组织。如果感兴趣，也可以尝试参与其中。

2020年IPBA第三十届年会在上海举行，中国律师将以震撼的从业人员迅猛增长、跨国工作能力迅猛提升、转介业务大幅扩展给世界律师留下深刻印象。IPBA上海年会也必将是一个中国律师提升国际化的难得平台。

（姜俊禄，环太平洋律师协会中国司法管辖权理事、全国人大法工委法律英文译审专家、中华全国律师协会涉外法律服务委员会副主任、金杜律师事务所合伙人）

青年律师需要勇敢"走出去"

欧 龙

改革开放以来，特别是在习近平总书记提出"一带一路"倡议后，中国的企业掀起了"走出去"的浪潮，我国企业积极主动地融入世界经济发展的大格局。因世界各国的国情、体制、法律、文化都各不相同，企业"走出去"伴随着各种各样的风险，需要强有力的法律服务对企业进行保驾护航。我们中国的法律人也一直在自己的领域不断地探索、发展并积极走向世界。

作为青年律师，更需要在涉外法律服务政策红利不断释放和不断深化的背景下，勇敢"走出去"，主动融入国际法律交流圈，为中国律师业和中国企业的发展壮大贡献自己的力量。

环太平洋律师协会（以下简称环太律协）是目前最主要的国际性律师组织之一，在将近30年的稳步发展后，环太律协的会员已经遍及世界五大洲70多个国家和地区。

一、结缘环太律协

在英国拿到法律硕士学位之后，笔者加入了金茂凯德律师事务所。在事务所创始合伙人、现环太律协候任主席李志强律师的帮助和鼓励下，笔者于2016年10月第一次参加了环太律协在比利时布鲁塞尔举办的区域会议。

布鲁塞尔的秋天清爽宜人，会议的地点就坐落于美丽的布鲁塞尔大广场旁边的写字楼，参会的嘉宾大多是各国资深的律师或仲裁员。当时，难免有一丝紧张，心里不断嘀咕，"别人会搭理我一个二十多岁的毛头小子吗？"但令笔者感到意外的是，现场的外国嘉宾们没有任何架子，大家都是在轻松愉快的氛围下介绍自己并交流自己对各类问题的看法。

布鲁塞尔的会议打开了笔者认知环太律协的窗口，并萌生了加入环太律协进而走向世界和感知世界的想法。在前辈李志强律师的指导和推荐下，笔者很有幸正式加入了环太律协，成为环太律协的一名中国会员，并陆续参加了环太律协各个级别的会议，包括随后的奥克兰年会、马尼拉年会、新加坡年会及在伦敦理事会、清迈理事会、米兰理事会期间召开的富有特色的主题研讨会和洛杉矶、圣地亚哥、东京、曼谷、马德里等地举办的区域会议。

2017年11月12日，在英国首都伦敦举行的环太律协理事会上，与会理事全票通过2020年在中国上海举办环太律协第三十届年会。在会场旁听会议表决和见证全场长时间热烈掌声的激动时刻，作为一名中国青年法律人，笔者情不自禁为中国骄傲，为上海自豪，为中国律师高兴。这是新时代中国法治建设和律师业发展的高光时刻，更是中国律师特别是青年法律人走向世界融入世界参与法治文明交流互鉴的荣光时刻。

加入环太律协后，笔者的青年律师岁月里增添了精彩乐章。

2018年，笔者和李志强律师共同撰写的有关"青年律师成长和培养"的英文文章在环太律协的精美期刊上发表，点赞激增。

在2019年环太律协新加坡年会上，笔者受邀担任了"国际贸易和税法委员会联合论坛"的演讲人，和与会中外嘉宾分享"一带一路"建设及中国海外投资的相关情况，掌声四起。

2019年4月，已过而立之年的笔者非常有幸地被提名为环太律协法律发展与培训委员会的副主席，并在新加坡年会之后正式加入法律发展与培训委员会并参与委员会的各项事务，责任增加。

二、感悟环太律协

（一）沟通交流扩宽视野

参加国际性的律师组织有助于我国律师不断地融入国际法律交流圈，特别对于青年律师而言，透过国际的、专业性的律师平台，能迅速地拓宽自己的视野、增加自己的见闻。同时，以环太律协为例，环太律协的成员大多数为国际上最资深的律师和法律专业人士，透过年会或者区域会议等环太律协的活动平台，就能和这些经验丰富的国际法律大咖零距离交流，这对于青年律师而言显然是不可多得的契机。

比如，我们在瑞典的斯德哥尔摩，就有幸拜会了斯德哥尔摩商事仲裁院的前主席、迄今为止唯一荣获中国国际经济贸易仲裁委员会"终身成就奖"的国际著名仲裁员和律师叶南德先生。在与叶南德先生面对面的交谈中，"70后"国际仲裁大咖的睿智和严谨令人惊叹，平易近人和侃侃而谈的风采让人折服。交流虽然短暂，但启迪永驻心中。

（二）活动丰富收获友谊

环太律协的会议每年都会在世界不同的国家和地区举办，会员们会以开会的契机联络来自世界各地的会员友人相聚活动现场，彼此交流近况、分享感悟。

除常规的学术研讨会外，年会都会精心安排现代或传统特色表演、欢迎活动、正式晚宴、欢送晚会、青年律师派对、都市风貌游览等丰富多彩的活动。奥克兰的毛利战舞、马尼拉的爵士乐晚会、新加坡的科技光电秀和化妆晚宴等无不让人兴奋。精彩纷呈的活动已经成为参会嘉宾共同的美好记忆。2020年的上海年会中国法律人一定会张开双臂欢迎各地嘉宾，各类活动值得期待，令人向往。

不知不觉中，加入环太律协已过三年，1000多个日子里遇到了很多来自世界各地的律师朋友，大家虽然国籍、背景、母语、年龄、肤色不尽相同，但无论长幼亲如兄弟姐妹，彼此敞开心扉，一次次品味回味人生难得的"法律联合国"相聚时光。

（三）业务探讨合作共赢

毋庸置疑的是，国际律师组织能够带来实实在在的涉外业务。环太律协是国际律师交流的平台，全世界的国际律师都会定期地汇聚在不同的地区探讨法律、商业和合作。世界已经是一个紧密联系的人类命运共同体，已经没有任何一方能够独自应付全球每个环节当中的每一项问题，特别对于涉外法律服务而言，需要不同法域的律师通力合作相互配合。

（四）举止形象影响国家

环太律协提供了一个让世界各国律师面对面交流的平台。我们在国际场合的每一次亮相都不可小觑。首先，国家软实力的提升离不开每个人的贡献，在国际法律舞台，我们代表的不仅仅是个人或者供职机构，一定程度上也是国家形象的一部分，言行举止、形象气质，无不影响着外国友人对中国律师的看法和对中国的评价。同时，越来越多的中国律师加入国际律师组织，能使我们的声音更中国，增强中国律师在国际组织里面的话语权。

青年律师，勇敢"走出去"，在环太律协的"训练营"和"加油站"快乐成长。

青年律师，勇敢"走出去"，在风云际会的"练兵场"和"大舞台"赢得友谊，赢得未来。

（欧龙，金茂凯德律师事务所律师、"一带一路"法律研究与服务中心执行副主任、环太平洋律师协会法律发展与培训委员会副主席）

城市更新发展篇

"集聚"让城市更高质量发展

巢克俭

如今，人类社会正面临缺地、缺资源等问题的挑战。这也是纽约、伦敦、东京等世界名城一度"痛苦不堪"的问题。有必要紧密围绕城市核心功能，着眼提升城市经济密度，研究全面统筹城市资源，提高空间资源配置效率，进一步探索上海加快建成社会主义现代化国际大都市的机遇与路径。

一、为什么要提高经济密度

上海市委书记李强同志多次谈到"四个论英雄"，对提高经济密度进行精要阐释，强调"以亩产论英雄、以效益论英雄、以能耗论英雄、以环境论英雄"。加快落实高质量发展，必须切实改变以资源换收益的做法，提高单位土地、能耗、环境消耗等的经济产出，这是提升经济密度的要义所在。目前，上海的经济密度为4.75亿元/平方公里。相比较之下，纽约的经济密度约是11.4亿美元/平方公里，大伦敦地区的经济密度约为3.52亿美元/平方公里。知名经济学教授周其仁指出，随着城市群、城市圈越来越大，唯有一条万变不离其宗：城市群的内核要有足够的密度和能级，如果里面那个"核"没有得到很好的发展，城市圈"摊"得越大，越"拖"不动。如果将对标对象聚焦于中心城区，会是怎样的情形呢？以上海市黄浦区为例，2018年底，区域经济密度为16.6亿美元/平方公里，为全市经济密度最高的区。这个数据高于纽约的平均水平，但与纽约曼哈顿72.4亿美元/平方公里的经济密度相比，依然有很大的提升空间。客观而言，一座城市的空间密度绝非越高越好。但经济密度如果低于应有的高水平，这座城市是难以拥有足够的能级和竞争力的。破题的金钥匙在于进一步"集聚"。

二、中心城区不能"摊大饼"

回顾历史，上海积极推行土地资源的有效配置与开发利用，对经济高速增长起到了重要的推动作用。目前，上海建设用地开发强度（建设用地占区域总面积的比例）较高，按照土地面积约为6400平方公里、城乡建设用地超过3000平方公里来估算，开发强度已近50%。然而，上海中心城区的容积率却并不高，平均只有2.0。相比纽约曼哈顿中城区CBD（中央商务区）的平均容积率为13.6（曼哈顿广场净容积率为15）、东京丸之内的平均容积率为11.3（东京站上盖地块净容积率为21），上海市的土地资源利用效益差距还很大。拿具体的地块来作比较，新天地商务区（约0.89平方公里）是上海高端商务楼宇最为集聚的区域之一，地区开发强度为2.84，地区内开发用地的平均容积率为4.7，其中商办建筑最为集中的单幅地块容积率为9.86。这一地区平均容积率和单幅地块容积率均低于上述纽约、东京核心区的容积率。一方面是高开发强度，另一方面是低容积率，形成所谓的"摊大饼"现象，这显然无法适应新的城市竞争要求。上海人的传统早餐中除了大饼，还有粢饭团。相比"摊大饼"的分散做薄，"捏粢饭团"体现的则是集聚做厚。黄浦区作为上海的"心脏、窗口和名片"，整个区域都属于CAZ（中央活动区）的范围，集中体现着上海的城市形象和核心功能。但是，黄浦区土地资源相对稀缺，总面积只有20.52平方公里（陆域面积仅为18.71平方公里），且区域建成程度相当高，有必要先于其他区域研究提高土地产出效率。

三、旧区改造腾出的优质"大衣料子"，要用好

要坚持用改革的思路和办法破解制约高质量发展的瓶颈难题，为上海抢占全球城市体系的核心节点提供关键承载。这就要求在提高空间资源配置效率上下功夫，在土地高效利用方面努力挖潜。通过提高容积率等方式，在有限且具有宝贵价值的土地上，创造新的发展空间，吸引更多人才，进一步提升经济密度。随着中心城区旧区改造的全面推进，未来在老城厢及周边区域将腾出一批优质的"大衣料子"地块。如何将这些地块打造成更加理想的

空间，以此来发展城市核心功能，是研究提高土地资源利用效率的重要课题。很关键的一点就是要重点聚焦旧改释放土地的功能定位和规划设计，创新推动资源二次高效率分配，因地制宜地进行更高容积率的空间资源开发利用，使有利于城区核心功能发展的各类要素更加集中。同时，在保持建设总量不变的前提下，提高单幅地块容积率，从而节省出更多土地用于绿化、道路、广场、市政等公共空间和设施建设。值得关注的是，提高容积率不能简单"一刀切"，而要做到既不唯"低容积率"，也不可不加选择地提高容积率，关键是从有利于发挥核心功能的角度来分类研究确定，与日照、建筑退界、建筑间距、周边环境关系等要素统筹进行考虑和综合施策，形成与城区发展阶段相适应、与产业发展水平相适应的规划导则。此外，紧扣自身资源禀赋，加强产业结构调整升级，占据产业链高端和价值链核心，是与提高土地资源利用效率"携手"、共同提升区域经济密度的关键一招。二者联动，能更好地发挥中心城区的核心功能承载作用。

四、经济密度提高后，要提升精细化治理能力

挑战城市管理者的是把密度提高后，怎么能治理得很好，使城市仍保持可承受性和舒适性。从新加坡及东京等国际一流城市的治理经验来看，既要精细化管理以提升城区承载力，又要创造良好通达、适于核心功能发挥的环境。城市治理搞得好，社会才能稳定、经济才能发展。提高城市治理水平，要在科学化、精细化、智能化上下功夫。创建国际一流的城市，就要有一流的治理。要思考进一步提高城市治理的法治化水平，聚焦公共政策的优化完善，形成符合城市核心功能发展的治理规划和决策。要坚持最高标准、最好水平，本着对城市负责、对历史负责的态度，对形态设计、功能定位、运营机制等作一揽子规划考虑，在环保节能和资源的循环利用、加快建设"城市大脑"智能化运用等方面进行积极探索，提升城市治理效能。当前，上海经济社会发展站在新的历史起点上。研究城市发展的规律，就是要始终立足更高质量的发展，充分发挥上海在制度创新、先行先试方面的优势，精准施策，打造创新之城、人文之城、生态之城，着力提升城市能级和核心竞争力。作为中心

城区核心区的黄浦，需要肩负起在实践中率先探索的重任，为全市乃至全国提供更多提高经济密度、提升管理精度、传递治理温度的"黄浦经验""黄浦样本"，让这座城市成为人民群众追求更加美好生活的有力依托。

（巢克俭，上海市黄浦区人民政府区长，经济学博士，高级经济师）

金融控股与创新金融篇

上海证券交易所科创板上市精要

张　宁

一、设立背景与总体思路

党的十八大以来，习近平总书记就中国资本市场的改革、开放、发展、稳定作出了一系列重要指示和批示，科学指明了中国资本市场发展的根本方向。党的十八届三中全会《关于全面深化改革若干重大问题的决定》中指出，要"健全多层次资本市场体系，推进股票发行注册制改革"。在2018年10月31日中央政治局经济形势分析会，同年11月1日民营企业座谈会上，习近平总书记特别强调要围绕资本市场改革，加强制度建设，激发市场活力，促进资本市场长期健康发展。2018年11月5日上午，国家主席习近平在首届中国国际进口博览会开幕式的主旨演讲中宣布，将在上海证券交易所设立科创板并试点注册制，支持上海国际金融中心和科技创新中心建设。可以说，科创板建设的目标和使命就是增强资本市场服务科技创新能力，推动我国经济高质量发展；支持上海国际金融中心和科技创新中心建设，促进两大中心联动发展；推进资本市场市场化改革，完善多层次资本市场体系，为资本市场基础制度建设扎实推进积累经验。科创板建设的基本原则和总体思路包含以下几点。

一是坚持市场导向，强化市场约束。尊重市场规律，明确和稳定市场预期，建立以市场机制为主导的新股发行制度安排。

二是坚持法治导向，依法治市。健全资本市场法律体系，强化依法全面从严监管，保护投资者合法权益，进一步明确市场参与各方权利义务，逐步形成市场参与各方依法履职尽责及维护自身合法权益的市场环境。

三是强化信息披露监管，归位尽责。建立和完善以信息披露为中心的股票发行上市制度，强化发行人对信息披露的诚信义务和法律责任，充分发挥中介机构核查把关作用，引导投资者提高风险识别能力和理性投资意识。

四是坚持统筹协调，守住底线。发挥好相关政府部门和有关方面的协同配合作用，形成共促市场稳定健康发展的合力，及时防范和化解市场风险。

二、板块定位和设计

《关于在上海证券交易所设立科创板并试点注册制的实施意见》（以下简称《实施意见》）中强调"准确把握科创板定位"，并指出，在上海证券交易所（以下简称上交所）新设科创板，坚持面向世界科技前沿、面向经济主战场、面向国家重大需求，主要服务于符合国家战略、突破关键核心技术、市场认可度高的科技创新企业。重点支持新一代信息技术、高端装备、新材料、新能源、节能环保以及生物医药等高新技术产业和战略性新兴产业，推动物联网、大数据、云计算、人工智能和制造业深度融合，引领中高端消费，推动质量变革、效率变革、动力变革。具体行业范围由上交所发布并适时更新。

《上海证券交易所科创板企业上市推荐指引》第六条要求保荐机构应当准确把握科技创新的发展趋势，重点推荐下列领域的科技创新企业：（1）新一代信息技术领域，主要包括半导体和集成电路、电子信息、下一代信息网络、人工智能、大数据、云计算、新兴软件、互联网、物联网和智能硬件等；（2）高端装备领域，主要包括智能制造、航空航天、先进轨道交通、海洋工程装备及相关技术服务等；（3）新材料领域，主要包括先进钢铁材料、先进有色金属材料、先进石化化工新材料、先进无机非金属材料、高性能复合材料、前沿新材料及相关技术服务等；（4）新能源领域，主要包括先进核电、大型风电、高效光电光热、高效储能及相关技术服务等；（5）节能环保领域，主要包括高效节能产品及设备、先进环保技术装备、先进环保产品、资源循环利用、新能源汽车整车、新能源汽车关键零部件、动力电池及相关技术服务等；（6）生物医药领域，主要包括生物制品、高端化学药、高端医疗设备与器械及相关技术服务等；（7）符合科创板定位的其他领域。

（一）如何把握科创板定位

《实施意见》对科创板定位作了规定，是推进科创板建设中必须牢牢把握的目标和方向。在执行层面把握科创板定位，需要尊重科技创新规律、资本市场规律和企业发展规律。科技创新往往具有更新快、培育慢、风险高的特点，因此尤其需要风险资本和资本市场的支持。同时，我国科创企业很多正处于爬坡迈坎关键期，科创板定位的把握，需要处理好现实与目标、当前与长远的关系。科创板既是科技企业的展示板，也是推动科技创新企业发展的促进板；科创板既要优先支持新技术、新产业企业发展，也要兼顾市场认可度高的新模式、新业态优质企业发展。

审核安排上，要求发行人结合科创板定位，就是否符合相关行业范围、依靠核心技术开展生产经营、具有较强成长性等事项，进行审慎评估；要求保荐人就发行人是否符合科创板定位，进行专业判断。上交所将关注发行人的评估是否客观、保荐人的判断是否合理，并可以根据需要就发行人是否符合科创板定位，向上交所设立的科技创新咨询委员会提出咨询。

（二）科创板的总体特征

一是发行审核注册制：精简优化现行公开发行股票条件；上交所负责发行上市审核；证监会负责股票发行注册；审核程序公开透明可预期。

二是上市标准多元化：允许符合科创板定位、尚未盈利或存在累计未弥补亏损的企业在科创板上市；允许符合相关要求的特殊股权结构企业和红筹企业在科创板上市。

三是发行定价市场化：新股发行价格、规模、节奏主要通过市场化方式确定，对发行定价不设限制；询价、定价、配售等环节由机构投资者主导；试行保荐机构"跟投"制度，强化市场约束等。

四是交易机制差异化：引入投资者适当性制度；适当放宽涨跌幅限制；优化融券交易机制等。

五是持续监管更具针对性：建立更有针对性的信息披露制度；更加合理的股份减持制度；更加灵活的股权激励制度等。

六是退市制度从严化：完善重大违法、市场指标、财务指标；新增合规指标；对达到退市标准的企业直接终止上市，避免重大违法、主业空心化企业长期滞留市场。

三、差异化制度安排

（一）如何理解注册制

理念市场化：以信息披露为中心；标准全公开：无口袋标准；结果可预期：市场主体可以根据审核注册的标准对结果进行合理预期；审核透明化：电子化的审核流程。

1. 审核理念。交易所承担发行上市审核，这不仅是审核主体的变更，也对发行上市审核理念提出了新的要求。

一是坚持以信息披露为中心，扩大预披露范围，着重从投资者需求出发，从信息披露充分性、一致性和可理解性角度开展审核问询，督促发行人及其保荐人、证券服务机构真实、准确、完整地披露信息。

二是坚持审核公开透明，推进标准统一和公开，强化过程公开和结果公开，实行全程电子化审核、全程留痕，明确审核时限，稳定市场预期。

三是坚持压严压实中介责任，更加注重保荐人、证券服务机构对发行人的信息披露进行严格把关，推动落实保荐人、证券服务机构尽职调查、审慎核查的职责，更好地发挥保荐人、证券服务机构的"看门人"作用。

四是坚持加强事前事中事后全过程监管，依法依规行使否决权，打击欺诈发行，注重提高上市公司质量。

2. 审核内容。上交所发行上市审核的内容主要包括以下三个方面。

一是发行条件审核。发行人申请股票首次发行上市的，应当符合《注册办法》规定的发行条件。上交所将对发行人是否符合《注册办法》规定的发行条件进行审核。

二是上市条件的审核。发行人申请股票首次发行上市的，应当符合上交所规定的上市条件，并在招股说明书和上市保荐书明确所选择的具体上市标准。

三是信息披露的审核。交易所从充分性、一致性和可理解性的角度进行信息披露审核，督促发行人、中介机构确保信息披露的真实性、准确性、完整性。交易所将以信息披露为中心，从投资者立场出发，以"新三性"为抓手和切入点，开展信息披露审核问询。基本目标是通过审核问询，督促发行人承担好信息披露第一责任人职责；督促保荐人、证券服务机构切实履行信息披露的把关责任；对相关信息披露义务人形成震慑，以减少和避免欺诈发行；提高信息披露质量，以便投资者在信息充分的情况下作出投资决策。"新三性"与"老三性"之间是方式和目的、手段和结果的关系。

3. 审核方式。在中国证监会多年发、审实践基础上，借鉴交易所近年上市公司分行业监管和"刨根问底"式信息披露审核经验，并深入研究境外市场做法，上交所将实施问询式审核，督促发行人真实、准确、完整地披露信息，督促中介机构对发行人的信息披露承担把关责任。同时，上交所将实现发行上市审核流程全程电子化，探索实施分行业审核。

一是问询式审核。上交所对发行上市申请文件进行审核问询，将根据需要进行一轮或多轮问询。审核问询均通过书面形式进行，发行人及中介机构要及时、逐项回复，并通过发行上市审核业务系统提交。对审核问询的回复是发行上市申请文件的组成部分，发行人、保荐人、证券服务机构要保证回复的真实、准确、完整。审核问询和发行人、保荐人、证券服务机构的回复，应当在回复后及时在上交所网站披露。

二是电子化审核。上交所建立发行上市审核业务系统，发行上市的申请、受理、问询、回复等事项通过发行上市审核业务系统进行电子化办理。发行人、保荐人针对重大无先例事项及上交所业务规则理解与适用，在提交发行上市申请文件前对上交所的咨询，对审核问询存在疑问与上交所的沟通，原则上通过发行上市审核业务系统电子化办理。

三是分行业审核。考虑到科创板行业特征明显，上交所将对科创板申报企业探索实施分行业审核，结合发行人的具体行业特征和行业主要风险，进行有针对性的审核。上交所发行上市审核机构可以根据需要，就发行上市申请文件中与发行人业务与技术相关的问题，向上交所科技创新咨询委员会进行咨询，并在审核问询中予以参考。

（二）注册审核程序

1. 上市委员会。人员构成：30~40名委员，由上交所以外的专家和上交所相关专业人员组成。

上市委履行以下职责：（1）对上交所发行上市审核机构出具的审核报告以及发行上市申请文件进行审议，就发行上市审核机构提出的是否同意发行上市的初步建议，提出审议意见；（2）对发行人提出异议的上交所不予受理、终止审核决定进行复审，提出复审意见；（3）对上交所发行上市审核机构及相关部门提交咨询的事项进行讨论，提出咨询意见；（4）对上市委年度工作进行讨论、研究；（5）上交所规定的其他职责。

2. 科技创新咨询委员会。咨询委员会是上交所专家咨询机构，负责向上交所提供专业咨询、人员培训和政策建议。

人员构成：咨询委员会委员共40~60名，由从事科技创新行业的权威专家、知名企业家、资深投资专家组成，所有委员均为兼职。

科技创新咨询委员会就下列事项提供咨询意见：（1）上交所科创板的定位以及发行人是否具备科技创新属性；（2）上交所《科创板企业上市推荐指引》等相关规则的制定；（3）发行上市申请文件中与发行人业务和技术相关的问题；（4）国内外科技创新及产业化应用的发展动态；（5）上交所根据工作需要提请咨询的其他事项。咨询委员会依照前款第三项提供的咨询意见，供上交所发行上市审核问询参考。

3. 注册审核程序。

（1）预沟通：在提交发行上市申请文件前，对于重大疑难、无先例事项等涉及上交所业务规则理解与适用的问题，发行人及保荐人可以通过上交所发行上市审核业务系统进行咨询；确需当面咨询的，可以通过上交所发行上市审核业务系统预约。

（2）保荐人提交申请文件：发行上市申请文件与中国证监会及上交所规定的文件目录不相符、文档名称与文档内容不符、文档格式不符合上交所要求、签章不完整或者不清晰、文档无法打开或者存在上交所认定的其他不符合规定的情形的，发行人应当予以补正，补正时限最长不超过30个工作日。发行人补正发行上市申请文件的，上交所收到发行上市申请文件的时间以发行人最终提交补正文件的时间为准。上交所按照收到发行人发行上市申请文件的先后顺序予以受理。

（3）交易所核对：上交所收到发行上市申请文件后5个工作日内，对文件进行核对，作出是否受理的决定，告知发行人及其保荐人，并在上交所网站公示。

（4）交易所给出受理：发行上市申请文件一经受理，发行人及其控股股东、实际控制人、董事、监事和高级管理人员，以及与本次股票发行上市相关的保荐人、证券服务机构及其相关人员即须承担相应的法律责任。

上交所受理发行上市申请文件当日，发行人应当在上交所网站预先披露招股说明书、发行保荐书、上市保荐书、审计报告、法律意见书等文件。

（5）首轮问询：对股票首次发行上市申请，上交所发行上市审核机构自受理之日起20个工作日内，通过保荐人向发行人提出首轮审核问询。在首轮审核问询发出后，发行人及其保荐人对上交所审核问询存在疑问的，可以通过上交所发行上市审核业务系统进行沟通；确需当面沟通的，可以通过上交所发行上市审核业务系统预约。

（6）继续问询：首轮审核问询后，存在下列情形之一的，上交所发行上市审核机构收到发行人回复后10个工作日内可以继续提出审核问询：

①首轮审核问询后，发现新的需要问询事项；

②发行人及其保荐人、证券服务机构的回复未能有针对性地回答上交所发行上市审核机构提出的审核问询，或者上交所就其回复需要继续审核问询；

③发行人的信息披露仍未满足中国证监会和上交所规定的要求；

④上交所认为需要继续审核问询的其他情形。

上交所发行上市审核机构收到发行人及其保荐人、证券服务机构对上交所审核问询的回复后，认为不需要进一步审核问询的，将出具审核报告并提交上市委员会审议。

（7）上市委员会审议：上市委员会召开审议会议，对上交所发行上市审核机构出具的审核报告及发行上市申请文件进行审议。上市委员会审议时，参会委员就审核报告的内容和发行上市审核机构提出的是否同意发行上市的初步建议发表意见，通过合议形成同意或者不同意发行上市的审议意见。

上交所结合上市委员会的审议意见，出具同意发行上市的审核意见或者作出终止发行上市审核的决定。

上市委员会同意发行人发行上市，但要求发行人补充披露有关信息的，上交所发行上市审核机构告知保荐人组织落实；发行上市审核机构对发行人及其保荐人、证券服务机构的落实情况予以核对，通报参会委员，无须再次提请上市委员会审议。发行人对相关事项补充披露后，上交所出具同意发行上市的审核意见。

上交所审核通过的，向中国证监会报送同意发行上市的审核意见、相关审核资料和发行人的发行上市申请文件。

（8）中国证监会注册：中国证监会在20个工作日内对发行人的注册申请作出同意注册或者不予注册的决定。发行人根据要求补充、修改注册申请文件，中国证监会要求交易所进一步问询，以及中国证监会要求保荐人、证券服务机构等对有关事项进行核查的时间不计算在内。

中国证监会要求上交所进一步问询的，上交所向发行人及保荐人、证券服务机构提出反馈问题。中国证监会在注册程序中，决定退回上交所补充审核的，上交所发行上市审核机构对要求补充审核的事项重新审核，并提交上市委员会审议。上交所审核通过的，重新向中国证监会报送审核意见及相关资料；审核不通过的，作出终止发行上市审核的决定。

（9）发行：发行人在取得中国证监会同意注册决定后，发行人与主承销商应当及时向上交所报备发行与承销方案。上交所5个工作日内无异议的，发行人与主承销商可依法刊登招股意向书，启动发行工作。

发行价格确定后5个工作日内，发行人应当在上交所网站和中国证监会指定网站刊登招股说明书，同时在中国证监会指定报刊刊登提示性公告，告知投资者网上刊登的地址及获取文件的途径。

中国证监会同意注册的决定自作出之日1年内有效，发行人应当在注册决定有效期内发行股票，发行时点由发行人自主选择。

（三）发行和上市条件

1.《科创板首次公开发行股票注册管理办法（试行）》。

（1）发行条件。

发行人是依法设立且持续经营3年以上的股份有限公司，具备健全且运行良好的组织机构，相关机构和人员能够依法履行职责。

有限责任公司按原账面净资产值折股整体变更为股份有限公司的，持续经营时间可以从有限责任公司成立之日起计算。

发行人会计基础工作规范，财务报表的编制和披露符合企业会计准则和相关信息披露规则的规定，在所有重大方面公允地反映了发行人的财务状况、经营成果和现金流量，并由注册会计师出具标准无保留意见的审计报告。

发行人内部控制制度健全且被有效执行，能够合理保证公司运行效率、合法合规和财务报告的可靠性，并由注册会计师出具无保留结论的内部控制鉴证报告。

发行人业务完整，具有直接面向市场独立持续经营的能力：

①资产完整，业务及人员、财务、机构独立，与控股股东、实际控制人及其控制的其他企业间不存在对发行人构成重大不利影响的同业竞争，不存在严重影响独立性或者显失公平的关联交易。

②发行人主营业务、控制权、管理团队和核心技术人员稳定，最近 2 年内主营业务和董事、高级管理人员及核心技术人员均没有发生重大不利变化；控股股东和受控股股东、实际控制人支配的股东所持发行人的股份权属清晰，最近 2 年实际控制人没有发生变更，不存在导致控制权可能变更的重大权属纠纷。

③发行人不存在主要资产、核心技术、商标等的重大权属纠纷，重大偿债风险，重大担保、诉讼、仲裁等或有事项，经营环境已经或者将要发生重大变化等对持续经营有重大不利影响的事项。

发行人生产经营符合法律、行政法规的规定，符合国家产业政策。最近 3 年内，发行人及其控股股东、实际控制人不存在贪污、贿赂、侵占财产、挪用财产或者破坏社会主义市场经济秩序的刑事犯罪，不存在欺诈发行、重大信息披露违法或者其他涉及国家安全、公共安全、生态安全、生产安全、公众健康安全等领域的重大违法行为。

董事、监事和高级管理人员不存在最近 3 年内受到中国证监会行政处罚，或者因涉嫌犯罪被司法机关立案侦查或者涉嫌违法违规被中国证监会立案调查，尚未有明确结论意见等情形。

（2）上市条件

制定更具包容性的科创板上市条件。更加注重企业科技创新能力，允许符合科创板定位、尚未盈利或存在累计未弥补亏损的企业在科创板上市。综合考虑预计市值、收入、净利润、研发投入、现金流等因素，设置多元包容的上市条件。

发行人申请在上交所科创板上市，市值及财务指标应当至少符合下列标准中的一项：

①预计市值不低于10亿元人民币，最近两年净利润均为正且累计净利润不低于5000万元人民币，或者预计市值不低于10亿元人民币，最近一年净利润为正且营业收入不低于1亿元人民币；

②预计市值不低于15亿元人民币，最近一年营业收入不低于2亿元人民币，且最近三年累计研发投入占最近三年累计营业收入的比例不低于15%；预计市值不低于20亿元人民币，最近一年营业收入不低于3亿元人民币，且最近三年经营活动产生的现金流量净额累计不低于1亿元人民币；预计市值不低于30亿元人民币，且最近一年营业收入不低于3亿元人民币；预计市值不低于40亿元人民币，主要业务或产品需经国家有关部门批准，市场空间大，目前已取得阶段性成果。医药行业企业需至少有一项核心产品获准开展二期临床试验，其他符合科创板定位的企业需具备明显的技术优势并满足相应条件。

本条所称净利润以扣除非经常性损益前后的孰低者为准，所称净利润、营业收入、经营活动产生的现金流量净额均指经审计的数值。预计市值指股票公开发行后按照总股本乘以发行价格计算出来的发行人股票名义总价值。

2.《上海证券交易所科创板发行上市审核规则》。

符合《国务院办公厅转发证监会关于开展创新企业境内发行股票或存托凭证试点若干意见的通知》（国办发〔2018〕21号）相关规定的红筹企业，可以申请发行股票或存托凭证并在科创板上市。

营业收入快速增长，拥有自主研发、国际领先技术，同行业竞争中处于相对优势地位的尚未在境外上市红筹企业，申请发行股票或存托凭证并在科创板上市的，市值及财务指标应当至少符合下列上市标准中的一项，发行人的招股说明书和保荐人的上市保荐书应当明确说明所选择的具体上市标准：预计市值不低于100亿元人民币；预计市值不低于50亿元人民币，且最近一年营业收入不低于5亿元人民币。

存在表决权差异安排的发行人申请股票或者存托凭证首次公开发行并在

科创板上市的，其表决权安排等应当符合《上海证券交易所科创板股票上市规则》等规则的规定；发行人应当至少符合下列上市标准中的一项，发行人的招股说明书和保荐人的上市保荐书应当明确说明所选择的具体上市标准：预计市值不低于100亿元人民币；预计市值不低于50亿元人民币，且最近一年营业收入不低于5亿元人民币。

（四）发行定价与配售

1. 充分发挥券商的把关作用，试行保荐机构相关子公司跟投制度；引导主承销商增强股票销售能力；要求路演时主承销商提供投资价值研究报告；主承销商可向网下投资者收取经纪佣金。

2. 以机构投资者为主体的询价定价机制，面向专业机构投资者询价定价；强化网下报价的信息披露、风险揭示；提高网下发行配售数量占比。

3. 完善战略投资者配售机制，放宽战略配售的实施条件，发行规模不足1亿股，符合条件的也可以实施战略配售；允许发行人高管与员工通过专项资产管理计划，参与发行人股票战略配售。

4. 设立股票公开发行自律委员会，由一级市场主要参与主体共同组成；通过工作会议履行职责；对股票发行提供政策咨询意见，提出行业倡导建议。

（五）投资者适当性与交易

一是引入盘后固定价格交易。盘后固定价格交易，指在收盘集合竞价结束后，上交所交易系统按照时间优先顺序对收盘定价申报进行撮合，并以当日收盘价成交的交易方式。每个交易日的15点05分至15点30分为盘后固定价格交易时间，当日15点仍处于停牌状态的股票不进行盘后固定价格交易。盘后固定价格交易是盘中连续交易的有效补充，不仅可以满足投资者在竞价撮合时段之外以确定性价格成交的交易需求，也有利于减少被动跟踪收盘价的大额交易对盘中交易价格的冲击。

二是优化融券交易机制。为了提高市场定价效率，着力改善"单边市"等问题，科创板将优化融券制度。科创板股票自上市首个交易日起可作为融资融券标的。

三是新增两种市价申报方式。为便于投资者参与交易，降低现有的两种市价申报方式下投资者的成交风险，拟借鉴境内外证券交易所，新增两种本方最优价格申报和对手方最优价格申报市价申报方式。

四是放宽涨跌幅限制。考虑到科创企业具有投入大、迭代快等固有特点，股票交易价格容易出现较大波动。在总结现有情况下，将科创板股票的涨跌幅限制放宽至20%。此外，为尽快形成合理价格，新股上市后的前5个交易日不设涨跌幅限制。

五是调整单笔申报数量。为提高市场流动性，科创板不再要求单笔申报数量为100股及其整倍数。对于市价订单和限价订单，规定单笔申报数量应不小于200股，每笔申报可以1股为单位递增。市价订单单笔申报最大数量为5万股，限价订单单笔申报最大数量为10万股。

六是可以根据市场情况调整微观交易机制。包括可以对有效申报价格范围和盘中临时停牌情形作出另行规定，以防止过度投机炒作，维护正常交易秩序；可以决定实施差异化的最小价格变动单位，即依据股价高低，实施不同的申报价格最小变动单位，以降低低价股的买卖价差，提高高价股每个档位的订单深度，提升市场流动性。

七是调整交易信息公开指标。科创板股票的交易公开信息同主板 A 股现行做法基本一致。由于科创板股票实行不同的涨跌幅限制，对股票异常波动的个别参数进行了调整。

八是交易行为监督方面，明确了投资者参与交易的审慎、分散化原则，避免自身交易行为影响股票交易价格正常形成机制；强化了会员对客户异常交易行为的管理责任。

（六）针对性的持续监管和并购重组制度

1. 制定符合科创企业特点的持续上市监管制度，提高上市公司质量，促进科创板市场建设。

（1）更有针对性的信息披露制度：强化行业信息、核心技术、经营风险、公司治理、业绩波动等事项的信息披露；在信息披露量化指标、披露时点、披露方式、暂缓或豁免披露商业敏感信息、非交易时段对外发布重大信息等方面，作出更具弹性的制度安排。

（2）更灵活的股权激励制度：扩展了股权激励的比例上限与对象范围；提高限制性股票授予价格的灵活性；提升股权激励实施方式的便利性。

（3）更规范的差异化表决权制度：设置更为严格的前提条件；限制拥有特别表决权的主体资格和后续变动；保障普通投票权股东的合法权利；强化内外部监督机制。

2. 优化股份减持制度。

《上海证券交易所科创板股票上市规则》规定如下。

（1）保持控制权和技术团队稳定。

上市公司控股股东、实际控制人减持本公司首发前股份的，应当遵守下列规定：自公司股票上市之日起36个月内，不得转让或者委托他人管理其直接和间接持有的首发前股份，也不得提议由上市公司回购该部分股份。

上市公司核心技术人员减持本公司首发前股份的，应当遵守下列规定：自公司股票上市之日起12个月内和离职后6个月内不得转让本公司首发前股份。

（2）对未盈利公司股东减持作出限制。

公司上市时未盈利的，在公司实现盈利前，控股股东、实际控制人自公司股票上市之日起3个完整会计年度内，不得减持首发前股份；自公司股票上市之日起第四个会计年度和第五个会计年度内，每年减持的首发前股份不得超过公司股份总数的2%，并应当符合《上海证券交易所上市公司股东及董事、监事、高级管理人员减持股份实施细则》（以下简称《减持细则》）关于减持股份的相关规定。

公司上市时未盈利的，在公司实现盈利前，董事、监事、高级管理人员及核心技术人员自公司股票上市之日起3个完整会计年度内，不得减持首发前股份；在前述期间内离职的，应当继续遵守本款规定。

公司实现盈利后，前两款规定的股东可以自当年年度报告披露后次日起减持首发前股份，但应当遵守本节其他规定。

（3）优化股份减持方式（创投基金相关细则尚未发布）。

上市公司股份的限售与减持，适用本规则；本规则未规定的，适用《减持细则》《上海证券交易所上市公司创业投资基金股东减持股份实施细则》及上交所其他有关规定。

上市公司股东可以通过非公开转让、配售方式转让首发前股份，转让的方式、程序、价格、比例以及后续转让等事项，以及上市公司非公开发行股份涉及的减持由上交所另行规定，报中国证监会批准后实施。

（4）强化减持信息披露。

上市公司控股股东、实际控制人在限售期满后减持首发前股份的，应当明确并披露公司的控制权安排，保证上市公司持续稳定经营。

科创企业并购重组，由交易所统一审核；涉及发行股票的，由交易所审核通过后报经中国证监会履行注册程序。审核标准等事项由交易所规定。

3.建立高效的并购重组机制。

科创公司并购重组，由交易所统一审核；涉及发行股票的，由交易所审核通过后报经中国证监会履行注册程序。

（七）严格的退市制度

《科创板上市公司持续监管办法（试行）》严格执行退市制度，在退市标准方面，坚持重大违法退市，丰富交易类和规范类退市指标，优化财务类退市指标，取消暂停上市、恢复上市和重新上市环节；触及财务类退市指标的公司，第一年实施退市风险警示，第二年仍触及即退市；因重大违法强制退市的，不得提出新的发行上市申请，永久退出市场。

四、上交所发行上市服务体系

上交所发行上市服务体系，可以归纳为三句话：

基础服务：区域对口，树立形象，提升市场服务广度。

专业服务：专业负责，股债联动，提升服务企业水平。

支持服务：后台支持，发挥优势，提升服务经济能力。

（本文是著名金融专家张宁在2019年5月10日由上海上市公司协会、上海股权投资协会、上海政法学院和金茂凯德律师事务所等举办的中企赴瑞典投融资暨科创板法律研讨会上的演讲摘要）

全力推动新三板改革平稳落地
更好服务创新型民营中小企业

徐　明

2019年12月12日，中央经济工作会议将新三板改革纳入2020年经济体制改革重点工作，要求稳步推进新三板改革，这体现了党中央对新三板的高度重视。中国证监会在工作部署中明确要求新三板改革于2020年平稳落地。笔者结合工作实际，谈一谈对本次改革的认识和工作体会。

一、全面深化新三板改革是落实金融供给侧结构性改革要求、补齐资本市场服务民营中小企业短板的重要举措

当前，我国经济已由高速增长阶段转向高质量发展阶段。为适应实体经济结构转变和发展模式变化的需要，中央实施部署了金融供给侧结构性改革。资本市场在现代金融运行中具有"牵一发而动全身"的作用。全面深化资本市场改革，大力发展股权融资，发挥资本市场的资源配置功能，对于提高直接融资比重，从根本上降低宏观杠杆率，引导要素资源向科技和新经济领域集聚，推动经济高质量发展具有战略意义、全局意义和现实意义。可以说，资本市场改革已经成为金融供给侧结构性改革的重中之重。习近平总书记明确要求，通过深化改革，按照市场化法治化要求，打造一个规范、透明、开放、有活力、有韧性的资本市场。在此新形势下，自2019年以来，以设立科创板并试点注册制为起点的资本市场全面深化改革稳步推进。

在整个金融供给侧结构性改革和资本市场全面深化改革中，要补齐的一个短板就是中小企业、民营企业的融资需求缺口大且结构不合理问题。根据世界银行数据，我国中小微企业融资缺口达1.9万亿美元，占GDP的比重达

17%，高于其他发展中国家；实际获得的资金中，又以短期贷款为主，直接融资、长期资金不足。中小企业中的民企，获取融资的难度和成本更大。而在资本市场体系中，新三板无论从政策定位还是市场实践，都以服务中小企业、民营企业为主。早在2013年，国务院发布的《国务院关于全国中小企业股份转让系统有关问题的决定》（国发〔2013〕49号）就明确新三板主要为创新型、创业型、成长型中小企业发展服务。从市场实践看，目前，沪深交易所和新三板共服务中小微企业1.1万家，其中90%由新三板服务；新三板约9000家挂牌公司中，中小企业占比为94%，民营企业占比为93%。在此基础上，2019年2月，中共中央办公厅、国务院办公厅印发《关于加强金融服务民营企业的若干意见》，进一步提出"促进新三板成为创新型民营中小微企业融资的重要平台"。

但与实体经济需求、各方期待有所差距的是，自2017年以来，由于市场规模、结构和需求多元等因素影响，新三板出现了一些新的情况和问题，如融资额下降、交易不活跃、申请挂牌公司减少、主动摘牌公司增加等。究其原因主要在于市场建立初期制定的融资、交易、投资者适当性等制度难以满足挂牌公司成长壮大的需要，市场参与主体的获得感不强，多层次资本市场体系互联互通的有机联系尚不畅通。

中国证监会党委对此高度重视，围绕一系列市场反映比较集中的关键性方向性问题进行研究论证，在资本市场全面深化改革的总体框架下制定了全面深化新三板改革方案，这次改革力度很大，远超市场预期。说是全面改革，一是因为本次改革不仅针对市场认可度较高的优质企业，提供精选层、公开发行和连续竞价等增量制度供给，打开挂牌公司成长的制度天花板，也包括系统优化创新层、基础层的制度安排，坚持新三板服务中小企业和民营经济的初心；二是因为改革涉及发行、交易、分层、投资者适当性、监督管理等市场全部基础制度。说是深化改革，是因为此次改革不是推倒重来，而是在新三板前期探索实践基础上进行的，坚持了市场化、法治化、国际化的方向，坚持了既有制度的特色和优势，与交易所错位发展，更通过转板机制，更好地发挥新三板承上启下的作用，促进多层次资本市场互联互通。自2019年10月25日改革正式启动以来，市场各方反映良好。

二、全面深化新三板改革，要着力搞活投融资两端，增强市场融资交易基本功能

一是改革市场发行制度，逐步丰富融资品种，提升市场融资功能。引入向不特定合格投资者公开发行制度，要求证券公司保荐承销，采取公开路演、询价等方式，通过网上发行平台向不特定合格投资者公开募集资金，大大降低了企业与投资者的对接成本，提升融资效率。优化定向发行制度，取消单次融资新增投资者35人限制，便利企业一次性引入大量投资者，拓宽融资范围；允许挂牌同时发行、自办发行，优化授权发行，增加制度灵活性。在改革发行制度时，坚持市场化方向，借鉴科创板注册制经验，进一步简政放权，对公开发行、200人以上定向发行等相关行政许可事项，中国证监会在全国股转公司自律监管意见的基础上履行核准程序，中国证监会不设发审委。全国股转公司开展自律审查时，将坚持以信息披露为核心，组建挂牌委员会，完善集体决策机制，实现审核标准、审核程序和问询回复的全过程公开。股票发行的价格、规模、节奏主要通过市场化的方式，由发行人、证券公司等市场参与主体决定。相关安排遵循了注册制的理念，下一步将根据新《证券法》和国务院对于注册制全面推行的总体安排，适时做好衔接。目前，公开发行和定向发行主要规则已发布实施，市场各方已可开展尽调、申报等业务工作。后续全国股转公司将组建首届挂牌委员会，并尽快完成发行承销系统的上线。同时，为引导市场各方更好开展工作，准确把握本次改革要义，将组织系列培训。此外，我们还将进一步丰富融资工具，优化优先股制度，研究推出可转债、资产支持证券等多样化融资品种。全国股转公司专门成立了创新实验室，将持续开发、丰富市场产品。

二是实施差异化的投资者适当性管理和交易制度，改善市场流动性，完善交易定价功能。"问渠那得清如许？为有源头活水来。"投融资对接效率的提升，需要一定的市场流动性支撑，需要引入增量投资者。此次改革中，其一是结合市场分层实行差异化的投资者适当性标准，将原来统一的500万元金融资产标准调整为精选层100万元、创新层150万元、基础层200万元的证券资产要求，大幅扩大潜在投资者范围。投资者适当性制度发布以来，日均开户数量已有所增加，预计随着各项改革措施的逐步落地，投资者开户会更加

积极。其二是引入长期资金，此次改革明确了公募基金可投资精选层公司。中国证监会已先后就QFII、RQFII、公募基金投资挂牌股票向市场公开征求意见，还将持续推动保险资金、企业年金等专业机构投资者入市。同时，为匹配不同层次企业的公众化程度、流动性需求，实施了差异化的交易制度。精选层公司由于已完成公开发行、公众化程度较高，实行连续竞价制度；对基础层和创新层公司，将集合竞价撮合频次提高为原来的5倍，同时允许其选择做市交易方式。涉及基础层和创新层投资者适当性分级管理和集合竞价频次提升的技术系统改造已于2019年12月完成并上线，目前正稳步推进连续竞价交易系统的测试、上线工作。未来，我们将适时评估交易制度改革成效，持续优化。

三是创新市场服务，进一步提升挂牌公司等市场主体的获得感。针对挂牌公司数量众多、类型多元的特点，深化差异化服务。基础层重点深化投融资对接服务，优化培训，促进规范发展。创新层在基础层相关服务安排的基础上，丰富市场指数。精选层重点开发交易型指数产品、跨市场指数产品，引导市场主体开发指数基金、ETF等投资产品。同时，我们将采取线上与线下相结合的方式，为挂牌公司、董监高等市场主体提供多样化的培训服务，在规范基础上着力开发资本运作等增值服务课程。进一步密切与地方政府的合作，主动融入其经济发展战略，推广服务基地建设，提升在地化服务能力，使新三板成为地方政府扶持中小企业发展的重要抓手和政策平台。我们还将继续探索人工智能、大数据、云计算、区块链等新技术应用于市场服务。

三、全面深化新三板改革，要着力完善市场内部层次结构，强化多层次资本市场有机联系

一是通过增设精选层，打造"基础层—创新层—精选层"三个层次的市场结构，形成新三板内部不同层次间能进能出的局面。基础层定位于企业规范，在匹配融资交易基本功能和较高的投资者资产要求基础上实行底线监管，体现新三板市场对中小企业的包容性。创新层定位于企业培育，匹配较为高效的融资交易功能，帮助企业利用资本市场做大做强。精选层定位于企业升级发展，承接完成向不特定合格投资者公开发行、具有发展潜力的优质

挂牌公司，匹配与交易所市场相当的融资交易制度，使得新三板在服务企业发展周期覆盖面上实现了有效拓展。在进入机制方面，通过发行市值、财务指标、股权分散度、保荐承销等市场化机制遴选和聚集优质企业。同时，进一步完善降层和摘牌机制，维护市场各层级的稳定运行和企业整体质量，保护中小投资者利益。目前，申请挂牌公司在可申报挂牌同时定向发行，并进入创新层，后续全国股转公司将根据国家防疫工作部署和挂牌公司进入创新层的准备情况，统筹完成基础层—创新层的调层工作，并将在首批企业完成公开发行后组建精选层。

二是落实转板上市制度，畅通多层次资本市场的有机联系，更好地发挥新三板市场承上启下的作用。本次改革将允许在精选层挂牌满一年，符合《证券法》上市条件和交易所相关规定的企业，可以不再走传统的首次公开发行并上市（IPO）的路径，直接向交易所申请转板上市。转板上市制度的推出，为中小企业增加了一条上市可选路径。同时，由于转板上市是存量股份上市，不存在历史上一级市场受二级市场影响的情形，市场预期会更加明确；企业不必因上市工作而摘牌、暂停资本运作，不必重复信息披露，可节约上市成本，有利于主业发展。转板上市与IPO的区别在于公开发行阶段的不同，上市标准基本一致，不会造成监管套利。转板上市的企业，其规范性、经营质量经过了市场检验，有助于提高上市公司整体质量，提振投资者信心，有利于整个资本市场的长期健康发展。转板上市是给企业的一个选择题，不是必选题，转板上市制度不会影响新三板独立市场地位。目前，中国证监会正就转板上市制度履行相应程序，将适时对外公开征求意见。此外，我们还将深化与区域股权市场的合作对接，研究区域市场优质挂牌企业更顺畅转到新三板的机制。

四、全面深化新三板改革，要着力强化市场监管，提升挂牌公司质量，保护投资者合法权益，守牢风险底线

一是加强挂牌公司监管，实施挂牌公司质量专项提升行动，为新三板市场改革发展"强基固本"。公司是资本市场健康发展的基石。只有不断提高挂牌公司质量，才能发挥好挂牌公司在推动产业结构升级优化的带头效应，

畅通投资者分享企业成长、经济转型升级的渠道。为提高挂牌公司质量，本次改革采取了一系列针对性措施。其一是结合市场分层和挂牌公司实际，合理设定差异化的信息披露和公司治理监管要求。其二是实施分类监管，将监管资源集中到精选层公司和风险外溢性较高的其他挂牌公司；以科技监管为支撑，持续优化信息披露智能监管系统，提升监管效能；健全现场检查、公开问询等监管机制，突出重点，强化责任追究，提高违法违规成本。为加强精选层公司监管，新设立了公司监管二部。其三是把牢市场进口和出口关，优化挂牌条件适用标准，引导符合市场定位的企业进入新三板；健全摘牌制度，对丧失持续经营能力、存在违法违规等情形的公司，加大市场出清力度。目前，正在实施提高挂牌公司质量方案，启动了提高财务规范性和公司治理水平的专项行动，下一步将把这项工作做实做细。此外，新《证券法》提高了发行人的信息披露要求，对法人治理的要求也更为严格，同时加重了违法违规责任。全国股转公司将根据《证券法》把挂牌公司等主体纳入信息披露人范围，推动健全完善全系统对挂牌公司监管的工作机制，进一步夯实各项基础制度。

二是加大投资者服务力度，切实维护投资者合法权益。伴随着各项改革措施的落地，发行与交易将比现在有所活跃，投资者保护问题的重要性将更加突出。我们在发布交易和投资者适当性制度的同时，发布了股票异常交易监控细则，并改造升级了监察系统，加强了对二级市场的监控和处理。在制定信息披露、公司治理等规则时，把投资者保护贯穿始终，如建立以投资者需求为导向的信息披露要求，便利投资者阅读、理解和决策；实施网络投票、中小投资者单独计票并披露等制度安排，便利投资者充分表达自身意愿。推出配套改革，成立了投资者服务专门部门。目前，正在证监会投保局的统筹和指导下，开展"三板新风、携手向前"主题投教活动。此外，新《证券法》为投资者保护建立了多项新制度，下一步，将积极予以落实，健全内幕交易、市场操纵等违法违规行为的立案、移送标准和程序，推动先行赔付、集体诉讼等制度在新三板落地，积极推动引入持股行权制度，继续加强调解、仲裁、诉讼等多元纠纷解决机制的建设和宣传，夯实投资者保护的制度机制。

三是将风险防控和改革工作同步研判、同步部署，有针对性地制定了风险防控工作方案。以底线思维为新三板改革发展护航，制定了专项工作方案，针对改革过程中可能出现的市场风险、监管风险和技术系统风险，进行了细致梳理，建立了风险监测和预警机制，准备了相应处置措施，确保各项改革措施平稳落地，包括加强对二级市场、投资者行为、跨市场联动的分析研判，构建市场运行风险监测体系，加强关键节点的市场运行分析；针对审查质量、发行结果、公司监管等方面的风险，建立了协同应对工作机制；实施7×24小时舆情监测，主动解疑释惑，稳定市场预期；修订了应急管理办法，制定了挂牌公司、交易系统、技术系统等应急方案，确保及时反应、稳妥处置，牢牢守住不发生系统性风险的底线。

沉舟侧畔千帆过，病树前头万木春。虽然目前新型冠状病毒肺炎的防控形势依然严峻，但是我们坚信在党中央的坚强领导下，在全国上下共同努力下，一定能够战胜这场疫情。我们正在中国证监会党委的领导下，全面贯彻党中央、国务院部署要求，把全力做好疫情防控作为当前的首要政治任务和最重要工作来抓，落实落细防控措施，加大对湖北等疫情严重地区的支持力度，有针对性地优化市场监管和服务，维护市场正常秩序，保护投资者合法权益。全国股转公司已于2020年2月2日发布实施了十方面措施，包括免收2020年湖北地区挂牌公司年费和初费，设立湖北等疫情严重地区和有关行业的企业申请挂牌、定向发行、并购重组的审查"绿色通道"，为湖北等疫情严重地区的挂牌公司及募集资金主要用于疫情防控领域的挂牌公司申请公开发行并进入精选层开通咨询"绿色通道"，对信息披露、公司治理、市场分层、业务受理、股票特定事项协议转让、做市业务等监管服务工作进行有针对性的优化，主要通过线上方式开展改革培训、投资者教育服务等，把做好防控工作、加大金融支持力度与市场改革有机结合。我们将想市场之所想、急市场之所急、解市场之所需，持续跟踪了解市场需求，及时做好相关服务。

我们坚信，疫情不会长期持续，新三板改革的措施和方向不会因为疫情带来的暂时困难而改变。全国股转公司将在中国证监会的坚强领导和统一部署下，在证监会机关各部门的指导下，在证监会系统单位的配合下，在各级地方政府的支持下，在市场各方的参与下，按照敬畏市场、敬畏法治、敬畏专业、敬畏风险和形成合力的理念，扎实稳步推进本次改革各项措施平稳落地，把大事办好、好事办好。

此次改革迈出了新三板创新发展极其重要的一步，但只是开始，未来还需不断前行。新《证券法》进一步明确了新三板公开市场、集中市场的市场性质，实现了新三板在共性问题上与沪深交易所的一体适用，同时为新三板个性问题的解决留足法律空间，授权国务院就新三板市场组织机构、管理办法等另行规定。中国证监会正在积极推动出台新三板条例。全国股转公司将以此为契机，按照"错位分工、各具特色"的原则持续推进改革，强化特色、打造品牌，充分发挥新三板市场服务创新型民营中小企业的作用。

（徐明，全国中小企业股份转让系统有限责任公司总经理，法学博士）

我国加快外汇期货市场建设路径探析

李　本　陈文梅

2018年3月26日，上海国际能源交易中心挂牌上市原油期货。原油期货是期货市场中重要的产品，原油是最重要的工业基础原料，在期货领域有重要意义。而期货市场中，还有另外一种重要的产品——外汇期货。外汇期货是一种场内交易的标准化合约。与场外外汇衍生品相比，作为一种成本较低、交易便捷、监管严密的风险管理工具，外汇期货为实体经济发展提供了避免汇兑损失和套期保值功能。全球主要外汇市场都推出了外汇期货产品，但是我国目前还未推出外汇期货产品，为了推进人民币国际化的进程，完善我国外汇衍生品市场体系，加快外汇期货市场建设变得尤为重要。在我国外汇市场刚开始建立的初期，当时的上海外汇调剂中心就曾在1992年试点过外汇期货产品。然而，由于监管制度不完善、现货市场不具备条件、监管机制和法律的缺失等原因，最终以失败告终。而当前我国外汇期货市场发展处于开始阶段，立法工作尚不完善，对外汇市场进行监管时，多以行政命令为主，缺乏法律依据支撑，不利于外汇期货市场健康发展。

因此，本文从借鉴世界主要外汇期货市场的监管经验，总结并吸取我国1992年试点过外汇期货产品失败的经验教训，立足我国当前经济和法制环境的前提下，对我国加快外汇期货市场建设的路径进行探析，就进一步建设和完善我国外汇期货市场监管体系提出思考。

一、当前我国进行外汇期货市场建设的外部形势、内在需求和现实基础

（一）当前我国进行外汇期货市场建设的外部形势

1. 境外交易所人民币期货竞相发展，国际竞争激烈，国内外汇期货市场

却发展滞后。2006年，美国芝加哥商业交易所推出第一款人民币外汇期货。此后，美国纳斯达克OMX交易所、巴西交易所、南非约翰内斯堡证券交易所、香港交易所和新加坡交易所都陆续推出人民币外汇期货，目前全球范围内已经有8个国家或地区上市了人民币外汇期货产品（见表1），显而易见，境外人民币外汇期货产品种类和规模一直都在增长[①]。其中交易量最大的是中国香港和新加坡交易所的合约。目前，中国是世界第二大经济体，人民币也已跻身世界第五大货币，但是，我国的外汇期货市场建设却严重滞后，至今未能推出相关的合约品种。只有在中国金融期货交易所仿真交易的欧元/美元、澳元/美元外汇期货合约。

表1　　　　　　　　境外交易所人民币外汇期货、期权列表

时间	交易所	产品
2006年8月	芝加哥商业交易所（CME）	人民币/美元、人民币/欧元、人民币/日元期货与期权
2009年12月	纳斯达克OMX（Nasdap-OMX）	美元/人民币外汇期货（已经摘牌）
2010年11月	约翰内斯堡证券交易所（JSE）	人民币/兰特期货（后摘牌）
2011年8月	巴西证券交易所（BM&F Bovespa）	人民币/雷亚尔外汇期货
2011年10月	芝加哥商业交易所（CME）	美元/人民币标准与电子微型期货
2012年9月	香港交易及结算所有限公司（HKEX）	美元/离岸人民币外汇期货
2013年2月	芝加哥商业交易所（CME）	美元/离岸人民币标准与电子微型期货
2013年5月	约翰内斯堡证券交易所（JSE）	离岸人民币/兰特期货
2014年10月	新加坡交易所（SGX）	美元/离岸人民币、人民币/美元期货
2015年3月	莫斯科交易所（MOEX）	人民币/卢布期货
2015年7月	台湾期货交易所（TAIFEX）	美元/人民币汇率期货
2018年10月	新加坡亚太交易所（APEX）	离岸人民币/美元

资料来源：各交易所网站。

[①] 刘文财，董骏鹏.离岸人民币外汇期货发展［J］.中国金融，2014（24）：42-44.

2. 离岸人民币衍生品发展迅速，影响境内人民币汇率定价权。目前，离岸人民币外汇期货市场交易总量和持仓总量已初具规模，主要境外交易所也在积极上市人民币外汇期货产品，未来在流动性和规模方面，离岸人民币外汇期货市场将进一步扩大。根据中国金融期货交易所外汇事业部的研究分析表明，境外市场在欧洲和美洲时间的人民币外汇交易显著影响了第二天境内市场的人民币汇率开盘价。目前，离岸人民币外汇市场交易量远大于境内市场，对人民币汇率定价权形成威胁，甚至影响我国金融市场的运行[①]。因此，推出人民币期货有助于将人民币定价权留在国内，对保障我国的金融安全也有重要的意义。

3. 全球外汇衍生品交易重心从场外向场内转移，推动各国更加重视和发展外汇期货市场。外汇期货是场内交易的金融产品，外汇即期、远期、掉期交易都是场外交易的金融衍生品。场内市场与场外市场最大的区别在于，场内市场是在交易所进行交易的、有标准的合约并被监管，而场外交易往往只是银行间外汇市场交易主体以双边授信为基础，交易双方私下的协定，而正是因为不透明，场外市场在历次金融危机中成为众矢之的。2008年国际金融危机之后，各国监管机构认识到场内金融期货市场的重要性，纷纷加强对场外衍生品市场的监管，增加参与者资本金要求，降低金融系统性风险。伦敦、法兰克福、新加坡、中国香港等国际金融中心都重新推出外汇期货。在这样的背景下，由于外汇期货是场内交易，交易成本低，便于监管，适时上市我国的外汇期货产品，对于加强对外汇衍生品的监管，增强抵御国内外金融风险的能力具有重要作用。

（二）当前我国进行外汇期货市场建设的内在需求

1. 满足实体企业外汇风险管理需要，促进我国外贸稳定增长。我国实体经济既面临人民币汇率波动的风险，又面临交叉汇率波动的风险[②]。交叉汇率风险与人民币汇率风险一样不可忽视。目前，"我国已建成包括外汇远期、

---

① 中国金融期货交易所外汇事业部.外汇期货：国际经验与国内市场设计［M］.北京：中国财政经济出版社，2015.

② 交叉汇率指两种外币之间的兑换汇率。我国外汇市场可以分成人民币外汇市场和交叉汇率外汇市场，其中后者也指外币对交易市场。

即期、掉期等在内的场外外汇衍生品市场。但由于场外外汇避险产品交易成本高、门槛高、使用不便、遭受银行规模歧视等原因，中小企业往往难以从银行获得避险服务。企业使用场外外汇衍生品时普遍面临市场流动性不足、交易效率低和信息透明度低等问题。"[①]随着市场主体外汇避险需求的增强，我国企业面临着外汇避险难、避险贵的问题。上市外汇期货为金融机构提供更多样化的汇率风险对冲工具，降低企业套期保值的成本。也可以提高我国外汇衍生品市场的深度，促进我国外贸稳定增长。

2. 促进人民币国际化，帮助我国掌控人民币汇率定价权。当前，人民币国际化在我国"一带一路"建设的推动下进入新阶段。但是，离岸人民币外汇市场的规模和数量已经超过境内，威胁境内的人民币汇率定价权。建设外汇期货市场可以助推人民币国际化，掌控人民币汇率定价权。外汇期货市场可以提高金融市场的深度，奠定人民币未来的国际地位。人民币国际化意味着境外投资者愿意持有人民币，或者愿意在交易中使用人民币。因此，一个完善的规避汇率风险的市场无疑会提升人民币对境外投资者的吸引力，增强市场对人民币的信心。这正是人民币外汇期货市场所具备的，它一方面提供汇率避险的场所，另一方面提供有效价格发现的功能。从这个角度来看，人民币国际化的进程需要人民币期货来保驾护航。

3. 丰富居民外汇投资渠道，减轻外汇储备压力。目前，我国有规模庞大的个人投资者参与境外外汇交易，他们面临众多投资风险。由于不被境内监管机构认可，这些个人投资者参与外汇保证金交易面临法律风险，且受骗较多，投资者利益得不到保障。我国推出交叉汇率期货，可丰富居民正常外汇投资工具，保障居民投资利益，有助于个人投资者有序地参与透明而合规的外汇市场，便于投资者管理外汇资产，真正实现藏汇于民，减轻巨额外汇储备压力。

（三）当前我国建设外汇期货市场的现实基础[②]

当前推出人民币外汇期货还面临实需原则，汇率市场化等政策问题，随

---

① 李佳.境内中小企业外汇"避险难、避险贵"问题亟待破解［J］.经济研究参考，2017（24）：37–38.

② 中国金融期货交易所外汇事业部.外汇期货：国际经验与国内市场设计［M］.北京：中国财政经济出版社，2015.

着人民币汇率市场化改革的推进，推出人民币外汇期优产品符合外汇市场发展方向。

1. 现货和衍生品市场发展日趋成熟，人民币汇率的市场化定价更加明显。我国现货市场发展成熟，交叉汇率定价完全市场化，人民币汇率已经初步具备市场化定价特点[①]。2012年以后，我国货币当局的外汇市场干预明显减少，银行根据自身资金头寸和客户需求开展人民币汇率的买卖报价，其报价已经基本是一个市场行为。人民币中间价作为政策指导价格的意义已经越来越弱，当前对市场定价的影响已经很小。人民币远期汇率的定价已经基本合理，为外汇期货定价提供了有效参考。

2. 我国金融机构和实体企业已经具备一定的风险管理经验。我国逐步形成包括外汇远期、外汇掉期、货币掉期、外汇期权等较完善的外汇衍生产品体系。金融机构在参与外汇衍生品交易中已经积累了丰富的风险管理经验。面对复杂多变的市场环境，众多企业建立了风险管理制度，具备一定的风险管理能力。按照年报披露的信息，我国拥有海外收入的上市公司中有大约三分之一的公司披露了套期保值信息，更多的公司进行了外汇风险的套期保值，避险产品包括远期结售汇、外汇期权、交叉汇率衍生品等[②]。金融机构和企业积累了一定的风险防范经验，为其参与外汇期货市场交易提供了可能。

3. 金融期货的成功经验奠定外汇期货发展的坚实基础。股指期货、国债期货、原油期货的成功运行为外汇期货的推出提供了宝贵经验和现实基础，有利于我国外汇期货的监管和发展。中国金融期货交易所沪深300股指期货和5年期国债期货分别于2010年4月16日和2013年9月6日在中国金融期货交易所成功上市，随后又上市了10年期国债期货、上证50股指期货、中证500股指期货。2018年3月26日，上海国际能源交易中心挂牌上市原油期货。五大金融期货品种上市以来，市场运行平稳，交易量逐步扩大。中国金融期货交易所目前实行的一系列制度为外汇期货等新产品上市交易和运行积累了宝贵经验，奠定了坚实基础。在产品设计上，中国金融期货交易所完成了美元、欧元、日元、英镑、俄罗斯卢布、巴西雷亚尔六款人民币期货合约，并分别于2013

① 丁志杰，谢蓉蓉.建设外汇期货市场的条件［J］.中国金融，2014（24）：45–47.
② 许炎文.重建我国外汇期货市场研究［J］.当代经济，2017（22）：27–29.

年和2014年实现了内部仿真交易。目前，我国外汇期货产品还处在试验阶段，很快就会推出。

二、我国外汇监管法律体系和国内期货市场监管现状

（一）国内期货市场无《期货法》等法律规制，相关监管法规效力级别低

我国立法部门长期以来并没有出台基本的期货法，我国期货法律规范体系的主体是由国务院制定的行政法规和期货市场的主管机关中国证监会制定的部门规章。虽然《期货交易管理条例》及其配套的管理办法的制定与实施为中国金融期货监管的规范化提供了依据，但基本的期货法的缺失使我国对期货市场的法律监管无法可依。特别是在即将推出外汇期货市场，监管法律缺位的现象将会表现得更加明显。此外，当前我国对外汇市场进行监管时，多以行政命令为主，缺乏法律依据支撑，不利于外汇期货市场健康发展。

（二）证监会监管过于严格，期货业行业自律作用不能充分有效发挥

在我国，《期货交易管理条例》明确规定："期货业协会是期货业的自律性组织。"它充分地显示了中央政府对期货行业的重视，也突出了行业自律机构在监管中的作用。但是，一直以来，期货业协会对中国证监会存在很大的依赖性，削弱了行业自律的自主性，协会变成了中国证监会行政的外在延伸，导致了协会与期货市场的远离。因此在实践中，自律监管缺乏应有的权威性和有效性，行业自律作用得不到充分有效的发挥。交易所和证监会的风险监管职责不清晰，责任追究机制不明确，从而削弱了交易所的自我监管作用，使得交易所不再是一个真正意义上的自我监管机构。

（三）国内期货市场监管体系不完善，容易产生监管漏洞

我国形成了由中国人民银行、中国银保监会、中国证监会构成的金融监管体制，这种格局既有适应国内金融体系发展变化的客观需要，也有顺应国际监管体制改革趋势的主观意愿。然而，由于我国针对外汇衍生品市场的监管通常会涉及多个监管部门，因而在实践过程中往往会存在监管权限模糊或交叉的问题，容易产生监管漏洞。我们要吸取国际金融危机的教训，适应金

融业改革发展和创新的需要，不断完善我国的宏观审慎监管框架，切实防范和化解系统性风险，维护金融稳定。

三、我国加快外汇期货市场建设的路径选择

在我国外汇期货市场的建设过程中，我们应该借鉴世界主要国家外汇期货市场监管经验和自律机制，吸取20世纪90年代外汇期货推出失败的教训，同时结合我国当前的经济和法制环境，选择合理的路径推出外汇期货产品，建设外汇期货市场，在全球外汇市场上助推人民币国际化。

（一）借鉴世界主要外汇市场监管经验，完善外汇期货交易的法律法规监管体系

目前，世界主要外汇市场的监管模式各不相同。世界上并没有统一的外汇市场监管法律，外汇期货市场作为国内外汇市场的一部分，主要受主权国家国内法律和监管规则的约束。"世界期货市场主要有三种监管模式：一是美国的集中监管模式；二是以英国为代表的以自律管理为中心的监管模式；三是以日本为代表的分散监管模式。"①世界多数国家对本国场内金融衍生交易市场实行三级监管模式，即由政府监管、行业自律和交易所管理三级监管及严密的结算制度组成的有机体制。此外世界主要外汇期货市场在推出外汇期货的同时，或者之前，就已经用立法的形式，对外汇期货市场进行管理和规制。例如美国有《商品期货交易委员会法》《期货交易法》《多德—弗兰克法案》等法律法规对外汇期货市场进行监管；英国有1986年《金融服务法》《2000年金融服务和市场法》《2012年金融服务法案》《2016年英格兰银行与金融服务法案》。正是通过这些立法文件，各国中央政府明晰了各监管机构的职责和权力，以及对外汇期货市场的准入、交易规则、结算退出等机制进行了严格的规定，促进了本国外汇期货交易的发展。

因此，我国应该借鉴世界主要外汇期货市场的监管规则和监管体系设计，根据我国外汇市场和国内期货市场的发展情况，合理设计和规范外汇

① 张军.我国农产品期货监管法律制度的完善［J］.农业经济，2018（1）：132-134.

期货市场。合理制定我国外汇期货市场的监管体系，加快制定《外汇期货法》，完善外汇期货市场相关配套法律法规。特别是在当前"一带一路"经济建设的情况下，面对外汇市场各国汇率的不稳定形势，使用外汇期货将能更好地规避风险。

（二）外汇期货市场主体资格的法律扩容及规制

我国外汇期货市场在20世纪90年代尝试失败的原因之一，就是对外汇期货市场市场参与者准入的设计和监管不合理，低估了投机者参与外汇期货交易的数量，到最后全面禁止投机交易，最终导致我国外汇期货市场失去活力，交易惨淡。投机交易者是外汇期货市场重要的参与者，正是因为投机参与者的参与，外汇市场风险转移的功能才能更好地发挥。所以，在我国当前设计和引入外汇期货市场参与者的时候，应该合理限定外汇期货市场主体资格，让各种市场参与主体，包括中小企业、境内外合格金融机构、非金融机构市场组织等都能发挥其作用。保证市场公开性和信息透明度，合理设计合约的标准化和保证金金额等风险控制制度，降低交易风险和投资门槛，让各类大中小企业可直接参与，满足其实际避险和套期保值需求。因此，在市场准入阶段，外汇期货市场主体资格的设置，[1]可以产品上市初期仅面向已开立自由贸易账户的会员和客户，在条件成熟后适时按额度控制、有序参与的原则逐步扩大市场参与者范围。

（三）明确政府各部门对外汇期货市场的监管职责和监管权限

外汇期货市场作为国内外汇市场的重要组成部分，一直都受主权国家的监管。政府监管机构的核心任务就是保持市场规范运作，促进法律制度的完善，从宏观上监管整个期货市场的参与者，促进期货市场健康发展。我国外汇期货市场在建设过程中更应该强调国家监管，通过制定修改有关法律法规，明确国家监管机构的地位，确定行业自律组织和交易所的监管职责。在外汇期货市场的建设过程中，应该重新定义政府监管部门的职责，明确中国

---

[1] 中国金融期货交易所外汇事业部.外汇期货：国际经验与国内市场设计［M］.北京：中国财政经济出版社，2015.

证监会、中国期货业协会和中国金融期货交易所的职责分工。在我国，中国证监会是我国期货市场的最高监管机构，也是外汇期货市场自律监管的监督者，各种利益与矛盾的协调者，而不应当过多地干预外汇期货市场自律监管主体的自律监管。

（四）完善全国外汇市场自律机制、继续深化拓宽银行展业业务

我国外汇市场自律机制的创立，对于外汇市场监管体制的改革具有重要的影响。从国内层面而言，无论是汇率领域的外汇市场职业操守和市场惯例专业委员会还是市场利率定价自律机制，其内部都制定了一系列规章制度，用于保证机制的正常运行。从对世界主要外汇期货市场监管规则分析来看，主要外汇市场均形成了自己的外汇市场自律机制，这些自律机制也是由众多法律文件组合而成，形成完整的运行机制。目前，我国外汇市场自律机制已然建立，在建设我国外汇期货市场的过程中，相应的规章制度却未完善，所以应该制定相应的规章制度以支撑自律机制的有效运行，建设和完善包括外汇期货市场行业自律组织和交易所内部自律组织在内的相关制度。

在我国外汇期货市场的建设结构中，银行作为重要的外汇期货市场参与者，具有重要的地位和作用。因此，应该继续推进和深化银行展业业务，更好地为外汇期货市场的发展提供服务。外汇局在加强监管的同时，应配套出台更多有力措施，从完善法规建设、优化核查检查手段等方面探索改进管理方式。同时，加强与银行、企业的约谈，把事后处罚提前到事前预警，更好地防范风险事件发生。银行在加强内部管理的同时，要注重与外汇局的沟通，通过完善内控制度和业务流程设计、加强部门分工协作等措施落实展业三原则，对业务真实合规性审核更加审慎严格。

（五）以上海自贸区为依托试点人民币外汇期货业务，积累监管经验

自贸区的成立为我国在局部地区探索完善人民币汇率市场化形成机制新途径提供了"试验田"。在自贸区试点推出美元兑人民币外汇期货及其他交叉汇率期货，通过引入新的市场组织形式（场内交易）、新的交易工具（外汇期货）和更具包容性的市场参与者结构，形成场内外功能互补，金融机构、企业和个人共同参与的外汇市场，探索一条不同于以往以银行间外汇市

场的人民币汇率市场化形成机制。而且面向自贸区试点推出人民币兑美元期货，完全能够确保相关交易、结算的稳定、有序运行，相关交易风险的有效防范。外汇期货交易相关资金于上海自贸区内封闭运行，不会影响境内区外人民币市场，产品仅面向自贸区和境外主体，投资者群体和交易体量小，符合先试先行的要求对金融体系不会产生冲击，不会放大人民币汇率波动幅度，不会影响人民币率稳定。这也是应对国际交易所竞争格局，巩固我国人民币汇率定价权的有力回应，有利于促进人民币国际化，服务上海国际金融中心的建设。

四、结语

对于我国外汇期货市场的建设来讲，不能贸然推出外汇期货产品，必须要做好充分的理论论证，进行合理的合约制度设计和监管规则设计，借鉴世界主要外汇市场的监管经验，吸取我国外汇期货试点失败的教训，立足我国经济和法制发展的当前环境。在我国资本账户还未完全开放和尚需实需原则限制的前提下，最大限度地、最大能力地、最佳合理地推进外汇期货市场的建设，防范金融风险的发生，预先做好外汇风险的防范预警机制。特别是在当前"一带一路"建设的背景下，我国进出口企业贸易往来中的汇兑避险需求巨大，而与此同时，国际游资和金融巨鳄也都在持观望状态，寄希望于以合法的方式进入境内人民币外汇市场，在这样多种需求和因素的共同影响下，需要我们综合考虑各种因素，理智地、有步骤、有计划地稳步推进外汇期货市场的建设。

（李本系上海大学法学院教授，法学博士，兼职律师；陈文梅系上海大学法学院2016级法律硕士研究生）

企业融资与投资贸易篇

民企融资难加剧债券违约风险
各方需提升对民企融资包容度

陈 飞

2019年12月24日，全国法院审理债券纠纷案件座谈会在北京召开。最高人民法院党组书记、院长周强，中国证监会党委书记、主席易会满，中国人民银行党委委员、副行长刘国强，国家发展改革委副秘书长赵辰昕出席会议并讲话。会上印发了《全国法院审理债券纠纷案件座谈会纪要》（征求意见稿）。

近年来，中国证监会构建起了"五位一体"的债券监管体系。针对监管过程中发现的各类违法违规行为，证监会累计采取行政监管措施260多家次，督导自律组织采取自律监管措施800余家次。要推动改善民营企业融资的生态。当前债券违约的一大关键症结是民营企业融资难，需要各方客观看待民营企业债券违约，提升对民营企业融资的包容度。

中国证监会将坚定支持符合条件的民营企业发债融资，优化债券产品体系，完善民企债券融资支持工具，通过发展创新创业债、股债结合等适合民企融资的方式，同时推动地方政府积极发挥作用，通过增信支持等方式，缓解民企融资难问题。

一、债券市场监管执法"五位一体"

中国证监会作为资本市场的监管部门，基本职责就是监管，在债券市场改革发展过程中，始终将监管作为工作的生命线，以监管促发展，以规范利长远。

一是建立行政自律相结合的监督管理体系。行政监管与自律监管各有所长，相辅相成。交易所债券市场遵循《证券法》，构建了中国证监会业务部门、各地证监局、证券交易所、证券业协会、登记结算机构五个方面，即"五位一体"的证券债券监管体系。中国证监会和证监局负责行政监管，证券交易所、证券业协会、登记结算机构作为自律组织来进行自律监管。在这种体系下，各方面密切协作，严把发行、准入，存续期管理各个关口，压实发行人和中介机构的责任，完善信息披露监管体系，以此促进债券市场的监管效率的发挥。

二是强化对违法违规行为的监管问责。近年来，针对监管过程中发现的各类违法违规行为，证监会累计采取行政监管措施260多家次，督导自律组织采取自律监管措施800余家次。坚持违约必查，对于欺诈发行、尽职调查不到位等原因造成的债券违约，坚决从严打击。在司法部门的协助下，对6起债券违约案件稽查立案，其中"五洋建设"一案对发行人、承销机构、会计师事务所及相关责任人员均作出了行政处罚；加强与公安、司法的协作，推动厦门圣达威等6起私募债欺诈发行作出刑事判决，对于打击恶意欺诈、逃废债务起到了震慑作用。

三是推动债券市场统一执法。近年来，在金融委的统一指挥协调下，债券市场监管协调不断提升，中国证监会与人民银行、发展改革委达成了多项监管共识，共同维护债券市场秩序。2018年12月，经国务院同意，中国证监会联合人民银行、发展改革委发布了关于进一步加强债券市场执法工作意见，中国证监会依法对银行间市场、交易所市场违法行为开展了统一的执法工作，对涉及公司债券、企业债券、非金融企业债务融资工具等债券品种的信息披露、内幕交易、操纵市场等违法规行为进行认定和行政处罚。目前，债券市场统一执法工作机制已经建立，对于两例银行间市场的违法行为已开展稽查，下一步将进一步深化与人民银行、发展改革委等部门的执法协作，不断完善协作的具体安排。

二、债券市场风险防范压实责任

近两年随着债券到期量攀升，债券违约风险事件有所增多。截至2019年11月底，债券市场违约率约为1.19%，总体来看，违约风险可控。

目前，债券市场违约风险有两个特征：一是自2018年以来违约增速较快，在债券市场违约总额中有80%的金额是2018年以后出现的违约；二是民营企业违约较多，自2018年以来违约的债券中有84%的金额是民营企业违约造成的。

中国证监会高度重视公司债券风险防控工作，按照中央关于守住不发生系统性风险的意见，打好防范化解重大风险攻坚战的具体要求。中国证监会不断加强债券市场的风险防控，制定公司债券违约风险监测与处置规程；建立"五位一体"的风险防控工作机制；与38个省市政府签订合作备忘录，发挥地方政府在风险处置和维稳方面的作用。

目前，在完善受托管理人为抓手的多层次风险防范体系，要压实中介机构的责任。每年开展两次的全面风险排查，持续开展重点个案的监测，努力做到对85%以上的违约风险能够提前三个月预知。同时，中国证监会加强市场化的债券违约处置基础建设，推出了违约债券转让机制。通过相关安排，不良资产处置机构、"秃鹫"基金等专业机构，在承接违约债券后，通过债务重组、诉讼破产等方式，促进违约风险的市场化消解。完善债券回售机制、推出转售机制、明确债券发行人债券购回相关事项，减少发行人债务集中到期的压力。加强对市场各方面的正确引导。引导债券发行人合理举债，避免过度融资；引导债券投资者审慎投资，切实控制好杠杆水平，防范流动性风险。

三、加强基础制度建设促高质量发展

中国证监会下一步将坚持市场化、法治化的方向，进一步加强债券市场基础制度建设。

一是进一步健全市场化、法治化债券违约处置机制。在法治化方面，全国法院审理债券纠纷案件座谈会研讨成果将对畅通债券违约司法救济具有重要的意义。在此基础上，也希望司法机关对于债券违约案件的受理、裁决、执行等方面提供更多的支持。在市场化方面，发挥违约债券转让机制作用，引导不良资产处置机构等在债券违约处置中更多参与，培育成熟的不良债券投资群体，探索高收益债券市场的发展。

二是完善债券市场基础设施体系，加强互联互通，监管协调。加强交易所与银行间市场基础设施的连接，提升跨市场交易结算的效率、安全性，促进要素自由流动，推动银行和各类长期资金进一步参与交易所市场，优化投资者结构。按照分类需求的原则，做好发行环节跨市场的监管协同，推进债券市场统一执法。

三是推动改善民营企业融资的生态。当前债券违约的关键症结是民营企业融资难的问题，需要各方客观看待民营企业债券违约，提升对民营企业融资的包容度。

（陈飞，中国证券监督管理委员会债券部主任，法学博士）

Establishing New International Arbitration Institutions in Lingang New Area

Jack Li   Chen Shuo

1. Background of new policy

On Nov. 8, at Shanghai International Arbitration Summit, a parallel forum of the 2nd China International Import Expo (CIIE), Shanghai Municipal Bureau of Justice formally published the "Measures for the Administration of Overseas Arbitration Agencies' Offices in Lin-gang Special Area of China (Shanghai) Pilot Free Trade Zone" (hereinafter referred to as the "Measures"). The Administrative Measures will take effect on 1 January 2020 and be terminated on 31 December 2022.

For the purposes of advancing the construction of the Lin-gang Special Area of China (Shanghai) Pilot Free Trade Zone, boosting all-round and high-level opening at a more profound level, in a wider field, with greater efforts, and building a special economic functional zone with more influence and competitiveness in the international market, Measures for the Administration of the Lin-gang Special Area of China (Shanghai) is developed in accordance with the Framework Plan for the Lin-gang Special Area of China (Shanghai) Pilot Free Trade Zone and relevant laws and regulations. We highlight the following functions to introduce the Measures:

(1) Defining the functional positioning of the new area (Articles 2 to 4);

(2) Establishing a scientific and efficient management system (Articles 5 to

10);

(3) Facilitating investment and management that implements fair competition (Articles 11 to 13);

(4) Promoting high standards of trade liberalization (Articles 14 to 17);

(5) Implementing a cross-border financial management system that facilitates; the collection and payment of funds (Articles 18 to 23);

(6) Improving the level of international transportation openness (Articles 24 to 28);

(7) Implementing free and convenient talent services (Articles 29 to 34);

(8) Realizing the orderly and safe flow of data across borders (Articles 35 to 37);

(9) Providing internationally competitive financial and tax support (Articles 38 to 40);

(10) Establishing a comprehensive supervision system for comprehensive prevention and control risks (Articles 41 to 47).

According to the "Measures", starting on Jan. 1, 2020, eligible non-profit arbitration organizations legally established in foreign countries or in Hong Kong, Macao and Taiwan of China and arbitration agencies established by international organizations to which China is a member can apply to Shanghai Municipal Bureau of Justice for registration and establishment of offices in Lin-gang Special Area to carry out foreign-related arbitration.

2. Introduction to Free Trade Zone – Lin Gang Area

Lin-gang Special Area, a newly added part of the China (Shanghai) Pilot Free Trade Zone, was officially launched on Aug. 20, 2019, with many expecting the area to become a new driver for China's deepened opening-up. The State Council, China's Cabinet, unveiled a framework plan to include Lin-gang into the 6-year-old Shanghai free trade zone.

The establishment of Lin-gang Special Area is an important strategic deployment for further opening-up made by the CPC Central Committee. It's an important measure to show China's strong commitment to all-round openness in the new era and to actively lead the healthy development of economic globalization. The special area is in southeast Shanghai, with Pudong airport to its north and Yang-shan International Port to its south. It is an important node of the Shanghai Coastal Thoroughfare. Waterways, air routes, railways, highways, inland rivers and the subway constitute a convenient integrated transport system.

With a startup area covering 119.5 square kilometers, plans are for Lin-gang to grow into a special economic zone with strong global market influence and competitiveness by 2035. Companies specializing in key areas including integrated circuits, artificial intelligence and biomedicine will be levied with a preferential 15 percent business income tax for five years after their registration in the area. The current business income tax rate is typically 25 percent.

With the increasing number of international giants coming into Lin-gang area, the place is determined to build as the most dynamic area amongst Shanghai Pilot Free Trade Zone. For instance, Tesla's 50-billion-yuan ($7 billion) factory is located in Lin-gang. Semiconductor maker Shanghai Zing SEMI was founded in Lin-gang in June 2014 with a total investment of 6.8 billion RMB.

3. Arbitration-Hub Efforts by Shanghai Legal Industry

Measures for the Administration of the Lin-gang Special Area of China (Shanghai) Pilot Free Trade has attracted the attention of people at home and abroad. It is understood that Shanghai, as the most abundant Chinese mainland city in China In addition to the Shanghai International Arbitration Center and the Shanghai Arbitration Commission, four other world-renowned international arbitration institutions have established representative offices in the China (Shanghai) Pilot Free Trade Zone, including the ICC International Court of Arbitration, the Hong Kong International Arbitration Center, the Singapore International Arbitration

Centre (SIAC) and the Korean Commercial Arbitration Board (KCAB).

In the process of our foreign investment and attracting foreign investment, it will inevitably lead to a larger number of international commercial and maritime disputes. How to solve these disputes more efficiently and fairly, to create a legalized business environment, and to fully protect the legitimate rights and interests of commercial entities is a very important issue and an important measure of the degree of openness of a country or region. From the perspective of global development trends, the proportion of commercial disputes that finally enter the court litigation channels is not significant. In the United States, for example, the disputes entering the litigation process are no more than 5%. Then more than 95% of the disputes are eventually resolved through ADR (non-litigation dispute resolution procedures). Arbitration is a very important way and is also subject to international business.

Shanghai is spearing no efforts in finding ways to broaden the influence of its arbitration industry, aiming another Asia Pacific arbitration center. The legal talents and legal practionners in Shanghai are enough to sustainably hold and run the vast number of arbitration and other dispute resolution cases, therefore the more open-up and international dispute resolution regime turns to be more crucial in its endeavor.

To allow foreign institutions to set up business organizations is to provide more diversified international commercial arbitration services for domestic and overseas parties in the free trade zone, enhance the level of dispute resolution in the free trade zone. Competing legal service environment of our free trade zone directly with the most developed economies in the world, and ultimately help to absorb more foreign capital to conduct business in China. Thus, the new Measures are important vehicle to promote the Arbitration-Hub Construction in the city and a pioneer step for the further broaden open up policies to be promulgated.

4. Summary of the Administrative Measures

The Administrative Measures apply to the establishment and management of foreign arbitral institutions' business offices within the Lin-Gang area. Under the Measures, foreign arbitral institutions refer to non-profit-making arbitration institutions legally established in foreign countries, including Hong Kong, Macao and Taiwan, as well as institutions established by international organizations that China has joined. An overseas arbitration institution applying for the establishment of a business department in the Special Area shall meet the following requirements:

(1) It has been lawfully incorporated overseas and in existence for more than five years;

(2) It has conducted substantial arbitration activities overseas, and acclaimed high international reputation; and

(3) The person in charge of a business institution has not been subject to criminal punishment for an intentional crime.

If an overseas arbitration institution applies for the establishment of a business department in the Special Area, it shall apply to the Municipal Bureau of Justice and submit the following materials:

(1) An application for the establishment of a business department;

(2) The certification materials conforming to the provisions of Article 6 of these Measures;

(3) The articles of association, arbitration rules, charging standards and list of members of the decision-making body of an overseas arbitration institution;

(4) The list of panel of arbitrators or recommended panel of arbitrators, if any;

(5) The certificate of the domicile of the business department;

(6) A registration form for the person in charge and staff members of the business department and their ID; and

(7) Other materials as required by laws, regulations and rules.

The measures also encourage and support overseas arbitration agencies to sign cooperation agreements with arbitration institutions in Shanghai, promote mutual exchanges between arbitrators and mediators, facilitate mutual arbitration activities such as court hearings, and jointly organize exchange activities such as training, meetings, seminars, and promotion.

5. Conclusion

A well-known overseas arbitration and dispute resolution institution may, after having made registration with the municipal justice authority and a filing to the justice department of the State Council, establish a business institution in the Lin-gang Special Area to conduct arbitration business with respect to civil and commercial disputes arising in international commercial, maritime, investment, and other fields.

Prior to the adoption of the Measures, the representative offices of foreign arbitration institutions were largely focused on promotion and logistical support rather than administering cases seated in China. The adoption of the Measures allows foreign arbitration institutions to administer cases seated in Shanghai.

However, after the Measures and the following foreign arbitration cases has been seated in Shanghai, there are still some uncertainties remains, as the definition of domestic or non-domestic cases under NY Convention. is a core issue which will influence the treatment of the award enforcement following up under PRC Law.

Even though there remain several core issues to be clarified, eg. the domestic case treatment expectation, the link-up rules with domestic enforcement rules, the closing-up step of model law and domestic arbitration law evolution, as such, the adoption of the Measures shows an important step towards the internationalization of Shanghai Arbitration-Hub Construction and will bolster international confidence in China's dispute resolution system.

自贸区外资保险监管和
经营创新的若干思考

王天有

2019年10月15日，《中华人民共和国外资保险公司管理条例》修订，增加"外国保险集团公司可以在中国境内设立外资保险公司，具体管理办法由国务院保险监督管理机构依照本条例的原则制定"的条款。暨此契机，为自贸区外资保险业发展带来重大利好。自贸区如何迎接外资保险公司带来的新机遇和新挑战？如何实现机制创新与变革，为保险业整体发展注入新的活力？笔者管中窥豹，愚以为自贸区应当提前谋划政策实施，加强监管创新，进一步缩减行政审批事项，优化监管规则，为外资保险公司发展提供广阔空间。针对外资保险公司的发展而言，要充分发挥其治理优势，鼓励持续优化产品创新，大力运用保险科技，完善消费者权益保护，带动中国保险业整体提升。

一、问题反思：规则的再检视

（一）市场准入的要求过于严苛

当前，我国对保险公司的设立采许可主义，即设立必须经保监会批准。且设立保险公司，必须同时具备以下条件：（1）具有合格的投资者，股权结构合理；（2）有符合法律规定的公司章程；（3）符合注册资本最低限额：人民币2亿元。同时，在保险公司的设立中，从申请筹建到开业申请再到核准许可，其耗时将近2年。这种极为严苛的条件，优势在于能够保障稳定的保险市场秩序，缺点也显而易见：不够灵活，漫长的审批等待也会使大批打算设立保险公司的人尤其是外国资本望而却步。

而对设立外资保险公司，我国法律规定了更加严苛的条件：（1）经营保险业务30年以上；（2）在中国境内设立代表机构2年以上；（3）提出申请前一年年末总资产不少于50亿美元；等等。2019年7月20日，国务院金融委办公室宣布了11条金融业进一步对外开放的政策措施（以下简称"国11条"），其中放宽了外资保险公司准入条件，取消30年经营年限要求，这大大便利了外资保险公司的设立。近期，中国银保监会修订颁布《中华人民共和国外资保险公司管理条例实施细则》（中国银行保险监督管理委员会令2019年第4号，以下简称《外资保险公司管理条例实施细则》），取消了外资保险公司设立前需开设2年代表处准入要求。设置保险公司的审批期限能否缩短？对外资保险资产数字、规模等要求能否降低？在行政审批简政放权的大背景下，讨论这样的问题具有极大的现实意义。

（二）外资比例的限制不尽合理

在很长一段时间内，外国保险公司进入中国市场，必须与中国企业合资组建保险公司，而且外资比例不得超过50%。截至2019年底，除极少数特许的外资保险公司外，国内市场上大多数外资保险公司都是和国内企业合资的。能否提高外资占比，甚至大力支持外资独资保险公司发展？"国11条"规定，人身险外资股比限制从51%提高至100%的过渡期，由原定2021年提前到2020年。这也就意味着从2021年开始，对人身险外资股比的限制将进一步解绑。与之对应，《外资保险公司管理条例实施细则》将外资人身险公司外方股比放宽至51%，全力确保平稳过渡。允许境外金融机构投资设立、参股养老金管理公司，放宽了外资对养老保险领域的涉足。

笔者认为，此举将进一步释放外资企业活力，自贸区应当采用更加灵活的策略，聚焦中国银保监会提出的2020年底不再限制的目标，提前谋划外资股比限制解除后，带来的资金风险和监管问题，利用自贸区独特优势和政策便利，大胆先试先行，以更积极的举措，为全国推行提供案例、积累经验。

（三）公司治理的目标的抵牾

截至2017年，共有来自16个国家和地区的境外保险公司在我国设立了57家合资保险公司，下设各级分支机构1800多家，世界500强中的外国保险公司均进入了中国市场。但是相较于国内保险公司，外资保险发展较为缓慢。

究其原因，与公司治理结构有很大关系。寿险只能以合资的形式设立保险公司，因为没有主导权，对于整个公司的治理架构其实有很大影响。外资股东重视稳健经营，内资股东重视发展规模、速度，产生分歧在所难免。事实上，因为经营理念不同，"分道扬镳"的保险公司不在少数，在27家合资寿险公司中，从未发生过股权更迭的仅有汇丰人寿、德华安顾人寿和复星保德信人寿3家。

外资保险的出现，完善了我国保险市场的主体结构，形成了中外资保险公司优势互补、公平竞争、和谐发展的局面。外资保险机构市场份额逐步扩大，从入世之初不足1%增长到2019年底的7.17%。截至2019年7月底，外资保险公司总资产达到10022.50亿元。相较加入世界贸易组织之初的30亿元，实现了较大发展。外资保险公司的进入，带来了先进的理念、技术、产品，推动了行业改革发展；在合规和风险防控方面，外资保险公司坚守依法合规经营理念，积极防控风险，推动了市场规范化发展，起到了很好的示范作用。总体来看，外资保险公司已成为我国保险市场发展的重要组成部分，对保险市场的影响逐步增强，但是存在的外资保险机构发展相对缓慢、份额占比仍然较小等问题，也是影响我国外资保险持续发展壮大的重要因素。

二、监管创新：监管的再优化

（一）进一步拓宽业务经营范围

外资保险公司在中国的业务经营范围，长期以来被牢牢限制在几个区域内，并且以财产险居多。2018年底，我国外资寿险公司数量为28家，这与内资保险公司相比，数量微不足道：2018年底，我国保险机构数量达235家。[①]

外资保险公司急切拓宽业务经营范围。举例来说，不少外资保险公司跃跃欲试，想加入中国的养老保险经营。试点外资养老保险，可以成为自贸区保险业发展的新亮点。目前已有首家外资养老保险公司获准筹建，而银保监

---

① 资料来源：《2018年中国保险行业发展回顾及2019年行业发展趋势分析》。

会高层领导也表示将鼓励外资保险公司进入健康、养老、巨灾保险等专业业务领域，参与保险业经营的新模式，支持其参与国家和保险业的各项改革。我们相信，外资保险公司的参与绝对是利大于弊的。

与之形成对比的是，为进一步优化口岸营商环境，提升通关便利化水平，海关总署、银保监会决定扩大参与关税保证试点的保险公司范围。自2019年8月20日起，共有8家保险公司参与关税保证保险试点，其中无一家外资保险公司。[①]固然，关税保证试点，可能涉及我国的主权或者国家秘密。因此，外资保险公司参与可能有诸多不便。但是，是否赋予了外资保险足够的知情权和参与权？是否有足够合理的理由，还是仅仅因为其是外资保险？

外资保险经营范围的设定，要求中国银保监会站在更高的起点上，着眼发展全局，正确处理速度和发展质量的关系，改善外资经营环境，在新一轮市场准入批准或者扩大业务经营范围方面，为外资保险公司提供更多机会。

（二）缩减行政审批

近年来，本届政府一直在努力深化"放管服"改革，推行简政放权举措，行政审批的缩减便是其中一项。保险业发展事关金融秩序稳定，因此对于外资保险公司可以涉足的保险领域，应合理设置"负面清单"，逐步放开对外资保险的管控领域和范围，赋予更多与内资保险公司平等竞争、同台竞技的机会。外资保险公司的设立，审批权限归中国银保监会，甚至部分事项需报请国务院同意。因此，自贸区把握金融创新的契机，应当将外资保险行政审批纳入金融创新的规划之中。尤其对于上海而言，上海要建成国际金融中心，保险业务显然是其中重要组成部分。建议自贸区要加强与国务院、中国银保监会沟通交流，力争突破现有制度的束缚，推出更多具有竞争力、适合国情的保险审批政策在自贸区先行先试。

[①] 中国平安财产保险股份有限公司、中国大地财产保险股份有限公司、中国人寿财产保险股份有限公司、阳光财产财产保险股份有限公司和太平财产保险股份有限公司新获准，加上之前获准的中国人民财产保险股份有限公司、中国太平财产保险股份有限公司和中银保险股份有限公司，共8家。

（三）优化监管规则

对保险公司的监管，长期以来一直是以事前审查为主，而忽略了全过程监管的重要性。等到"爆雷"之时，就会群起而声讨制度上存在的漏洞和监管不力。因此，要想进一步在保障保险市场安全的前提下激发保险公司活力，必须双管齐下。一手抓监管，梳理现有规则，进行修订、更新，扎牢制度的藩篱，抓好保险公司经营过程中的监管。一手抓服务，放松保险公司事前审批，如前文所言，采取负面清单管理模式，提升监管质效，进一步优化审批流程，将更多经历放在保险公司生产经营上，服务好企业发展。

优化监管规则，意味着具体监管规则要从严格的事前审查向事中事后监管转变。具体来说，市场准入的要求，应当缩短审批时限，允许外资保险在完成资本实缴或者提供足够的财力担保情形下，更早、更快地拿到保险营业执照，同时，中国银保监会加强营业过程中的抽查和监督，全面推行"双随机、一公开"监管、跨部门联合监管和"互联网+监管"等，积极探索大数据、物联网、区块链等新技术监管创新模式，督促外资保险完善公司内部治理，有力应对经营风险，避免侵害消费者权益等行为。

三、经营创新：服务的再提升

（一）持续开发新的险种

国内保险公司长期以来，面临着只重数量、不重质量的粗放式发展模式，业务范围耗费在大量简单的保险业务上，忽略创新的价值。与国内保险公司相比，外资保险公司的创新能力、忧患意识明显更强，表现在公司经营上，治理能力更高、治理体系更加完善。当前，我国保险市场经历了改革开放以来40多年的发展，各方面取得长足进展，但是仍面临着寿险业转型、渠道质量提升、车险市场化改革等挑战，呼唤着不断创新的征程，持续开发新的险种，加强保险产品的个性化定制，满足人民日益增长的保险需求，成为新的选择。对外资保险公司而言，因为"在异乡为异客"，拥有强大的创新内在驱动力，开发新的险种，拓宽业务范围，正是其应有之义。自贸区应当鼓励外资保险加大创新驱动力度，不断探索新的保险种类和样式，这不仅有利于外资企业发展，也有助于精准服务金融消费者需求。

（二）大力运用保险科技

科学技术的进步为保险业蓬勃发展提供了新的机遇，对于外资保险公司而言，较强的创新意识鼓励他们加强大数据的应用，为健康评测、保费测算等提供支持。在物联网应用领域，可穿戴设备是物联网健康管理非常重要的一个感应终端。发展可穿戴式设备能推动健康管理模式的创新。普及可穿戴设备可以为保险行业，特别是健康保险提供需要的数据资料。依照既定程序设定好可穿戴设备，就可以自动收集客户对应的健康数据，也能够形成一系列的结构化和非结构化数据，这些数据的积累可以为进一步挖掘客户的保险需求、提供定制化和个性化的健康保险服务解决方案。另外，广泛应用可穿戴设备能够协助保险公司实现差异化的健康保险定价。可穿戴设备可以协助保险公司实时收集客户的健康数据、饮食数据、运动数据，之后把个人数据传送到数据库，生成独特的健康档案和电子病历，实现被保险人健康状况的"数字化"，有利于精确地估算其身体的风险状况。这种大数据的运用，有助于根据客户的健康数据和电子健康记录确定对应的保险产品，然后实现定价差异化，风险高的客户的保险费要收取高一些，低风险的客户则会相对便宜，便有利于打破传统保险产品定价单一化的劣势，实现保费收取更加多样化。而这一方向，也可能是外资保险实现弯道超车的新路径。

（三）完善消费者权益保护

近期，在中国银保监会发布的《关于银行保险机构加强消费者权益保护工作体制机制建设的指导意见》（银保监发〔2019〕38号）中，将消费者权益保护融入公司治理各环节，董事会承担消费者权益保护工作最终责任，董事会设立消费者权益保护委员会，高管层确保消费者权益保护战略目标和政策得到有效执行，并明确部门履行消费者权益保护职责。由此观之，中国银保监会已经注意到了消费者保护的问题，并强调要积极加强金融消费者权益保护。

在我国，保险公司与投保人之间的矛盾与冲突几乎比比皆是，闹上法庭也不在少数。一方面，固然存在由于投保人自身不理解保险范围、保险规则等自身原因；另一方面，保险公司操作不规范的原因更多。大量保险推销员违反程序推销、虚假承诺，骗取当事人购买，而后在发生保险事故时，被保险公司拒赔。保险公司本就是强势一方，利于保险规则制定权，制定有利于己方的保险合同，再利用保险消费者专业知识的缺失，在发生保险争端时，拒不履行赔付义务。对外资保险而言，由于各项公司内部治理较为完善，在加强风险防控、做好保险消费者权益保护、坚持依法合规经营等方面，相信能够发挥积极示范作用。

四、结语

自贸区本就是自由贸易的试验田，自贸区关于外资保险公司的规则，更应大胆创新、有所突破。2019年，外资保险公司实现保险收入为3057亿元，所占市场份额为7.17%。截至2020年初，外资保险公司在我国已经有较长的发展历史，但潜力依然巨大。为充分激发外资保险潜力，活跃我国保险市场，自贸区应当在尽可能的情况下，充分运用政策法规、贸易规则制定等优势，大力创新监管规则和经营理念，努力推动外资保险业蓬勃发展。

并购重组与争端解决篇

深化资本市场供给侧结构性改革
更好发挥市场化并购重组主渠道作用

蔡建春

并购重组既能注入优质标的，又能出清不良资产，兼有"入口"和"出口"双重功能，是优化资源配置、实现价值发现的重要渠道。纵览全球主要经济体的发展史，从中观和微观层面看，在很大程度上就是一部行业、公司兼并重组史。以美国为例，19世纪末以来，相继发生了五次大规模并购浪潮，深刻地改变了美国乃至世界。德国、日本等国也发生过影响深远的并购活动。深入研究并借鉴其中的经验，不断深化我国并购重组市场化改革，把好入口和出口两道关，是发展多层次资本市场、提高上市公司质量、建设现代化经济体系的一项重要任务。

一、并购重组是经济腾飞与繁荣的重要推动力

并购重组是企业发展壮大的"助推器"。芝加哥经济学派代表人物、诺贝尔经济学奖得主乔治·斯蒂格勒曾说过："没有一家美国大公司不是通过某种程度、某种形式的兼并成长起来的，几乎没有一家公司主要是靠内部扩张成长起来的。"同行业的横向并购能够产生规模效应，上下游的纵向并购能够产生协同效应，并购推动企业提高生产经营效率、增强市场竞争力。1996年至2018年，美国上市公司通过并购注入资产为17.92万亿美元，是同期美国企业首次公开募股（IPO）募资金额的10余倍，并购成为推动企业规模扩张的主要力量。以微软为例，1996年至今共完成420多次并购，交易规模超过1000亿美元，将大批同行业公司收入麾下，实现了从小型软件商到操作系统领军企业再到全球科技巨头的重大转变。2018财年微软营业收入达1104亿美

元，近20年年均复合增长率达12%。

并购重组是产业结构升级的"助推器"。从宏观层面看，大规模的并购重组活动能够对一个国家的产业结构产生重大而深远的影响，美国五次并购浪潮相继推动其从农业经济向工业经济、信息经济的转型跨越。从中观层面看，并购重组是推动各行各业自身纵向升级的重要力量。例如，2018年美国第二大电信运营商AT&T收购时代华纳，整合传媒业资源，推动传统电信行业向数字化服务领域转型升级；再如，生物药是当前医药行业的技术前沿，创新频出、增长迅速，美国辉瑞等成熟药企纷纷并购新兴生物科技企业，推动医药行业整体升级。

并购重组是盘活存量资源的"助推器"。境外成熟市场由于内外部约束机制比较健全，新陈代谢较快，"大进大出"特征明显，上市公司质量始终保持在较高水平。据统计，1990年至2000年纽约证券交易所和纳斯达克共有IPO公司6507家，但目前仍存续的公司仅1180家，5327家公司已退市，持续上市时间的中位数不到8年。但在如此庞大的退市公司群体中，强制退市的家数并不多，近5年来每年约10家，仅占全部退市公司的5%，而通过并购实质性退出的家数占比达56%。并购已成为市场化出清的重要渠道，有效化解了存量风险。

并购重组是完善公司治理的"助推器"。世界银行原行长沃尔芬森曾说，对世界经济而言，完善的公司治理和健全的国家治理一样重要。并购重组市场特别是公司控制权市场的充分发展，能够对公司现有管理层起到约束和惩戒作用，促进管理层忠实地执行职务，为全体股东利益勤勉尽责，从而提升公司治理水平和管理效率；能够通过市场化方式，调整上市公司股权结构，改组董事会，改变公司对管理层的激励方式，从而优化和改进公司治理。美国自20世纪80年代起，以KKR为代表的金融投资者积极并购经营状况不佳的成熟企业，并在并购完成后通过调整组织结构、替换管理层等方式，改善公司治理水平、提升经营业绩。2010年汉堡王被私募股权机构3G资本收购后，公司治理和经营业绩持续改善，市值从当年的24亿美元增长至当前的180亿美元左右。

并购重组是融入国际经济的"助推器"。在经济全球化时代，跨境并购作为在全球范围内配置资源的重要方式，有效地推动了本土企业的全球扩张，促进了世界经济的深度融合。1995年至2018年，日本公司跨境并购规模达1.09万亿美元，约占同期并购重组总量的三分之一，为维护和增强日本经济的国际影响力作出了重要贡献，如2018年日立收购覆盖美洲、欧洲、亚洲、非洲的ABB电网，业务拓展至全球，一跃成为全球最大的电网公司。跨境并购使得一大批企业成功进军国际市场，参与国际分工与合作，实现了全球优质资源的整合，充分体现了一国经济的国际竞争力。

并购重组是繁荣资本市场的"助推器"。上市公司是资本市场的基石，并购重组通过出清不良资产、淘汰过剩产能、注入优质资产、改善公司治理等方式，夯实和提高上市公司质量，推动资本市场平稳健康发展。数据表明，并购重组活跃与资本市场繁荣往往具有显著的正相关性。美国五次并购浪潮均不同程度地助推了资本市场的发展，如第二次浪潮时期（1916年至1929年）道琼斯工业指数上涨151%；第五次浪潮时期（1992年至2000年）道琼斯工业指数上涨240%。虽然股市上涨是多种因素共同作用的结果，但不可否认，并购重组是重要推力之一。

二、境外成熟并购市场发展的主要规律和特点

第一，资本市场成为并购重组主渠道。早期零星的并购多为不公开的私下交易，成本高、效率低，随着经济日益发展，难以适应大体量、复杂化并购的需求。不断成熟的资本市场，以其公开透明的运行方式、市场化的定价机制、健全的融资功能，大大提升了并购交易的效率，越来越多的并购重组以上市公司为交易主体、通过资本市场进行。据统计，1995年至2018年，全球以上市公司作为买方或卖方的并购总规模占到了全市场的81%；在某些年份，这一比例达90%以上。

第二，市场主体充分博弈是提高并购市场效率的根本举措。根据福利经济学第一定理，当市场完备时，任一竞争性均衡都必然是帕累托最优的。美国经济学家哈维·罗森认为，竞争的经济会"自动地"实现有效的资源配置。受上述经济学理论影响，成熟市场的并购制度侧重于"公平游戏规则"，重点是信息公开透明，保证交易双方、中介机构、投资者有充分的信息和时间自主决策，给市场主体留下充足的博弈空间，监管部门并不对交易

做实质判断。这一制度安排有利于提高市场的活跃程度和交易效率，促进资源优化配置。美国迪士尼在收购福克斯公司旗下影视资产过程中，与美国最大有线电视运营商康卡斯特开展了激烈竞争，最终以713亿美元的价格成交，较其首次要约价格溢价约36%。此次并购不仅有利于发挥双方的协同效应，也充分保证了福克斯股东的利益，彰显了美国并购市场的有效性。

第三，金融工具创新是并购市场发展的重要推动力。从境外市场情况看，并购规模的快速增长，与高收益债券等新型融资工具被广泛使用密不可分。2007年6月，美国私募机构黑石以260亿美元收购希尔顿酒店集团，其中自有资金仅60亿美元，2018年黑石完成投资退出，收益高达140亿美元。同时，可转债、优先股等多元金融工具广泛使用，满足了不同交易主体的多元化需求，也推动了并购市场的发展。1995年至2018年，美国市场共有468单并购交易采用可转债作为支付工具，涉及交易总规模2250亿美元；463单并购交易的支付方式包含优先股，涉及交易总规模约3900亿美元。创新金融工具的规范使用，显著提高了并购效率。

第四，中介机构是维护并购市场真实性合规性的重要防线。信息不对称理论认为，在市场经济活动中，各方对信息的了解存在差异，而非对称的信息结构会对经济活动产生显著影响。在并购市场中，交易各方也存在信息不对称，中介机构的专业服务，就是要帮助各方消除信息不对称、沟通核心诉求、保护核心利益，从而提高并购市场真实性、维护市场秩序。由于中介机构的作用如此重要，境外成熟市场十分重视对中介机构的监管，一旦发现其未勤勉尽责，将予以严肃追责。2016年2月，中国香港证监会因某知名投行作为财务顾问，违反相关规定对其实施公开谴责。

第五，法律、税收等制度对并购市场影响重大。法律制度、税收制度直接影响并购重组市场的活跃程度和发展趋势。比如，1914年美国国会通过《克莱顿法》，大幅加强反垄断执法，此后同行业横向并购受限，上下游纵向并购快速发展；1950年美国国会通过《塞勒—克福弗法》，纵向并购被纳入反垄断限制对象，多元化混合并购逐渐成为主流；20世纪80年代开始，在全球化背景下，反垄断执法有所放松，横向和纵向并购大幅增长。再如，美国于1980年、1981年先后颁布《分期收款修正案》《经济复苏和税收法案》，降低资产出售方的资本利得税，企业并购活跃度明显上升；1986年

《税制改革法案》出台，限制企业在出售资产时可采取的降低税负措施，1987年美国并购交易规模较上年减少13%，市场活跃度明显下降。

第六，有效监管是并购市场健康发展的重要保障。金融市场作为一种中性的资源配置手段，本身并无好坏、善恶之分，用之得当、有序发展，则服务实体经济；用之失当、无序发展，则引发各种市场风险。多年来，境外成熟市场监管机构围绕并购实践中出现的问题，按照趋利避害的原则，及时出手、对症下药、校正方向，促进了市场健康发展。比如，近年来香港市场借壳交易活跃，不少企业借此登陆资本市场，但也滋生了大量投机炒作行为，成为市场操纵和内幕交易的温床。为此，香港交易所于2019年7月宣布将修订借壳上市规则，买壳方在取得控制权后注入资产被认定为借壳的期限由目前的24个月延长至36个月，以遏制对壳股的非理性炒作。同时，充分的司法救济也是并购市场健康发展的必要支撑。

三、不断深化我国并购重组市场化改革

上市公司并购重组有力地服务了国家战略和实体经济。从量的角度看，近年来A股上市公司并购重组规模持续增长，2018年交易金额达2.56万亿元，我国资本市场成为全球第二大并购市场。2012年前后，单个并购项目体量通常只有几亿元，10亿元以上就是"重量级"项目，而现在，百亿元以上的项目也屡见不鲜。从质的角度看，并购重组在"抓两头带中间、提高上市公司质量、推动经济高质量发展"方面发挥了重要作用。一是同行业、上下游的产业并购占比超六成，一大批实体企业通过并购实现提质增效。二是并购标的中高新技术产业、高端制造业占比显著提升，有力地促进了经济转型升级。三是出清式重组数量逐年递增，成为深化供给侧结构性改革、盘活存量的重要渠道。四是央企集团将同类资产整合至同一上市公司平台，成功探索了国有资本运营新模式。五是控制权市场快速发展，对上市公司及管理层的市场约束逐步增强。

并购重组"放管服"改革成效显著。一手抓简政放权、优化服务。证监会大幅减少和简化行政审批事项，目前仅5%左右的项目需证监会核准；提高审核透明度和效率，完善"分道制"，推出"小额快速"审核机制，平均

审核用时约60天，低于法定期限；发布科创板公司重组特别规定，发行股份购买资产实行注册制，并对重大资产重组认定标准、发行定价机制等作出更富包容性的规定；创新融资和支付工具，推出定向可转债等新品种；研究完善重组上市规则，优化认定标准，支持符合国家战略的高新技术产业和战略性新兴产业相关资产在创业板重组上市；坚持市场化方向，完善股份定价机制，优化配套募集资金监管规则；研究制定上市公司境内分拆上市规则，明确分拆条件和流程。一手抓依法监管、严格监管。证监会不断完善全链条监管机制，从严监管"三高"并购、盲目跨界并购，强化内幕交易防控，加强承诺履行监管，切实维护广大投资者的合法权益。2018年，经证监会审核的第三方重组标的资产增值率为3.8倍，已较2016年的7.5倍、2017年的5.2倍大幅下降；市场理性程度有所提高，以往那种"一披露重组信息，股票就被爆炒"的情况明显减少。

当前，我国经济正处于结构调整、转型升级、爬坡过坎的关键阶段。打造一个规范、透明、开放、有活力、有韧性的资本市场，提高上市公司质量，离不开一个高效、规范的并购重组市场。2018年A股上市公司并购重组规模约占整个并购市场的六成，相较境外成熟市场八成左右的占比，还有很大提升空间。同时，并购市场发展面临一些堵点，如融资渠道相对单一、股份定价机制过于刚性、支付工具有待丰富、跨境换股收购限制较多、中介机构"把关作用"发挥不充分等。

作为监管部门，要牢牢坚持市场化、法治化方向，处理好政府与市场的关系，为市场主体充分博弈创造条件，切实维护市场"三公"秩序，支持并购市场长期健康发展。

一是着力完善市场机制。研究优化定价、配套融资等基础制度，给予市场主体更多灵活度和自主权。畅通并购重组作为市场退出的重要渠道。优化信息披露规则，减少冗余信息，提高信息披露效率。支持私募基金等积极参与，畅通有序退出通道。压实中介机构"看门人"责任，加强事中事后监管。

二是不断丰富市场工具。在总结前期试点经验的基础上，抓紧制定定向可转债监管规则。研究推出优先股等支付工具。

三是有效实施分类监管。继续从严监管"三高"并购和"忽悠式"重组。支持符合产业逻辑、回归实体本源、契合国家战略的并购。依法加强重组上市监管，有效遏制"炒壳"等现象。

四是推动优化外部环境。配合《证券法》修订工作，进一步夯实并购市场法治基础，提高违法违规成本。加强与发改、财税、商务、国资等部门的沟通协调，完善制度规范，强化政策支持，进一步营造并购市场良好环境。

（蔡建春，中国证券监督管理委员会上市部主任）

论发展自贸区新片区涉外
法律服务的完善

李志强　张博文　裴康娓

一、背景介绍

2019年8月6日，国务院印发《中国（上海）自由贸易试验区临港新片区总体方案》（以下简称《总体方案》）。这意味着上海自贸试验区第二次顺利扩区，上海自贸试验区深化改革和扩大开放迈入新征程。《总体方案》中提出"对标国际上公认的竞争力最强的自由贸易园区，选择国家战略需要、国际市场需求大、对开放度要求高但其他地区尚不具备实施条件的重点领域，实施具有较强国际市场竞争力的开放政策和制度。"同时，《总体方案》还提出"打造更具国际市场影响力和竞争力的特殊经济功能区，主动服务和融入国家重大战略，更好服务对外开放总体战略布局。"

纵览目前世界上比较著名的自由贸易港，其背后都依托着相对透明、先进并具有公信力的配套司法体系和争议解决机制，"游戏规则"的清晰和可操作使得相关交易更为频繁和易于发生，商业要素在上述相对安全的司法建制体系下可以充分发挥作用，"劣币"几乎无滋生的温床，高效的商业相反又进一步促进司法建制和争议解决机制的进一步迭代和进步，实现良性循环。作为严格意义上"管"的司法系统和后续解决问题的争议解决机制，貌似与自贸区（港）最为核心的"对外开放"中"放"的宗旨有所冲突，其实不然。"自由"二字，于"自由贸易港"定义中，其实其对于东道国的法制环境要求得很苛刻。繁冗苛政可能会从根本上绞杀了"自由"的意义使其流于形式，而无羁的自由也与混乱无异，上述两种极端都会导致境外优质资本或资源的"畏于"流入，甚至会对东道国优质资本和资源的输出造成一定程度的不利影响。因此，司法建制的体系化完整、司法规则适用的统一和高效及争议解决机制的先进和透明是"自贸港"时代司法制度发展的目标。

此次新片区的发展规划中明确指出了"以投资贸易自由化为核心深化制度创新"，其中便包含了提供国际化的涉外法律服务，支持新片区加强国际商事纠纷审判组织建设。允许境外知名仲裁及争议解决机构经上海市人民政府司法行政部门登记并报国务院司法行政部门备案，在新片区内设立业务机构，就国际商事、海事、投资等领域发生的民商事争议开展仲裁业务，依法支持和保障中外当事人在仲裁前和仲裁中的财产保全、证据保全、行为保全等临时措施的申请和执行。

二、目前发展自贸区新片区涉外法律服务之困境

此次新片区的发展规划中，最为引人注目的便是"加强国际商事纠纷审判组织建设"。作为解决争议手段之一的国际商事仲裁，也是自贸区解决纠纷的重要形式。商事仲裁因其所具有的程序高效快捷、充分意思自治、仲裁程序保密、仲裁成本合理、裁决易于执行的独特优势，已成为解决国际商事争议最为有效和最受欢迎的方式。上海自贸区早在2013年10月就设立了仲裁院。在可预见的未来，自贸区的运行必将催生一大批国际和涉外仲裁案件，类似案件的特点均是案情复杂、标的巨大，这也是我国法律从业者更广泛地参与全球性商事仲裁的重要契机。

面对如此之大的法律服务市场，我国律师与律所仍不能深度地参与到该等服务市场中去，主要面临以下几个方面的问题。

（一）人才匮乏

无论是政策立法演变中所需体现的创"新"，还是行政管理进步中所需彰显的合"理"，或是司法建制发展中所需遵循的求"全"，都离不开优秀的法律专业人才的理解和实践，了解海外法律体系、了解外商环境和规则也成了涉外法律人才必须掌握的基本要求。目前，国内的律师队伍的整体涉外服务的专业能力有待提高，对于各国法律、国际法规了解不够、研究不深，

对国际和涉外业务缺乏经验，真正能够熟练处理涉外法律事务的涉外法治人才数量不足，离实际需要有很大的差距。随着涉外业务的逐渐增加，即使是给国际客户提供在律师本国内的法律服务，也往往要涉及很多国外、国际的法律法规甚至是法律之外的国际业务等方面的知识。而目前我国律师群里的大多数律师，无论是接受的大学法学教育，还是参加国家司法考试，都存在着重国内法轻国际法（国外法）的严重缺陷，这种单一的知识结构往往是无法适应国际性法律服务要求的。同时，涉外法治人才培养在涉外法治建设中具有基础性、战略性、先导性的地位和作用，其本身就是一个系统工程。而在高校培养方面，我国法学教育对涉外法治人才培养重视不够，在一段时间里压缩了国际法学科、取消了国际法专业、减少了国际法课程、脱离了国际法实践、忽视了学科交叉融合、弱化了人才培养质量。

（二）缺乏资源共享机制

律师事务所对律师的管理主要表现为两种模式。一是挂靠制。挂靠制是律师向律师事务所缴纳固定费用，律师事务所给律师出具办案手续的一种管理模式。这种模式是律师根据律师事务所的品牌效应进行估值后，认为该所的品牌符合挂靠费的价值，从而自愿加入该所。而在涉外法律服务领域，行业内缺乏统一资源共享机制。涉外法律服务行业目前的资源共享机制不够完善，律师事务所专业化程度不够高，法律服务市场分工不细，法律服务质量与效率有待提升。同时，因为律师执业独立性的原则，导致律师事务所对律师的管理趋于淡化。整个市场的内部、外部环境不能为法律服务提供一个合理的竞争、人员流动、信息共享等，这些导致涉外法律服务方面存在先天性不足，在国际竞争中也很难具备强大的竞争力。

（三）认同感欠缺

让客户更有认同感，就是通过律师事务所和律师的由内而外、由小到大的态度、行为，以及品牌形象，让客户了解律师事务所的发展模式、发展理念、愿景、使命和价值观，使客户与律师事务所和律师一同成长。目前，国内市场主体对境内律师事务所、律师的认同感不高。由于上述二者问题，导致长期以来，涉外法律服务的质量无法跨越式提升，这就导致市场主体普遍对境内律师、律师事务所的信任感降低。具体体现在大型项目中，即使是境内部分项目，也往往依赖或更愿意选择境内的外资分所，而对境内的本土所缺乏信任。而这也出现了境内本土律师、律师事务所往往扮演着配合与协助的角色，而难以把握政策红利，无法主导整个项目的进行。

三、发展自贸区新片区涉外法律服务的建议

对于现存的律师涉外服务中暴露出的问题，面对上海自贸区临港新片区扩大开放对涉外法律服务现实的需求，建议各方从多方面给予律师和律师事务所更大力度的、切实可行的政策和资源支持，鼓励发展涉外法律服务。因此，建议从以下几个方面入手，提高我国外法律服务的服务能力，积极参与到自贸区新片区涉外法律服务当中。

（一）制度支持

将境内设立境外法律服务机构纳入对外投资管理，落实相关扶持政策。针对现阶段自贸区新片区涉外法律服务业所面临的困境，应该制定相应的鼓励政策，支持国内有实力的律师事务所到境外设立分所，扩宽律师事务所的服务面。不仅如此，相关政府部门还应该落实扶持政策。境内律师事务所到境外开设分所，与国外本土的律师事务所相比，存在先天的劣势，这些劣势包括语言交流的劣势、法律法规熟悉程度的劣势、地理人文环境熟悉程度的劣势等。这些劣势并非一朝一夕能够弥补，需要长时期的发展才能见效。所以政府相关部门应该给予各方面的扶持政策，支持国内律师事务所跨境设立分所或代表处的活动。

（二）提高业务水平

提升涉外法律服务行业的管理水平，制定合理的执业规范，提高涉外律师的业务水平，大力开拓涉外法律服务业务领域。随着上海自贸区临港新片区涉外法律服务的开放与开展，法律服务行业的业务范围将不断拓展，法律服务市场的开放程度将不断扩大，市场的扩大需要我国在对法律服务业的管理手段和模式的配备，律师的职业规范与业务水平、服务质量等方面不断提

高和完善。因此加强涉外律师的职业道德建设，提高法律服务业的信誉和信用，是当前法律服务体系建设一项重要内容。

同时，从我们多年的执业经历不难总结，客户的获得感无非包括五个层次：第一，获得专业服务，也就是保证客户的法律问题得以解决；第二，保证客户的风险获得规避；第三，通过律师事务所和律师的服务，使客户的目的获得实现；第四，在律师的保驾护航中，保证客户的利益获得保护；第五，律师事务所、律师和客户在合作过程中获得彼此尊重。因此，提高业务水平是增强客户认同感的关键，也是培养认同感的起点。

（三）注重人才的培养

引进和培养涉外法律服务人才。涉外法律服务作为律师业务中"高精尖"的领域，其发展极度依赖具有专业能力与涉外交流能力的法律人才。一方面，需要大量引进国外的相关法律人才；另一方面，应该着力培养我国的涉外法律人才。引进人才无疑是一条快速提升行业整体水平的捷径，可以通过引进专业人才，同时给予一定的优惠政策，在短时间内完成行业提升。这对于境内本土律师事务所应对即将开放的自贸区新片区法律服务市场是非常有益的。而对于我国本国的涉外法律服务人才，更应该着重进行长期培养。上海市本身具有相当优质的教育资源，各个律师事务所的涉外业务的体量较其他省份来看，也更为庞大。因此，建议各个律师事务所可以在与相关高校进行对接的基础上，建立实习培养基地，专门针对有意向并具有一定能力的法律人才进行定向培养。

同时，从高校人才培养来看，应健全国际法学科体系，将国际法学确立为法学门类下的一级学科。学科专业是相对独立的知识体系，也是学术分类后形成的功能单位，更是专业人才培养的载体，对高级专门人才的培养至关重要。在我国目前设置的学科法学门类中，只有一个法学一级学科、一个法学专业，与哲学、经济学、教育学、文学、历史学、管理学等社会科学学科门类均有两个或者两个以上一级学科专业的现状，差距很大，极不平衡，矮化、弱化了法学学科专业在整个社会科学领域的地位。为了满足我国培养涉外法治人才的迫切需求，有必要把国际法学升格为法学门类下的一级学科，这样在法学门类下形成法学（以国内法学为主）和国际法学两个一级学科。

四、结语

我们的畅想与建议如能落实，自贸区新片区将实现快速良性的法律服务市场发展，因此定能实现令所有法律人激动不已的法律服务"中国方案""上海模式"，我们拭目以待。

浅析涉及中国房产赠与公证及实务[①]

张　铮

一、定义及受理条件

赠与是赠与人将自己的财产无偿给予受赠人，受赠人表示接受的法律行为。[②]赠与合同是赠与人将自己的财产无偿给予受赠人，受赠人表示接受赠与的合同。赠与合同公证是公证机构根据当事人的申请，按照法定程序证明赠与人和受赠人签订赠与合同行为的真实性、合法性的活动。根据具体情况，可以拆分成赠与公证、受赠公证两个子公证。[③]所以广义上的赠与公证，包含了赠与合同、赠与书、受赠书三种公证类型。

根据法律规定，赠与公证的受理条件包括管辖权、当事人申请材料审查、当事人的意思表示真实等内容。

《赠与公证细则》第六条规定：“赠与书公证应由赠与人的住所地或不动产所在地公证处受理。受赠书、赠与合同公证由不动产所在地公证处受理。”由此可以看出，倘若当事人选择在中国办理赠与公证，向不动产所在地公证处申请是最为常见的做法。目前在此受理环节，上海已经打破行政区划限制，比如，在上海市浦东新区的房产赠与公证，可以由上海市静安区的公证处受理，浦东新区房地产交易中心在过户环节也接受由静安区的公证处出具的公证书，这对于当事人而言是极大的便利。

当事人申请材料的审核方面还包括：（1）赠与人与受赠人的身份证明材

---

① 本文提到的法律规定如无特别标注，皆为中华人民共和国法律规定。

② 司法部律师公证工作指导司.公证员办证参考［M］.北京：法律出版社，2005：178.

③ 《中华人民共和国公证法》第十一条规定：根据自然人、法人或者其他组织的申请，公证机构办理下列公证事项：……（三）委托、声明、赠与、遗嘱。

料，主要侧重于赠与人为自然人且为境外身份时，购房时原证件与现在所持证件是否系同一人；（2）赠与人的婚姻状况考察，赠与是否涉及夫妻共有财产；（3）赠与所涉财产是否有权利瑕疵等。①

二、涉外因素叠加导致的赠与、过户、税收环节特殊点

在实务操作中，较为常见的情况是：房产在上海，而赠与人、受赠人中至少一人具有英国身份，或者同时兼有英国身份及他国身份，因而比起一般的中国居民之间的赠与，多了涉外因素，进而引起不同法域之间的冲突，导致整个程序较为烦琐。

（一）赠与

个人名下房产生前过户途径目前主要有两种：买卖、赠与。相较于买卖，赠与基于其特殊属性，笔者归纳了以下几项优点。

1. 购买5年内的房屋通过赠与方式过户总体成本较低。以转让距离前手交易不满5年的房产为例，相较于买卖方式过户，赠与方式产生的成本约为整个赠与转让部分估值的4%，远低于前者10%左右的交易成本。下文将在税务部分进一步详细分析。

2. 赠与不征收房产税。之所以需要将房产税单独列出，是因为倘若通过买卖方式过户，根据规定，需要将名下存量房产一并纳入房产税审查并征收的范围，且需要自购房后按年度每年支付，故会产生不小的成本。而赠与方式过户则不存在房产税的问题。

3. 赠与人可以明确赠与给受赠人个人，而不作为受赠人的夫妻共同财产。根据法律规定，赠与人倘若要保证受赠人取得的财产为其个人财产而非夫妻共有财产，可以在赠与合同或赠与书中加以明确。这在作为双务有偿合同的买卖合同中是无法体现的。

4. 受赠人可以承诺赠与人在所赠房屋中有永久的居住使用权。这是基于附条件的属性。实务中往往存在赠与人为老年人，为打消其思想顾虑，选择

---

① 上海市公证协会.上海市公证办理业务手册［M］.上海：上海人民出版社，2018：2754.

在赠与合同中或受赠书中载有该条款以保障老年人的合法权益。

5. 公证后的赠与合同不具有任意撤销权。我国《合同法》有明确规定。实务中采用此类方式的目的是限制赠与人的任意撤销。当然符合法定程序，赠与人可以通过法院行使撤销权。

6. 若房屋系商铺、办公楼，而受赠人为境外身份人士，则通过赠与可以过户。现阶段的上海市房地产限购政策规定，外籍个人、港澳台居民购买新建商品房（一手房）和存量房（二手房）的需同时满足：（1）外籍人个人在沪范围内家庭名下无住房且持有有效期内在沪工作满 1 年的劳动合同或满 1 年的在沪就业证；（2）港澳台地区居民在沪范围内家庭名下无住房且持有有效期内在沪工作满 1 年的劳动合同或有效期内满 1 年的在沪学籍证明；（3）可购入 1 套住房（只能购入住房，不能购入非住宅类用房，如商铺、办公楼等）。

值得注意的是，限购的前提是"购买"，而通过赠与方式过户，则不受到"限购"政策的限制。

7. 赠与周期短，且受赠人可以为未成年人。买卖的周期一般为1~2个月，而赠与过户的周期最快可以在10天内完成；买卖中买受人倘若为未成年人，需与父母一起为同一个单位作为限购的对象进行审核；而赠与中受赠人若为未成年人，没有这方面的限制。

除此之外，笔者认为，赠与人处分的是否是夫妻共有财产，具有避免法律冲突的意义。根据法律规定，对于涉外因素的夫妻财产关系，当事人若无选择，则先后适用共同经常居所地法律、共同国籍国法律。[①]

（二）过户

公证人作为法律专家，除协助申请人办理公证之外，往往还要向客户提供法律咨询和建议。作为办理公证的延伸环节，去房地产交易中心办理过户（所有权变更）成为非常重要的一环。只有出具的公证书被房屋所在地的

[①] 《中华人民共和国涉外民事法律关系适用法》第二十四条规定：夫妻财产关系，当事人可以协议选择适用一方当事人经常居所地法律、国籍国法律或者主要财产所在地法律。当事人没有选择的，适用共同经常居所地法律；没有共同经常居所地的，适用共同国籍国法律。

房地产交易中心接受，并以此作为房地产权变更的依据，公证书才能凸显其意义。

目前上海全市共有黄浦、徐汇、长宁、静安、普陀、虹口、杨浦、闵行、宝山、嘉定、浦东、金山、松江、青浦、奉贤、崇明16个行政区，对应的共有16家房地产交易中心。不可避免地，除法律法规规定外，各房地产交易中心在一些具体的做法上互相之间存在着差异，而这种做法上的不同往往成为当事人无所适从的根源。

以赠与为例，《上海市房地产登记条例》规定赠与后应当办理转移登记。①在法律层面理解为赠与合同经各方签字后即生效，所有权转移须在产权变更完毕后才完成。②如前文所述，赠与行为包括赠与合同或赠与书、受赠书这两种模式，过户的具体做法有所不同。

需要指出的是，上海各房地产交易中心在办理房地产过户时的主要依据为《上海市房地产条例》，该条例对于申请人的婚姻状况未做考察要求，而公证员办理赠与等公证的依据主要为《民法总则》《合同法》等，故在审查赠与人婚姻状况环节存在着较大差异。

（三）税收

1. 一般要求

根据目前最新的上海房地产交易法律法规规定，买卖方式中，房产出售方须支付的税费主要包括增值税、个人所得税等，购买方须支付契税、房产税等。上述税种规定了各种不同情形，包括需要区分普通、非普通房产等。③在距前手交易不满5年的情况下，通过购买方式出售方与买受方须支付的税费

---

① 《上海市房地产登记条例》第三十条规定：经登记的房地产有下列情形之一的，当事人应当在有关法律文件生效或者事实发生后申请转移登记：（一）买卖；（二）交换；（三）赠与；（四）继承、遗赠；（五）法律、法规规定的其他情形。

② 《物权法》第九条规定：不动产物权的设立、变更、转让和消灭，经依法登记，发生效力；未经登记，不发生效力，但法律另有规定的除外。《物权法》第十条规定：不动产登记，由不动产所在地的登记机构办理。《物权法》第十五条规定：当事人之间订立有关设立、变更、转让和消灭不动产物权的合同，除法律另有规定或者合同另有约定外，自合同成立时生效；未办理物权登记的，不影响合同效力。

③ 具体文件规定可以参见张铮公证员新浪博客：http://blog.sina.com.cn/zhangzhengnotary。

将高达整个交易金额的10%左右。而若通过赠与方式过户，如能满足下文阐述的前提，主要税费则将仅涉及买受方须支付的契税①，即使算上公证费等，总成本支出只占整个房产转让份额对应价值的4%左右，比买卖方式的成本减少50%以上。

2.特殊要求

（1）赠与人和受赠人若非近亲属②，则须再额外征收个人所得税、增值税

赠与本身并不禁止赠与人可以将名下房产赠与给任何人，但倘若赠与人与受赠人为近亲属，则只需受赠人支付契税这唯一一个税种，以此可以节约大量成本。

（2）关于受赠之后再出售房产的税收问题

如上文所述，房产出售须由出售方与买受方分别支付个人所得税、增值税、契税、房产税等。但该房产的出售方系前手交易的受赠人，该房产系通过赠与方式过户取得，则根据规定，出售方须支付20%个人所得税。而可以豁免该20%个人所得税的例外情况是须同时满足：个人取得房产距今已满5年且为唯一一套房产这两个条件③。

三、公约的影响及启示

与本文主题有关的比较重要的海牙公约有两个：《关于信托的法律适用及其承认公约》④（*Convention of 5 October 1961 on the Conflicts of Laws*

① 详见《财政部、国家税务总局关于加强房地产交易个人无偿赠与不动产税收管理有关问题的通知》（国税发〔2006〕114号）之（二）"关于个人无偿赠与不动产契税、印花税税收管理问题对于个人无偿赠与不动产行为，应对受赠人全额征收契税"。

② 赠与人和受赠人非近亲属具体指配偶、父母、子女、祖父母、外祖父母、孙子女、外孙子女、兄弟姐妹。详见《财政部、国家税务总局关于个人无偿受赠房屋有关个人所得税问题的通知》（财税〔2009〕78号）之一"以下情形的房屋产权无偿赠与，对当事双方不征收个人所得税：（一）房屋产权所有人将房屋产权无偿赠与配偶、父母、子女、祖父母、外祖父母、孙子女、外孙子女、兄弟姐妹"。

③ 详见《关于个人出售住房所得征收个人所得税有关问题的通知》（财税字〔1999〕278号）之四"对个人转让自用5年以上，并且是家庭唯一生活用房取得的所得，继续免征个人所得税"；上述文件所称"自用5年以上"，是指个人购房至转让房屋的时间达5年以上。

④ https：//www.hcch.net/en/instruments/conventions/status-table/notifications/?csid=915&disp=type.

Relating to the Form of Testamentary Dispositions）及《关于遗嘱处分方式法律冲突的公约》[1]（Convention of 1 July 1985 on the Law Applicable to Trusts and on their Recognition）。但迄今为止，中国并未加入这两个海牙公约，而中国香港是适用的。由于香港在早些时候加入公约，在1997年7月1日中国收回香港主权的时候，中国同时宣布上述公约将继续适用于中国香港。

之后中国陆续颁布了《信托法》（2001年）（Trust Law）和《涉外民事关系法律适用法》（2010年）（The Law of the Application of Law for Foreign-related Civil Relations of the People's Republic of China）。这对目前大量出现的涉外继承、财富管理等需求作出了具体的规定。不少学者发表观点，比较公约对中国立法的推动及影响，也有不少观点，呼吁中国早日加入上述两个公约。

笔者在上文也多次提到，公证人是法律方面的专家。当下的当事人已不满足仅仅是遇到公证需求才找公证人解决，而更多情况是希望公证人能提前介入，从咨询、方案设计，到公证办理后的过户、缴税等环节提供"一条龙"式的延伸服务，有的当事人甚至还可能会进一步希望在产权变更完毕后选择出售。

可喜的是，我们绝大多数同仁已经意识到了这个问题，但要凭一己之力协助当事人完成所有事项无异于天方夜谭。一方面，中国幅员辽阔，人口众多，各地公证处、房地产交易中心、税务部门的要求存在较大的差异性；另一方面，不断有新的法律法规出台，变化较大；而当事人的涉外因素导致绝大多数身份证明材料都由英国当局出具，部分当事人由于各种原因选择在英国公证人[2]面前签署公证文件。英国公证人在协助当事人办理涉及中国公证业务方面起到了重要的引导和支持作用，与上海等中国其他城市的公证员、专业人士一起，共同合作一起解决客户的需求。

（张铮，资深公证员，就职于上海市静安公证处，任公证处副主任，同时也是一名仲裁员和调解员）

---

[1] https://www.hcch.net/en/instruments/conventions/status-table/notifications/?csid=917&disp=type.

[2] 因原文在英国发表，本文为中文译文，故本文中以英国公证人为例进行介绍。

政府法律顾问篇

让市场监管工作在法治的轨道上前行

——在外聘政府法律顾问聘任仪式上的讲话

陈学军

各位法律顾问、同志们：

今天，我们在这里举行上海市市场监管局首届外聘政府法律顾问聘任仪式。首先，我代表上海市市场监管局，向今天受聘的25位法律顾问表示衷心的感谢！

刚才，我们发放了聘书，三位法律顾问代表作了表态发言。下面，我就落实外聘政府法律顾问制度，推进新形势下的市场监管法治工作，讲三点意见。

一、机构改革后市场监管法治建设成绩明显

上海市市场监管局成立以来，始终坚持以法治建设引领、推进市场监管体制改革，始终坚持以法治建设促进、优化营商环境，形成了依法行政、依法办事，解决问题用法、化解矛盾靠法的浓厚法治氛围，市场监管法治化水平进一步提高。

一是全员学习提能力。组织举办处长、所长和科级干部三种类别覆盖全员的培训班，采用集体研讨、案例分析、模拟法庭等多种形式讲解市场监管法律法规。开展《政府信息公开条例》《信访条例》《市场监督管理行政处罚程序暂行规定》等专业法律法规的培训。从市局机关到基层所队，全系统动员、全员参与国家市场监管法律知识竞赛和全国12315技能大比武，参与率全国第一、满分人数全国第一，在全国市场监管法律知识竞赛中取得初赛第一、决赛三等奖，在全国12315技能大比武中初赛第二、决赛二等奖的好成

绩。12月6日，也是在这里，我们隆重表彰了积极组织和参与法律知识竞赛和技能大比武的优秀单位和个人。

二是科学立法建体系。《上海市标准化条例》全票通过市人大常委会的审议并发布。参与市场监管总局《电子商务法》《企业信息公示暂行条例》及其配套规章的修订。梳理、清理市场监管局实施的政府规章13件，规范性文件111件。制定了《关于规范行政复议工作的通知》《行政处罚听证实施办法》《关于行政处罚案件有关程序的规定》《关于行政处罚有关事项的通知》《公平竞争审查工作办法》《反垄断执法工作规则》《关于价格监督管理工作事权划分的意见》等文件，不断完善法治工作机制和体系。

三是严格执法护秩序。在全国率先完成了"一支队伍、一个程序、一套文书、一个系统"的市场监管综合执法体制改革。开展了打击制售假冒伪劣和侵权"双打"行动、网络市场专项整治2019"网剑"行动、打击侵犯知识产权"铁拳"行动等一系列市场执法行动，全年查处违法案件2.1万件，增长率为1.1%，罚没款5.4亿元，增长率为15.1%；累计处置投诉举报和咨询80多万件。严格、规范、公正、文明的执法，不仅维护了市场秩序和消费者权益，更彰显了法律的权威和法治的成效。

四是严密监督促规范。全年共办理行政复议案件301件，行政诉讼33件。协助市人大财经委开展《上海市社会信用条例》执法检查工作，牵头做好市委全面依法治市委员会办公室开展的食品药品监管执法司法督察工作。

五是审批改革抓优化。"一窗通"被评为最受市民欢迎的"一网通办"十大案例，市级行政审批时间减少52%、材料减少60%，区级行政审批材料减少58%。依照"一次告知、一表申请、一口受理、一网办理、统一发证"的要求，跨部门高效办成"开办饭店"等8个民生事项审批流程的革命性再造，减少企业制度性交易成本。实施了计量器具形式批准、食品相关产品许可、低风险食品生产许可告知承诺制。与上海市司法局、上海市应急管理局联合发布实施全国首份省级跨领域《市场轻微违法违规经营行为免罚清单》，探索包容审慎监管，至今已有600多个案件免除处罚，相关做法被中央全面依法治国委员会办公室专题简报刊出，荣获"2019年度上海市法治建设十大优秀案例"。上海市市场监管局法规处被国家市场监管总局推荐为全国法治政府建设工作（行政执法与监督）先进单位。

二、市场监管法治建设面临的新形势新问题

在看到成绩的同时，我们更看到法治建设面临的新形势，特别是市场监管体制改革带来的新挑战。

一是监管资源有限与监管任务量大面广的矛盾愈发突出。市场监管部门执行的法律、法规、规章有300多部。12月19日，许昆林副市长调研时指出，市场监管局的职责量大、面广，教育培训机构整治、预付卡管理等工作无不涉及。《会展业管理条例》《家政服务机构管理条例》等，都规定了市场监管局的执法职责。但是，市场监管系统执法力量有限，基层执法人员执法任务重、工作压力大。统筹好市场监管执法力量，在严守安全底线的同时，抓好市场秩序整顿工作，需要我们进一步转变理念、攻坚克难。

二是"四个最严"的标准与激发市场活力考验着市场监管智慧。一方面，我们要严守安全底线，对危害食品、药品、特种设备、重点产品安全和消费者合法权益的行为，按照"四个最严"要求进行查处；另一方面，我们要深化行政审批制度改革，探索"零跑动"全程网上办理，推进"证照分离"改革，优化营商环境。既要"放得开"，又要"管得住"，这种"宽"与"松"、严格监管与包容审慎监管的拿捏和把握，考验着市场监管人的智慧。

三是从传统监管模式向新型监管模式转变需要不断探索创新。市场形势的变化对市场监管提出了更多新要求，从审批、检查、强制、处罚等传统监管模式，向指导、公示、信用、约谈等新型监管模式的转变，是市场监管探索创新的新方向和新趋势。对新业态、新领域，要以包容审慎监管释放更大的创新活力；对于民生安全领域，要以智慧化的方式实现更加精准的监管。这些新机制、新方法和新举措，都是市场监管法治建设面临的全新课题。

三、充分发挥好外聘政府法律顾问的作用

依法行政、规范执法，是市场监管的安身立命之本，是市场监管履职尽责的基本保障，是保证市场监管事业腾飞的两个翅膀。解决这些新问题，始终要依靠法治建设再上新台阶；化解这些新矛盾，最终要靠制度保障催生新动能。这就要求我们充分发挥好政府法律顾问作用，以更高的站位、更宽的

视野和更实的举措，不断提高市场监管法治化水平。

一是以更高的站位深刻认识政府法律顾问工作的意义。党的十八届三中、四中全会提出并要求积极推行"政府法律顾问制度"，中共中央办公厅、国务院办公厅联合印发了《关于推行法律顾问制度和公职律师公司律师制度的意见》（中发办〔2016〕30号），上海市政府也印发了《关于推行政府法律顾问制度的指导意见》（沪府发〔2015〕19号）。从中央到地方，各级政府都对建立政府法律顾问制度作出了全面部署，提出了明确要求。政府法律顾问制度是全面推进依法治国的重要举措，我们要站在全面依法行政、全面推进法治政府建设、全面提高市场监管法治水平的高度，深刻认识外聘政府法律顾问工作的重要意义。

二是以更宽的视野发挥好外聘政府法律顾问的作用。为做好外聘政府法律顾问工作，我们通过"中国上海"门户网、东方律师网广泛招聘，专门制定《上海市市场监督管理局外聘政府法律顾问工作规则》规范选聘，精挑细选了来自高校、律师事务所、覆盖各领域的25位法律专家。希望受聘的法律专家积极参与市场监管的重大决策和重要法律事务，为我们多出金点子、多出好点子，围绕市场监管重点工作，发挥好监督把关、参谋助手、桥梁纽带的作用。也希望各位法律顾问充分发挥自身影响力，帮助讲好上海市场监管"好故事"，传播上海市场监管"好声音"。

三是以更实的举措不断提高市场监管法治化水平。好的制度创新，只有落到实处才能执行到位；只有执行到位才能抓出成效。希望上海市局各处室、各单位要为各位法律专家有效履职做好服务保障工作，积极创造条件，让法律顾问充分参与市场监管的重大决策、重大行政行为之中；积极创造条件，保证法律顾问深入参与各种规范性文件起草论证、行政诉讼复议等重要法律事务之中。同时，严格执行《政府法律顾问合同》，建立法律顾问管理、考核机制，努力营造良好的外聘政府法律顾问参政议政氛围，加快提升市场监管法治水平。

最后，再次向受聘的25位法律顾问表示衷心的感谢！让我们共同努力，推动上海市场监管工作沿着法治的轨道不断前行，在更大范围、更高水平发挥市场监管职能作用构筑坚强的法治支撑！

（陈学军，上海市市场监督管理局局长）

立法研究与建议篇

关于"中美第一阶段经贸协议"的分析与建议

——以"商业秘密"为角度展开

李志强

中美贸易摩擦历尽波折,终于在双方经贸谈判团队的共同努力下,就第一阶段协议的文本达成了一致。2020年1月15日,经过中美两国经贸团队的共同努力,在平等和相互尊重的基础上,中美双方在美国首都华盛顿正式签署《美国政府与中华人民共和国政府之间的经贸协定》(以下简称《第一阶段经贸协议》)。

协议文本包括序言、知识产权、技术转让、食品和农产品、金融服务、汇率和透明度、扩大贸易、双边评估和争端解决、最终条款九个章节。这个成果是朝着解决问题的方向前进的一步,是符合中美两国共同利益,有利于世界和平与繁荣的一步。

商业秘密位于《第一阶段经贸协议》的最开始部分,地位可见一斑。同时,商业秘密也是中美两国长期存在较大分歧的领域。当然,此次中美间的博弈,商业秘密处于核心地位。因此,我们有必要对《第一阶段经贸协议》中有关商业秘密的约定加以细致的分析,从而更好地提出对策,从而保护我国的合法利益。

一、特点与变化

(一)责任划分

商业秘密是指不为公众所知悉、具有商业价值并经权利人采取相应保密措施的技术信息、经营信息等商业信息。商业秘密是企业的财产权利，它关乎企业的竞争力，对企业的发展至关重要，有的甚至直接影响到企业的生存。

本次《第一阶段经贸协议》第1.4条"构成盗用商业秘密行为的禁止范围"中约定：中国应列举构成商业秘密盗用的其他行为，特别是：（1）电子入侵；（2）违反或诱使他人不披露秘密或打算保密的信息；（3）在获取商业秘密之后发生的未经授权的披露或使用，这种情况引起保护商业秘密免予披露或限制商业秘密使用的责任。

（二）举证责任

本次《第一阶段经贸协议》第1.5条"民事诉讼中的负担转移"中约定：中国应规定：（1）举证责任或举证责任（视情况而定）转移至被告方，以表明一旦商业秘密持有人产生以下行为，它就不会滥用商业秘密：证明被告有权或有机会获得商业秘密，并且被告使用的信息与该商业秘密实质上相同；被告已披露商业秘密或有被披露或使用商业秘密的证据；其他证据表明其商业秘密被被告盗用；（2）在权利人提供初步证据证明已采取措施对所主张的商业秘密保密的情况下，举证责任或举证责任（视情况而定）转移至被告方，以表明持有人通常是圈子内通常处理有关信息种类或容易获得的人们所熟知的，因此不是商业秘密。

无疑，上述约定对特殊情况下的举证责任进行了重置，即"举证责任倒置"。

（三）责任主体

《第一阶段经贸协议》第1.2条规定："双方应确保公平，充分和有效地保护和执行知识产权。每一方应确保依靠知识产权保护的另一方的人获得公平，公正的市场准入。"同时，第1.3条规定"对盗用商业秘密负有责任的行为者的范围"规定："（1）双方应确保所有自然人或法人均应对商业秘密盗用承担责任。（2）中国在商业秘密盗用中将"经营者"定义为包括所有自然人，一群人和法人。"

此处，对于责任主体，首创性的规定为了"自然人，一群人和法人"，这对于我国现有的立法体系关于责任主体的规定，显然是不太相符的。

二、机遇与挑战

从整个经济发展史来看，我国的实体产业开始时（包括现在的某些领域内）处于产业链末端，不少企业出于对利益的考量，开始对美国的相关产品进行仿制。在仿制的基础上进行自主创新，从"中国制造"变为"中国创造"，而这其中必然会存在通过非正常渠道而从美国相关企业获取商业秘密情况。因此，美国不少政治势力对中国的崛起产生了错误的认识，其主要观点是中国的崛起是在侵犯美国民事主体利益的基础上所产生的。

（一）保护责任的冲击

中美对于商业秘密领域的交锋一直没有停止，商务部条法司相关负责人就曾在相关会议上通报"美国诉中国商业秘密的侵权和经济间谍案件年增10%左右"。

《反不正当竞争法》所列举的侵犯商业秘密的行为有：（1）以盗窃、贿赂、欺诈、胁迫、电子侵入或者其他不正当手段获取权利人的商业秘密；（2）披露、使用或者允许他人使用以前项手段获取的权利人的商业秘密；（3）违反保密义务或者违反权利人有关保守商业秘密的要求，披露、使用或者允许他人使用其所掌握的商业秘密；（4）教唆、引诱、帮助他人违反保密义务或者违反权利人有关保守商业秘密的要求，获取、披露、使用或者允许他人使用权利人的商业秘密；（5）经营者以外的其他自然人、法人和非法人组织实施前款所列违法行为的，视为侵犯商业秘密。

从此角度来看，本次《第一阶段经贸协议》在商业秘密领域给予了我国更高的义务。客观上是《反不正当竞争法》的"强化版"。

（二）举证责任的强化

《反不正当竞争法》第三十二条规定："在侵犯商业秘密的民事审判程序中，商业秘密权利人提供初步证据，证明其已经对所主张的商业秘密采取保密措施，且合理表明商业秘密被侵犯，涉嫌侵权人应当证明权利人所主张的商业秘密不属于本法规定的商业秘密。商业秘密权利人提供初步证据合理表明商业秘密被侵犯，且提供以下证据之一的，涉嫌侵权人应当证明其不存在侵犯商业秘密的行为：（一）有证据表明涉嫌侵权人有渠道或者机会获取商业秘密，且其使用的信息与该商业秘密实质上相同；（二）有证据表明商业秘密已经被涉嫌侵权人披露、使用或者有被披露、使用的风险；（三）有其他证据表明商业秘密被涉嫌侵权人侵犯。"

其中，"证据表明商业秘密已经被涉嫌侵权人披露、使用或者有被披露、使用的风险"涉嫌侵权人应当证明其不存在侵犯商业秘密的行为。

根据《反不正当竞争法》的上述规定，实质上我国已通过2019年4月23日对《反不正当竞争法》的修改，已"提前"适配《第一阶段经贸协议》第1.5条的规定。但需要注意的是，《第一阶段经贸协议》并非用严格意义上的法律术语表述，其表述依然存在"范围过大""随意性强""可解释空间巨大"等缺陷。

（三）责任主体的虚化

《第一阶段经贸协议》中的"人"，在英文版中为"person"，根据长期实践表明，"person"该词在美国法律体系中可以解释为：（1）自然人；（2）法人；（3）劳工组织；（4）合伙人；（5）协会；（6）公司法定代表人（董事）；（7）破产管理人等。

此次《第一阶段经贸协议》中使用"人"的概念，无疑是对于我国的法律体系造成了一定的困难：一方面，在我国现有法律体系下，强调对主体的分类规制，各个不同类型的主体承担的责任不尽相同；另一方面，此等"人"的概念之范畴，可能涵盖我国在商业秘密或知识产权领域尚未规制的主体，为将来我国法规的"适配"造成一定的困难。

三、对策与建议

（一）提高立法与司法水平

作为打造"国际科技创新中心"的上海，目前是中美贸易摩擦受影响较大的地区之一。中美《第一阶段经贸协议》的签署，无疑为科创型企业提供了可贵的发展契机。但在发展过程中，肯定也会受到外部主体的遏制。因此，上海市应着力于我国现有的知识产权法律体系及《第一阶段经贸协议》中的相关约定，结合本市的实际情况，出台符合上海市实际情况的地方性法规，以对上海市的科创领域提供政策与法律支持。

同时，在司法领域内，还要对《第一阶段经贸协议》中的相关约定进行更符合"上海特色"的解读，在具体案件中，在符合我国现有法律法规体系的基础上，对《第一阶段经贸协议》中的内容有所体现，以平衡双方当事人间的利益冲突。

（二）加强法律法规及《第一阶段经贸协议》的宣传

上海作为打造"国际贸易中心"的排头兵，其区域内存在着大量的贸易型企业。其中，与美国相关主体进行贸易的更是数不胜数。因此，在此大背景下，上海市的相关部门必须以更高的标准要求自己，切实对我国知识产权领域内的相关法规进行大力宣传，力求上海市内与美国进行贸易的企业之法律意识与法律知识达到一个较高的水平，使中方主体能够在现有规则的"框架内""最大化"地保护自己的权益。

（三）继续贯彻现有政策，提高竞争力

"与其被动挨打，不如主动出击"，《第一阶段经贸协议》的签署，确实对我国商业秘密或知识产权的保护提出了更高的要求。同时，也是一个难能可贵的契机，为上海市大力推行现有"科创政策"提供了外部的"倒逼"条件。上海市有关部门应在稳定大局的基础上，继续深化"供给侧改革"，不断优化上海市的经济结构，实现上海市内优质生产要素的最优配置。在"新常态"的大环境下，打造一批在"自主创新"领域具有相当竞争力的优质企业，以参与全球化竞争，使《第一阶段经贸协议》成为保护我方利益的基石。

四、结语

上海作为全国最大的经济中心城市，已经迈入全球城市行列，《第一阶

段经贸协议》的签署，无疑对上海市这个"潮头"提出了新的挑战，同时也提供了新的机遇。在面对挑战与机遇时，上海市应当以更加强烈的使命感和紧迫感，加快提升能级和核心竞争力，建设卓越的全球城市，为推动我国全面参与全球治理、建设社会主义现代化强国作出应有贡献，推动长三角城市群在世界经济版图上拥有更强竞争力。

关于严禁野生动物交易和餐食的立法建议

李志强

2003年"非典"病毒肆虐后，已有很多人提出要全面禁止食用野生动物，本次新型冠状病毒疫情爆发之后，这个话题再次被提起。有诸多证据表明，本次疫情是由非法捕杀、食用野生动物导致的。

餐食野生动物存在着极其严重的卫生与安全隐患，科学上不仅证实野生动物的营养价值并不比日常家禽高，而且野生动物生存于野外，根本无法进行防疫工作，是大量未知病毒的宿主。这些在野生动物身上可能永远不会发病的病毒，于人类而言却可能是致命的恶性病毒，一旦传染给人类，将会造成极其严重的危害后果，人类历史上几次死伤无数的疫病已经证明了这一点。然而，即便是科学得出的结论，在累积的经验面前，也丝毫不能占据上风。相当多的人对野生动物餐食不误，越是不让嗜食的，越要偷偷地嗜食；餐食成了的，扬扬自得，以为能事。因而，嗜食野生动物如果在过去可以跟"胆量"关联，在今天则只能称为"陋习"了，尤其在明知危害的前提下表现"胆量"，充其量是匹夫之勇。

2020年1月26日，市场监管总局、农业农村部、国家林草局三部门联合发布《关于禁止野生动物交易的公告》（2020年第4号），要求"自本公告发布之日起至全国疫情解除期间，禁止野生动物交易活动"。同时，我国多地也出台相应规定，要求现阶段禁止野生动物及活体动物交易。例如，上海市市场监督管理局发布相关通知，要求"2020年1月25日至2020年4月30日，上海实行季节性暂停活禽交易。严禁食品生产经营者采购、销售未按规定进行检验检疫或不符合食品安全标准的畜禽肉。"与此类似的，还有河南、吉林等相关省市。

与上述行政机关临时发布的行政决定不同，我国现有法律法规体系下，对于非重点保护野生动物的交易和餐食依旧存在一定空白。《中华人民共和国野生动物保护法》第三十条、第四十九条只规定了禁止生产、经营使用"国家重点保护野生动物及其制品制作的食品"及其相应的法定责任，而与之配套的《中华人民共和国刑法》第三百一十二条、第三百四十一条依旧将保护重点落在了"国家重点保护的珍贵、濒危野生动物"。《全国人民代表大会常务委员会关于〈中华人民共和国刑法〉第三百四十一条、第三百一十二条的解释》依旧将上述《刑法》的规定圈定在了"国家重点保护的珍贵、濒危野生动物及其制品"。而受"非典"的影响，深圳市出台了《深圳经济特区禁止食用野生动物若干规定》，其中明确了野生动物及其制品的范围是"（一）国务院公布的国家重点保护野生动物；（二）广东省人民政府公布的省重点保护野生动物；（三）国务院林业行政主管部门公布的有益的或者有重要生态、科学、社会价值的陆生野生动物。"同时，也明确了"前款规定中依法人工繁育成功、能够大量饲养并经国家或者省级林业、渔业行政主管部门许可食用且检验检疫合格的除外。本规定所称野生动物产品是指野生动物的任何部分及其衍生物。"

为了构建切实、有效、可行的治理体系，全面禁止食用野生动物的可能性，保护广大人民群众的生命健康安全，应全面立法严禁野生动物交易和餐食，特建议从以下几个方面着力。

一是建立健全食用动物及其制品的清单制度。我国可建立类似进出口贸易中的"正面清单"及"负面清单"制度，在相关清单中，明确"野生"与"非野生"或"人工饲养"的界限。该等清单建议可以明确到具体的物种，同时应保持"动态性"，即随时根据生物学的分析与发现不断调整。这里建议建立"正面清单"与"负面清单"两个清单，"正面清单"用于明确可食用动物的范畴，"负面清单"作为法定处罚的依据。具体标准可交由我国林业、渔业部门根据实际情况结合其专业分析，进行制定与操作。

二是明确捕杀、加工、运输、销售和食用非许可食用动物及其制品的行政监管责任。除国家特殊许可机构之外，任何机构和个人不得捕杀、加工、运输、销售和食用许可食用动物清单之外的动物及其制品，行政监管部门应主动检查并及时发现此类违法违规行为，严加防范，坚决防患于未然，否则应当承担相应的渎职责任，严重者将构成玩忽职守或者滥用职权之罪，须依法承担相应的刑事责任。

三是修订《中华人民共和国野生动物保护法》《中华人民共和国刑法》等相关法律及其配套规定的内容，将禁止生产、经营、餐食、使用"国家重点保护的珍贵、濒危野生动物及其制品"的范围扩大到非重点保护、濒危的野生动物。建议结合"负面清单"制度，将相关一般野生动物列入上述法律及其配套制度的保护范畴之中，同时加以明确相应的法定责任，用于震慑广大潜在的"嗜食者"，切实维护广大人民群众的生命健康安全。

媒体报道篇

我记忆中的应勇市长二三事

金茂凯德律所公众号（2020-02-14）

2020年农历新年伊始，一场突如其来的疫情让人措手不及。在党中央的坚强领导下，一场中华大地的人民战争正在有序打响中，人们有信心、有能力、有把握战胜这场战役。

金茂凯德律师事务所的律师边防疫，边工作，努力用专业报效国家和社会。2020年1月28日，作为上海市黄浦区政协常委，我提出了《关于严禁野生动物交易和餐食的立法建议》，该份立法建议很快得到全国人大宪法和法律委员会领导和专家的高度肯定：非常及时，内容也考虑得比较全面。

2020年2月13日，中央电视台新闻联播一则应勇同志任湖北省委书记的消息让我不禁回想起应勇同志在上海任职期间的二三事。

没有官腔，平易近人

2012年上海"两会"期间，时任上海市律师协会理事的我和时任会长的盛雷鸣律师参加了法律咨询活动，"两会"会场咨询台人来人往，不时有市领导前来慰问。当我和时任上海市高级人民法院院长的应勇同志见面时，让我惊讶的是，作为上海法院系统最高领导和国家二级大法官的他，居然没有一丝一毫的法官和领导架子，当他得知我是著名法学家、首位民主人士出任上海市高级人民法院副院长的李昌道教授的学生时，连声说，向李院长问好。

倾听建言，广纳箴言

2014年圣诞节，我在市政府接受了时任常务副市长屠光绍同志颁发的市政府新一届行政复议委员会委员聘书，此后参加市政府行政复议委员会组织的复议听证会成了我一项光荣的使命。

2016年岁末，时任市政府常务副市长的应勇同志在市政府会议室出席了市政府行政复议委员会委员全体会议，时任市政府秘书长肖贵玉和市政府法制办主任吴偕林先后主持了会议。应勇副市长主动请参会的40多位委员提出意见和建议。我坐在闵行区副区长曹扶生同志后一排，在他发言后，我举手发言，应勇副市长微笑着倾听了我提出的三点建言，在讲完第三点关于长三角开展法治政府合作交流建议后，他称赞说，很好。应勇副市长是法律人，他说和我们法律人交流十分亲切。

2017年1月，应勇同志当选为上海市市长。

关爱律师，善解人意

2018年10月28日，第三十次上海市市长国际企业家咨询会议在上海世博中心举行，在上午会议茶歇间隙，应勇市长和我不期而遇。"志强，最近忙什么？"我和应市长说起了将在上海举办的环太平洋律师协会第三十届年会，我告诉这位对律师关爱有加的市长，"很多外国律师知道您曾是上海的首席大法官，提出到上海不见到您好像没有来过上海，您如时间方便，可否来出席开幕式致个辞？""好啊，我可以来"。我知道，上海市市长公务繁忙，诸事缠身，无论届时能否来，他的话语已经足够让人温暖。

2020年2月13日，应勇市长调任湖北省担任省委书记的新闻在多个法律人微信群中成了热议的话题。周天平大律师赋诗一首：

应诏出阵，

勇克疫情，

保国安鄂，

重任必胜。

祝愿我们的应勇市长一路顺畅，早日胜"疫"！

行业大咖变"会议大使"，担当"营销"上海的重任

《解放日报》（2019-09-06）

2019年9月14日，上海旅游节将开幕，也是旅游节30岁生日。100项精彩活动将在上海及长三角各地展开。为了向世界推介上海，一群来自法律、医疗、教育、金融等领域的上海"会议大使"在默默奔波。这些各行各业的领军人物担当起"营销"上海的重任，利用在业界的影响力，让更多高端国际会议在上海落地。吸引上千人与会的国际会议，不仅可以促进上海的会议旅游经济，也让上海成为内地与世界接轨的舞台。

在国外，"会议大使"一般由市旅游会议局任命，携手该城市突出领域代表，吸引并招徕海内外各类会议在当地举办。为促进上海会议旅游发展，2006年，市旅游局在国内首创"会议大使"模式。截至目前，已成功任命116名上海"会议大使"。

举办国际性法律会议，不但能彰显上海在法律界的国际影响力，也有助于提升上海持续改善的营商环境。

近几个月，上海"会议大使"、金茂凯德律师事务所创始合伙人李志强特别忙。除了本职工作，他还需要为即将在上海召开的2020年环太平洋律师协会年会作准备，包括会议场地选取、会后游览项目、告别晚会细节等，他全程参与查看和筛选。2020年4月，为期三天的环太平洋律师协会第三十届年会将在黄浦江畔举行，届时将有来自五大洲的1000余名国际律师来上海参会，其中不少人是初次来到上海。

上海有先天的"法治基因"

对这场国际会议如此上心，不仅因为李志强是环太平洋律师协会候任主

席，更因为作为上海的"会议大使"之一，他知道争取到这场年会在上海举办有多么不易。"当时申办，上海与迪拜同时竞争主办城市。迪拜王子还亲自写信给协会提名委员会，希望年会能在迪拜举办。上海拿到这个机会并非轻而易举。"李志强说："个人的力量是渺小的，没有组织的关爱、关怀和上海市司法局党委及主要领导的鼎力支持、推动，这样有国际影响力的国际律师组织年会不可能花落上海。"

环太平洋律师协会是亚洲和太平洋地区极具影响力的国际律师组织，加入该组织的律师的客户，多数都是大型跨国企业。要让这么多国际法律界大咖齐聚上海，没有先例可循，也面临不少现实困难。李志强坦言，在争取2020年的年会举办权前，他也曾犹豫过，"但想到自己作为上海'会议大使'，有着上海的血统和基因，我想我一定要试试，尽全力去促成这件事。"

在李志强看来，上海这座城市有着先天的"法治基因"。举办国际性法律会议，不但能彰显上海在法律界的国际影响力，也有助于提升上海持续改善的营商环境，让更多国际企业来上海投资兴业。

乡音"炸"出台下上海人

当时提名委员会成员中，不少人在迪拜和上海间游移不定。对此，李志强选择最费时但也最有效的方法——前去拜访提名委员，面对面说服他们。在协会提名委员会中，一位日本国际仲裁员曾不看好在上海举办年会。李志强专门打"飞的"与他见面，告诉他上海政府不但支持这次会议，还会尽力保障会议的安全和成功。当晚，这位提名委员在办会城市中向上海投出举足轻重的一票。

除了以情动人，李志强手中还有一个砝码——20多封支持函。这些来自上海市司法局、上海市文化和旅游局、上海市律师协会等颇具分量的支持函，也让环太平洋律师协会的"天平"偏向上海。环太平洋律师协会的两任候任主席来上海考察期间，上海市文化和旅游局相关负责人曾出面接待并介绍上海会展旅游的魅力，坚定了他们对年会在上海举办的信心。

2019年在新加坡举行的年会上，李志强在发言环节又一次向台下推介起上海。最后，他特意用上海话讲道："欢迎大家明年4月来上海。"没想到，这句乡音"炸"出台下好几个上海人，第二天一早就去现场报名了。

中国企业赴瑞典投融资法律暨科创板研讨会举行

上海政法学院官网（2019-05-10）

2019年5月10日下午，中国企业赴瑞典投融资法律暨科创板研讨会在上海市淮海中路新世界大厦举行。本次活动由上海股权投资协会、上海政法学院、金茂凯德律师事务所主办，上海上市公司协会、上海服务外包企业协会协办。我校党委副书记潘牧天教授出席研讨会。国际法学院副院长王祥修教授、国际法学院部分研究生和本科生参加活动。

开幕式上，大家集体观看了全国人大宪法和法律委员会李飞主任委员、上海市人民政府参事室原主任李昌道教授的视频致辞。上海市黄浦区金融办公室主任朱立新、上海政法学院党委副书记潘牧天教授致辞。

潘牧天在致辞中表示，随着"一带一路"建设的深入推进，因各国政治体制、法律制度、法律传统、宗教文化等的不同，在基础设施建设、国际贸易投资和商业往来、民间交往等方面势必产生争议和法律冲突，上海政法学院期待同理论界和实务界一道，积极展开合作交流，为中国海外投资融资提供更好的智力支持和法律服务。

随后进行了《外滩金融创新试验区法律研究》（2019年版）《中国企业海外投融资法律研究》首发式及"一带一路"海外站点揭牌仪式。

全国政协常委、民建中央副主席、上海市政协副主席周汉民教授作"一带一路"最新理论与实践的主旨演讲。周汉民表示，世界金融形势严峻，中美贸易冲突持续升温，"一带一路"经济体系将更为重要。周汉民就"一带一路"的产生、扩张及影响，发表了自己的见解。聚焦《华盛顿公约》等国际条约的性质及其影响，深入讨论国际关系及国际公约对中国法律、经济发展的利弊。

瑞典斯德哥尔摩仲裁员理事，中国国际经济贸易仲裁委员会党委书记、副秘书长李虎；中国证监会上海监管局原党委书记、局长，上海证券交易所原党委副书记、监事长，著名金融专家和仲裁员张宁；环太平洋律师协会候任主席、金茂凯德律师事务所创始合伙人李志强一级律师分别就中国企业赴瑞典投融资及争议解决、科创板块、中国企业赴瑞典投融资法律风险防范作专题报告。

本次研讨会的顺利举行，代表着中国在科创仲裁领域的重大进步。

中国企业赴巴拿马投融资法律研讨会成功举办

金茂凯德律所公众号（2019-05-24）

初夏的上海风景如画，阳光灿烂。

2019年5月24日，中国企业赴巴拿马投融资法律研讨会在上海十大地标建筑之一的k11大厦成功举办。

巴拿马著名律师机构Lopez，Lopez & Associates Offices创办人父子亲临上海参加研讨活动并作主旨演讲。上海服务外包企业协会会长刘翔力代表主办和协办单位致辞。来自药明康德、惠田、金茂凯德等一批在沪知名高科技企业和现代服务业专业机构的代表出席研讨会。

中国和巴拿马于2017年6月建立外交关系，2018年7月，上海市委书记李强访问巴拿马，上海和巴拿马城建立友好城市合作关系。

2018年9月，首家中资律师机构金茂凯德律师事务所在巴拿马城设立代表处，开启中巴律师合作新篇章。

据悉，本次研讨会是中国企业赴海外投融资第十二次系列法律研讨会。

李志强：金茂凯德律师亮相第二届中国国际进口博览会

黄浦政协公众号（2019-11-13）

2019年11月5日至11月10日，举世瞩目的第二届中国国际进口博览会（以下简称进博会）在上海隆重举行，作为今年中国主场外交的收官之作，开放、创新、包容的进博会吸引了五大洲知名企业的目光。以服务开放型经济和"一带一路"建设、助力公平正义为己任的中国律师迎来在主场为四海宾朋提供优质高效法律服务的难得契机。

上海市司法局和上海市律师协会组建了第二届中国进口博览会法律顾问团和律师志愿团，在为期6天的进博会现场成立了涉外法律服务中心和人民调解中心。金茂凯德律师事务所李志强、张承宜等律师担任了顾问团成员，一批朝气蓬勃的"80后""90后"金茂凯德人奔波在进博会内外，洽谈会、研讨会，从虹桥国家会展中心到上海国际会议中心，从进博会期间举办的上海城市推介大会到上海国际仲裁高峰论坛，金茂凯德人在人头攒动、人气爆棚的进博会内外结交五洲商贾、传播中国法律、释放中国律师服务开放型经济和"一带一路"建设的正能量。

首届时是新朋友，二届时成老朋友和合作伙伴

2018年11月8日下午1点开始的进博会法律对接会上，首位来涉外法律服务中心现场登门咨询的外企老总遇到了金茂凯德律师事务所的李志强律师。

原来，这家法国知名的母婴护肤品牌发现中国市场有冒牌商家，十分着急，看到进博会有律师驻场答疑解惑，专门求教。李志强律师从外企如何从商标权、反不正当竞争等多维度利用法律手段维权作一一解答，并指导操作路径，从取证、确定案由及法院管辖权等耐心指导，历时1个小时。外企老总

十分满意律师的解答。她在离开咨询台后特地发来短信：很荣幸认识你，李律师，谢谢你的咨询！

一年后的11月8日，这位法国著名婴童用品企业的老总在公司展台迎来了老朋友和合作伙伴金茂凯德人。原来，进博会让律师和外企老总相识相知，进而相信相任，金茂凯德人的专业服务获得了进博会参展商的点赞，再次聚首相约第二届进博会，牵手在第二届进博会。

上海开埠以来首次书记、市长登台隆重推介上海

2019年11月6日，在上海国际会议中心举行了2019年上海城市推介大会，上海市市委书记李强和上海市市长应勇登台亲自推介上海，亲切的话语、翔实的数据、多角度比较和多维度推介让上海这座社会主义国际化大都市走进与会千名国际企业家的心灵。

金茂凯德律师事务所律师受邀参加这次难得的上海城市推介大会，上海市市委书记李强同志还与金茂凯德律师事务所律师亲切交谈，身处魔都的律师如沐春风。

金茂凯德律师事务所律师还与相邻而坐的美中贸易全国委员会的代表交流，与会嘉宾祝愿中美经贸合作实现双赢。

现场咨询律师迎来部市局领导视察慰问和关爱

2019年11月8日，金茂凯德律师事务所律师李志强在进博会现场向联合国日内瓦机构高级职员、俄罗斯国家馆、知名欧洲企业及本土食品巨头等发放《律师解读上海优化营商环境政策法规读本》，现场解答咨询，受到客商普遍好评。

2019年11月8日一早，司法部副部长刘振宇来到咨询现场，慰问律师和公证员、调解员，同大家合影留念。刘副部长强调，进博会法律服务团不仅仅代表上海的法律服务水平，更是中国法律服务的名片，面向世界充分展示了中国法律服务的风采。

2019年11月8日下午1时许，中共上海市委副书记兼政法委书记尹弘同志

在市委市政府副秘书长赵奇和上海市司法局党委书记、局长陆卫东同志的陪同下，专程看望进博会法律服务团的律师和公证员、调解员，感谢大家的辛勤工作，点赞大家为进博会奉献专业服务的志愿者精神。上海市市委领导和上海市司法局领导还与金茂凯德律师亲切握手并交谈。

日行万步，夜航千里，律师奔波在进博会内外

在四叶草的进博会，日行2万步真是小case。2019年11月8日，在密集高频的咨询走访结束后，金茂凯德律师事务所律师又飞奔到虹桥机场一号航站楼，夜航千里来到港岛。当晚，一场环太平洋律师协会和亚洲太平洋地区法律协会的双边交流会如期举行。

在相邻而坐的圆桌上，香港律师会会长和亚洲太平洋地区法律协会刚选举产生的候任主席彭韵僖当场确认参加12月9日在广州举行的世界律师大会，并愉快地表示将十分期待2019年广州的世界律师大会和即将在上海举行的环太平洋律师协会2020年会。"我们一定要来捧场的！"与会的印度、马来西亚、菲律宾及中国内地和中国香港特别行政区的律师相约不久再相会。

忙成"空中飞人"的大律师，倾情投入参政议政

《解放日报》（2018-12-03）

2018年11月8日下午，一位外企老总急匆匆赶到首届中国国际进口博览会（以下简称进博会）涉外法律服务中心，原来这家法国知名的母婴护肤品牌发现中国市场有冒牌商家，十分着急，特地来求助驻场律师答疑解惑。上海市黄浦区政协常委、金茂凯德律师事务所创始合伙人李志强一级律师，在进博会期间担任法律顾问团成员。这天，李志强对外企如何从商标权、反不正当竞争等多维度利用法律手段维权作一一解答，并从取证、确定案由和法院管辖权等方面指导具体操作路径……外企老总满意而归。

李志强，专业知识过硬。他刚参加工作不久，便荣获"律师涉外服务标兵"称号，29岁时当选"上海十佳青年律师"，34岁时被评为"上海市十大杰出青年"、国家首批证券律师，荣获司法部律师优秀案例"金狮奖"、司法行政系统个人二等功等，多次被国际权威的法律评级杂志评为"亚洲杰出律师"……今年3月，李志强当选为国际著名律师组织环太平洋律师协会副主席，经常飞往环太平洋地区国家，当起了"民间大使"。

作为一名上海市黄浦区政协委员，李志强深感责任重、压力大，在他看来，这层身份必须具备相应的社会责任，要化压力为动力，发挥自己的感召力。他说，希望自己做一名有情怀的律师。他注意从委员和"法律人"的视角关注上海市黄浦区经济和社会发展，积极从法律的视角发出声音，建言献策，参政议政。

在黄浦区政协，李志强是个"提案大户"，每年提交的提案不仅数量多，质量更是过硬。他提出的"关于成立黄浦区金融服务办公室的建议"的提案获黄浦区政协优秀提案。几年来，李志强提出的数十份高质量的提案被

采纳，他的履职情况也被市政协编入《使命与责任》一书。

李志强曾经连续三年对上海市黄浦区的金融业和金融机构作充分调研和缜密思考，并翻阅大量有关金融法律的资料，查阅国外金融中心建设的相关案例，结合黄浦区实际撰写"外滩金融集聚带"系列提案，黄浦区有关委办主要领导经常主动与他交流，听取意见和建议。他提出建议：充分利用外滩金融牛雕塑的象征意义，集聚人气；充分利用世界博览会城市最佳实践区永久保留在黄浦区的优势，将其与外滩金融集聚带建设紧密结合，建议代表性金融机构入驻其中，建立金融超市等。上海市黄浦区委、区政府和区政协领导多次称赞，这些高质量的建议对进一步完善和加强黄浦区各项工作和推进外滩金融集聚带建设很有价值和帮助。

2016年担任律师事务所"一带一路"法律研究与服务中心执行主任以来，李志强带领团队设立海外站点、聚焦企业海外投融资活动的法律研究、助力中国企业"走出去"全程法律服务保驾护航，举办中国企业海外投融资系列法律研讨会，聚焦中国企业赴欧洲、亚洲、大洋洲及非洲等共性问题，以及美国、日本、菲律宾、巴西等国别差异开展案例研究和剖析，举一反三。在"一带一路"法律研究与服务领域取得重大突破及丰硕成果之余，李志强还积极提出有针对性的社情民意，其中《中国企业赴东盟投融资法律风险亟待研究破题》被上海市政协单篇采用，同时报全国政协。

在当前经济快速发展和利益格局多样化的条件下，如何认识和处置公民与政府间的利益矛盾甚至冲突，是李志强的一大思考。2014年，专业成就突出的李志强，受聘担任上海市政府行政复议委员会委员；2016年，他又受聘担任上海市黄浦区人民政府的法律顾问。多了一种身份，也就多了一份责任。在政府法律顾问的平台上，他充分发挥自身优势，经常参与政府重大决策、积极参与突发事件应对，不仅有效解决了依法行政进程中的问题，促进了政府依法行政能力的提高，还进一步推动了法治政府建设，增强了政府依法行政的公信力。

"政协委员不是花架子、空名头，必须投入实实在在的参政、议政。"李志强这样说。

中国涉外法律服务业迎来更广阔发展舞台

新华网（2019-12-10）

2018年，国内律师共办理涉外法律事务近12.7万件；目前我国律师事务所已在境外设立了126家分支机构。记者10日从"世界律师大会"新闻发布会获悉，近年来，我国涉外法律服务业迎来快速发展，为维护我国公民、法人在海外正当权益、促进对外开放发挥了重要作用。

中华全国律师协会副会长张学兵介绍，我国涉外法律服务业呈现三大趋势：一是服务范围逐步扩大，业务国际化程度不断提高，国际竞争力越来越强，2018年我国律师事务所在境外的分支机构共办理各类法律事务3.2万多件；二是业务领域不断拓展，涵盖反倾销反补贴调查、涉外知识产权争议、境外投融资等各个领域；三是服务作用日益显现，为我国企业和公民办理了许多重大涉外案件，有力地维护了企业和公民的合法权益。

从中央到地方出台的一系列鼓励措施，成为涉外法律服务业发展的重要保障。2016年，司法部、外交部、商务部等部门联合出台《关于发展涉外法律服务业的意见》，提出深化法律服务业对外合作、开展与"一带一路"沿线国家法律服务领域的互惠开放等；2019年，司法部制定出台《律师事务所境外分支机构备案管理规定》，加强对律师事务所设立境外分支机构的引导和规范管理。北京、上海、广东等地也因地制宜探索出一些发展对外法律服务业的创新机制。

广东华商律师事务所主任高树深刻感受到了这些年执业环境的变化。他所在的律师事务所3年前与意大利意亚律师事务所合作，共同为两国企业投资和经贸往来提供法律服务。此次在中国举办"世界律师大会"，他的意大利伙伴也专程赶到广州参会，双方将以此为契机进一步加深合作。

广东省律师协会会长肖胜方告诉记者，在广东，像高树一样的涉外律师还有1800多名。"大湾区建设是我们广东涉外法律服务业的重要发力点。我们将推动粤港澳法律人才流动，成立粤港澳大湾区仲裁联盟、粤港澳大湾区调解联盟等，建立粤港澳大湾区律师协会联席会议制度，推动粤港澳仲裁、调解、律师法律服务全方位合作。"他说。

据悉，我国自加入世界贸易组织后，严格履行承诺推动法律服务领域对外开放，目前已有来自22个国家和地区的236家律师事务所在华设立了306家代表机构。

在上海，自2014年我国允许外国律师事务所驻华代表处在上海自贸区内与国内律师事务所实行联营以来，目前已有6家外国律师事务所驻华代表处与国内律师事务所设立联营办公室。

根据上海市司法局发布的《境外仲裁机构在中国（上海）自由贸易试验区临港新片区设立业务机构管理办法》，自2020年1月1日起，符合条件的境外仲裁机构能在自贸区临港新片区设立业务机构。舆论认为，此举将进一步促进海外企业和律师事务所进入中国市场。

从律师事务所成立之初的涉外业务只有50%左右，到如今涉外业务规模占到80%，上海金茂凯德律师事务所创始合伙人李志强充分感受到了对外开放的"东风"带来的红利。近年来，他所在的律师事务所已同G20成员、上海合作组织成员国及金砖国家的律师事务所开展合作，该所的"一带一路"法律研究与服务中心成立3年多来，已在五大洲设立了68个站点。

中外律师界的常态化交流合作机制也正在形成。本次"世界律师大会"召开的前一天，由中华全国律师协会发起的"一带一路"律师联盟宣布成立；本次"世界律师大会"还达成一项重要成果，中华全国律师协会与意大利、俄罗斯、阿塞拜疆、肯尼亚和马来西亚五国律师协会，及中国东盟法律合作中心签署了合作谅解备忘录。

"加强中外律师的交流合作，能让双方携手把涉外法律服务市场的'蛋糕'做大，这实际上是一种双赢。"李志强认为，通过搭建国际交流合作平台，中国涉外法律服务业将迎来更多的发展机遇。身为环太平洋律师协会候任主席，李志强接下来的行程依然忙碌。他告诉记者，环太平洋律师协会第三十届年会将于2020年在上海举办，中外法律人又将迎来一场交流盛会。

李志强：环太律协2020年上海年会推介会在夏威夷州成功举行

黄浦政协公众号（2019-11-02）

太平洋沿岸的美丽岛屿，美国夏威夷州风景秀丽，首府和最大的都市檀香山秋风阵阵，沁人心脾。

2019年10月28日至10月31日，环太平洋律师协会（以下简称环太律协）2020年上海年会推介会在美国夏威夷州首府檀香山成功举行。

太平洋连接美亚大洲　中美律师文化交流再谱新篇

2019年10月29日上午，一场名为"亚洲法律对话"的研讨会在夏威夷大学法学院举行，当能讲一口流利中文的名教授Alison W. Conner受赠中国著名法学家、原上海市人民政府参事室主任李昌道教授的新作《外滩金融创新试验区法律研究》（2019年版）时，她显得十分高兴，指着她办公室墙上1982年的上海外滩老图片，对比环太律协2020年上海年会的宣传纸，百感交集。"上海变化太大了，我明年要再去看看。"

当得知李志强律师是第一位来到夏威夷进行推介年会的环太律协候任主席时，与会法学院师生报以热烈掌声。"我1990年在上海开始从事律师工作时，整个上海只有500多名律师，如今上海是拥有外国律师代表处最多的城市。""上海是一座包容的开放创新之城，美国华特迪士尼公司在上海投资建造的中国大陆第一座迪士尼乐园，连美国人也没想到开园一年多就实现盈利，这在其他国家和城市是不可想象的。"担任上海迪士尼乐园巨额银团项目中国法律顾问的李志强律师谈起了多例他经办的涉外案例和涉美来华投资项目。"事实证明，中美经贸合作是双赢的，中美法律合作也是双赢的。"

李志强的演讲博得师生们阵阵掌声。

《中国企业赴新加坡、瑞士和德国投融资法律研究》是中国金融出版社2019年7月公开出版的中国企业海外投融资系列丛书之一，当这本还留着印刷墨香的新书作为中国法律人的小礼物陈列在夏威夷大学法学院图书馆时，早年从日本定居夏威夷的管理人员兴奋地说，期盼有更多来自中国的法律新书落户夏威夷。

The beautiful islands of the Pacific coast are the beautiful scenery of the state of Hawaii. In the capital and the largest city Honolulu, the autumn wind bursts into the heart.

From October 28 to 31, 2019, the Inter-Pacific Bar Association (IPBA) 2020 Shanghai Annual Meeting and Conference has successfully held its Promotion Seminar in Honolulu, the capital of Hawaii, USA.

The Pacific connects to the United States and Asia, bringing a new chapter of culture exchange to Chinese and American lawyers

On the morning of October 29th, a seminar called Asian Legal Dialogue was held at the University of Hawaii Law School. When the fluent Chinese speaking professor Alison W. Conner was given a famous Chinese jurist and the former Chief of Counselor's Office of Shanghai Municipal People's Government Professor Li Changdao's new work, *The Legal Research of the Bund Financial Innovation Pilot Zone (2019 Edition)*, she was very happy and when she pointed to the old picture of Shanghai Bund in 1982 on her office wall to compare the picture on the 2020 Shanghai Annual Meeting & Conference Promotional poster, she said "Shanghai has changed so much, I will go to have a look again next year."

When Jack Li was known to be the first president-elect of the IPBA who came to Hawaii for the promotion, the professors and students of the law school gave a warm applause. Jack said "When I started working as a lawyer in Shanghai in 1990, there were only over 500 lawyers in Shanghai. Today, Shanghai is the city with the largest number of foreign legal representative offices in China." He said "Shanghai is an inclusive and open city of innovation, Walt Disney, USA invested and built its first Disneyland in mainland China in Shanghai, even the Americans did not expect to make profits in the opening of the park for more than one year. This is unimaginable in other countries and cities." As the Chinese legal adviser to the huge syndicated project of the Shanghai Disney, Jack talked about a number of foreign-related cases he handled and the investment projects involving the United States in China. He said "The facts prove that Sino-US economic and trade cooperation is a win-win situation, and Sino-US legal cooperation is also a win-win situation." Jack's speech won applause from professors and students.

Legal Research on Chinese Enterprises investment and financing in Singapore, Switzerland and Germany is one of the series of Chinese enterprises' overseas investment and financing published by the China Financial Publishing House in July 2019. When the book was displayed at the University of Hawaii Law School Library, the managers who settled in Hawaii from Japan in the early years were excited to say he welcomed more legal new books from China in Hawaii.

年会推介会如火如荼　大成Dentons会议室聚焦上海

2019年10月29日下午，在大成Dentons夏威夷办公室，环太律协第三十届年会推介会吸引了檀香山25名环太律协会员和嘉宾，其中有环太律协1991年成立时的最早一批创始会员，Mark T. Shklov就是当年最早提议成立环太律协的一位美国资深律师。他翻出在新加坡和李志强、张海燕、欧龙等中国会员合影的照片，对即将在上海举办的第三十届环太律协年会充满期待。

环太律协2020年上海年会作为上海开埠以来首次举办的国际主要律师组织的年度盛会，将把上海热情好客和海纳百川、大气谦和的风范带给与会嘉宾。国际规则的变革与法律行业的机遇和挑战主题将给大家带来新高度，牛奶浓郁的大白兔奶糖将给70多个国家和地区的嘉宾带来贴心的新温度，"上海母亲河"黄浦江上的欢迎活动将给全体与会人员带来水天一色的新宽度，从南浦大桥到卢浦大桥间的世博中心上演的热闹告别晚会将给每位客人留下新热度，一场场聚焦数字经济、人工智能、"一带一路"、国际仲裁和东盟、德国、俄罗斯、拉美等经济体专场研讨会将为环太律协年会增添新气度，首次创作的会歌和首次早餐会及中东之夜将为会员带来新鲜度。

听了声情并茂的推介报告，与会夏威夷律师中有人开始敲打手提电脑键盘，上线报名注册上海年会，专程从东京赶来组织这场推介会的环太律协扩大理事Steven期盼上海年会举办时夏威夷律师参会人数创历史之最。

Promotion Seminar went on in Dacheng Dentons conference room focusing Shanghai

On the afternoon of October 29th, at the Dacheng Dentons Hawaii Office, the promotion event of the 30th Annual Meeting & Conference of IPBA attracted 25 members and guests of the Hawaii State Bar Association, including the earliest batch of the IPBA members in 1991. One of the founding members, Mark T. Shklov was the first American senior lawyer to propose the establishment of IPBA. He took out photos taken in Singapore with Jack Li, Zhang Haiyan, Ou Long and other Chinese members and was looking forward to the upcoming 30th IPBA Annual Meeting and Conference in Shanghai.

The 2020 IPBA Annual Meeting & Conference, the first major international lawyer organization held since the opening of Shanghai, will bring Shanghai hospitality and deliver its characteristic of being tolerant to diversity, being excellence, enlightened wisdom, and being humble to the guests. The reform of international rules and the opportunities and challenges of the legal industry will bring new heights to everyone. The milk-rich white rabbit toffee will bring intimate new temperatures to guests in more than 70 countries and regions. The welcome event on "Shanghai Mother River" Huangpu River will bring a new width of water and sky to all the participants. The lively farewell party from the Nanpu Bridge to the Lupu Bridge Expo Center will give each guest a new heat, focusing on the digital economy and artificial intelligence. The "Belt and Road" Initiative, the International Arbitration and the special seminars of the ASEAN, Germany, Russia,

Latin America and other economies will add new enthusiasm to the annual meeting and conference of IPBA. The first conference song and the first breakfast session and the Middle East night will bring to the members more freshness.

After listening to the well-received presentation report, some of the Hawaiian lawyers at the meeting began to tap the laptop keyboard, and signed up for the Shanghai 2020. Steven, the special event organizer coming from Tokyo expected to have record high number of Hawaiian lawyers attending the 2020 conference.

三城名律师互动频繁　上海年会期待增添新话题

2019年10月29日晚，亚太集团总法律顾问及税法专家Roger Epstein做东邀请了多位夏威夷会员畅叙友谊，他精心为每位嘉宾准备了2012年上海律师协会、苏州律师协会和夏威夷州律师协会签署的友好合作协议文本的复印件，回味他创立并得到上海市黄浦区司法局大力支持的中国律师夏威夷进修百日项目，提到了上海市黄浦区司法局原局长潘鹰芳、康达所游炯律师、苏州张海燕律师等18位中国律师和法律人名字，他们作为中美法律交流的使者，见证了两国律师交往交融的昨天和今天，提议在环太律协2020年上海年会上举办中美法律合作论坛，邀请曾在夏威夷短期工作的中国律师和夏威夷律师报名参会并互动演讲交流，开启中美律师合作的明天。

在夏威夷州推介上海年会期间，李志强律师还拜访了夏威夷州律师协会，受邀接受了"跨越大海的法律"节目专访，介绍了环太律协及其上海年会的相关情况。

"一带一路"法律研究与服务中心夏威夷站也于2019年10月30日启幕。

Three city prominent lawyers interact frequently, Shanghai Annual Meeting & Conference is looking forward to adding new topics

On the evening of October 29th, Roger Epstein, General Counsel and Tax Law Specialist of Asia Pacific Group, invited a number of Hawaiian members to share their friendship. He prepared for each guest the copy of cooperation memo with Shanghai Bar Association 2012, the Suzhou Lawyers Association with Hawaii Bar Association. He recalled the 100-day project of the Chinese lawyer's Hawaii training programme, which was founded by the Shanghai Huangpu District Bureau of Justice. He mentioned the former director of the Huangpu District Bureau of Justice Pan Yingfang, You Jiong from Kang Da Law Firm, and Zhang Haiyan from Suzhou. Lawyers and other 18 Chinese lawyers and legal professionals, as the messengers of Sino-US legal exchanges, witnessed the integration of lawyers from both countries yesterday and today, and proposed to hold a Sino-US legal cooperation forum at the 2020 Shanghai Annual Meeting, inviting Chinese lawyers with short-term working experience in Hawaii and Hawaiian lawyers signed up for the conference and exchanged speeches to open a Sino-US lawyer's cooperation for tomorrow.

During the event, Jack Li also visited the Hawaii State Bar Association and was invited to accept an interview with the "Law across the Sea" program to introduce the relevant issues of IPBA and its Shanghai Annual Meeting & Conference.

The "Belt and Road" Legal Research and Service Center Hawaii Station was also opened on October 30th.

后　记

中国的和平崛起和发展离不开成熟发达的金融市场，改革开放42年来，我国金融市场发展迅速，包括外滩金融创新试验区在内的上海国际金融中心建设已经成为国家战略。

《外滩金融创新试验区法律研究》（2020年版）一书点评2019年金融市场12例经典案例，在金融控股与创新金融、企业融资与投资贸易、并购重组与争端解决、"一带一路"研究等多领域理论联系实际，提出了不少真知灼见，还对中央和地方相关立法进行了颇有价值的研究和建言，其中多篇中外文论著宣传和传播了中国法律制度和法律文化。

本书在编撰过程中承蒙全国人大宪法和法律委员会主任委员李飞百忙中作序，上海市人民政府副市长汤志平、上海市政协副主席周汉民、徐逸波担任总指导，中国佛教协会副会长觉醒题写书名，上海市司法局党委书记、局长陆卫东担任总策划，一批著名的金融家、法学家和企业家担任本书指导。本书的编委由外滩金融创新试验区法律研究中心、两岸投资金融法律研究中心、港澳投资金融法律研究中心和"一带一路"法律研究与服务中心及中拉金融法律研究中心的研究员和知名金融家、企业家和法律专家担任，环太平洋律师协会候任主席、著名律师李志强等担任撰稿人。中国金融出版社贾真编辑为本书的出版给予了细致的指导，在此一并致谢！

由于金融市场发展很快，本书的总结也是阶段性的。书中疏漏不当之处还请领导、专家和同仁批评指正。

李昌道

2020年2月29日

Postscript

China's peaceful rise and development is inseparable from mature and developed financial markets. In the past 42 years of reform and opening up, China's financial market has developed rapidly. The construction of Shanghai International Financial Center including the Bund Financial Innovation Pilot Zone has become a national strategy.

Legal Research on Financial Innovation in the Bund Pilot Zone (2020 Edition) reviews 12 classic cases of 2019 financial market in financial holding and innovative finance, corporate finance and investment trade, mergers and acquisitions and dispute resolution, and the "Belt and Road" study. When multi-domain theory is linked to practice, many insights have been put forward, and valuable research and suggestions have been made on relevant central and local legislation. Many Chinese and foreign languages have publicized and disseminated the Chinese legal system and legal culture.

In the process of compilation, Li Fei, director of the Constitution and Law Committee of the National People's Congress, wrote the preface in spite of his quite busy work. Tang Zhiping, deputy mayor of the Shanghai Municipal People's Government, Zhou Hanmin and Xu Yibo, vice chairman of the CPPCC Shanghai Commission, served as general directors. Jue Xing, the vice president of the Chinese Buddhist Association wrote the title of the book. Lu Weidong, the secretary of CPC and director of the Shanghai Bureau of Justice, served as the chief planner. A group of well-known financiers, jurists and entrepreneurs served as directors. The editorial board of this book is composed of researchers from the Bund Financial Innovation Pilot Zone Law Research Center, the Cross-Strait Investment & Finance Law Research Center, the Hong Kong and Macao Investment & Finance Law Research

Center, the "Belt and Road" Legal Research and Service Center, Sino-Latin America Financial Law Research Center and well-known financiers, entrepreneurs and legal experts. Jack Li, President-Elect of the Inter-Pacific Bar Association and the famous lawyer, served as one of the writers of this book. Editor Jia Zhen from China Financial Publishing House gave meticulous guidance for the publication of this book, and I would like to extend my thanks as well!

Due to the rapid development of the financial market, the summary of this book is only that of the present. Thank you, leaders, experts and colleagues for your criticism and correction.

Li Changdao

Feb.29, 2020